AI

**나를 위해
일하게 하라**

충격은 끝났다   기회는 남았다

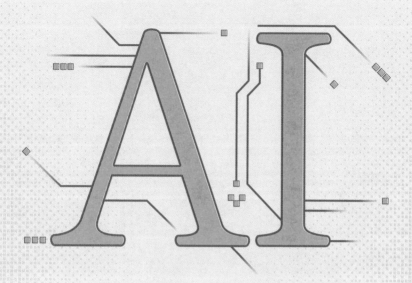

AI

나를 위해

THE DIGITAL MINDSET

일하게 하라

세달 닐리, 폴 레오나르디 지음

조성숙 옮김

윌북

THE
DIGITAL
MINDSET

내가 아는 가장 현명한 분이며, 탐구심과 용기와
평생 학습의 화신인 어머니께 이 책을 바칩니다.

—세달 닐리

눈부시게 반짝이는 정신을 가졌고, 가장 강렬하게
변화의 용기를 보여준 로다와 어밀리아와 엘리자에게
이 책을 바칩니다.

—폴 레오나르디

차례

▪ 30%만 익혀도 충분하다 ▪

우리가 만들어낸 세상은 우리 생각의 산물이다.
우리의 생각을 바꾸지 않으면 세상도 바뀌지 않는다.

—알베르트 아인슈타인

세라 멘커Sara Menker는 맨해튼 사무실 책상에 앉아 컴퓨터 화면을 바라보고 있었다. 때는 2008년 여름이었고, 그녀의 눈앞에서 금융시장이 무너지고 있었다. 모건스탠리Morgan Stanley의 에너지 상품 트레이더인 세라는 화면에 펼쳐지는 숫자들이 재앙을 의미한다는 것을 누구보다도 잘 알았다. 옆자리 동료가 땅이 꺼질 듯 한숨을 내뱉자 그녀가 고개를 돌려 쳐다봤다. 동료는 그 무서운 장면을 눈앞에서 사라지게 하려는 듯 두 손에 얼굴을 파묻었다. 동료가 말했다. "세상이 끝나려나. 아마겟돈이 따로 없어. 금이나 매집해야 할까."

"세계 경제가 무너지면 그 금 다 어떻게 할 건데?" 세라가 퉁명스럽게 내뱉었다. "금은 잊어. 감자나 한 포대 사! 감자는 있어야지. 감자가 필요 없는 사람이 어딨겠어."

동료도 웃고 세라도 웃었지만 웃는 게 웃는 게 아니었다.

그날 밤늦게까지도 세라는 계속 감자를 생각했다. 대기근의 역사를 가진 에티오피아에서 나고 자란 세라는 월스트리트의 동료들과는 다르게 식량 안보가 얼마나 중요한지 누구보다 잘 알았다.[1] 그녀는 모국의 농장 시세를 알아보았다. 트레이더의 입장에서 살피니 투자 기회가 보였다. 일단 땅값이 쌌다. 어떤 곳은 에이커당 매매가가 1.5달러였다. 게다가 수만 에이커의 땅을 사는 것도 크게 어렵지 않아 보였다.

마음이 동한 세라는 더 알아보려고 고국으로 직접 가보기로 했다. 농사라고는 아는 게 전혀 없었지만 새롭게 일을 시작해도 금방 배울 수 있을 것이라 자신했다. 하지만 며칠 동안 직접 답사를 해보니 생각했던 것과 현실은 전혀 달랐다. 에티오피아에서 농작물을 탈 없이 재배하려면 농장주는 농작물 재해보험 가입이 필수였다. 문제는 에티오피아에는 농작물 재해보험 시장이 없다는 것이었다. 재해보험 증권을 제시하지 않으면 대출을 해주는 은행이 없을 것이고, 그 말인즉 자본비용이 껑충 뛸 수 있다는 뜻이었다. 게다가 농장이 오지에 있으니 땅을 고르고 길도 닦아야 했다. 감자를 기르기 전에 농사에 필요한 기반 시설 전체를 증축하는 일부터 해야 했다. 대부분의 사람에게 그만한 큰 비용과 위험 부담은 감당하기 어려운 일이었다. 세라도 예외가 아니었다. 그녀는 감자 농부가 되겠다는 생각을 미련 없이 포기했다.

그러나 답사를 다니며 본 상황들이 세라의 머릿속을 계속해서 파고들었다. 농부가 농사를 짓지 못한다면 세계 식량이 부족해진다. 농업 시스템의 구조적인 식량 생산 능력이 미래의 식량 수요를 따르지 못하게 될 것이다. 세라가 우리에게 말했다. "다음번 시장이 무너진다면 사람들이 잃는 건 단지 돈만이 아닐 겁니다. 먹을 수도 없게 되겠죠. 사람들이 아사할 것이고 정부가 무너질 수도 있어요." 세계적인 식량 부족 사태가 올지도 모른다는 깨달음에 깜짝 놀란 세라는 무언가 해야겠다는 의무감이 들었다. 그래서 그녀는 모건스탠리에 사표를 던졌다.

5개월 후 세라는 주방 테이블 위로 몸을 숙이고 하얗게 빛나는 노트북 화면을 응시했다. 금요일 자정이 가까운 시각이었다. 자려고 생각했던 시간보다 몇 시간은 훌쩍 지났지만 머리를 싸매게 만들던 빽빽한 파이썬Python 코드를 해뜨기 전에 마지막으로 한 번 더 봐야 할 것 같았다. 창밖이 깜깜하지 않았다면 시간이 그렇게 늦은 줄도 몰랐을 것이다. 세라는 얼굴을 화면에 바짝 갖다 대고 코드를 제일 위부터 제일 아래까지 다시 읽었다. 프로그램이 어떻게 작동하는지, 핵심 알고리즘에 쓸 데이터를 어디에서 추출할지 이해해야 했다. "좋아. 조금은 이해했어." 그녀는 노트북을 닫았다. "내일 다시 보자." 창밖으로 반짝이며 빛나는 한 줄기 빛이 그녀가 얼마 전 뉴욕을 떠나 이주해 온 케냐의 작은 농업 도시를 장식하고 있었다. 흑인 여성의 몸으로 월스트리트에서도 성공적인 트레이더로 일했던 세라에게 역경은 먼 나라 일이 아니었다. 지름길이 있을 리가 없었다. 세라는 그 데이터를 혼자 힘으로 이해해야 했다.

성공한 에너지상품 트레이더가 왜 직장을 때려치우고 지구 반 바퀴 떨어진 곳에 정착해 한밤중까지 머리를 싸매며 코드를 분석하고 있는 것인가? 순전히 땅만 가지고 하는 일이고 아날로그 산업인 농업마저도 거대한 디지털 혁명의 영향을 비껴가지 못한다는 사실에 세라는 머릿속에 전구가 반짝이는 느낌을 받았다. 센서, 기상예측 기구, 데이터베이스와 같은 디지털 기술이 전 지구로 퍼져나가면서 농부들도 학자들도 산업분석가들도 작황과 기상 여건, 토양, 침식 패턴에 대한 방대한 데이터를 무시무시한 속도로 수집하고 저장할 수 있게 되었다. 디지털 툴은 농업을 데이터 집약적인 산업으로 바꾸고 있었지만, 비관련자인 그녀를 비롯해 이 사실을 깨달은 사람은 극소수였다. 그녀는 어떻게 그 사실을 깨닫게 되었을까? 알지 못하는 것에 대해 물을 수 있는 용기를 가졌기 때문이었다. 글로벌 금융 붕괴를 이끈 파괴적 힘의 원인을 탐구하면서 세라는 21세기를 사는 우리가 알아야 할 중요한 사실을 발견하게 되었다. 어떤 경제 분야도 어떤 직종도 디지털 기술과 그것이 만들고 포착하고 저장할 데이터로부터 완전히 무관할 수는 없다는 것이었다.

세라가 알고 보니, 농업은 이미 모든 농사 단계와 관련된 데이터가 산더미같이 축적돼 있었다. 그러나 문제는 그 데이터가 뿔뿔이 흩어져 있다는 것이었다. 무수한 정보를 연결할 통일된 시스템이 전무한 판국에, 글로벌 차원으로 농업 데이터를 연결한다는 건 더 꿈도 못 꿀 일이었다. 농업 생태계는 미로처럼 여러 대륙에 동시다발적으로 뻗어 있었다. 그 한 예가 에티오피아 커피 시장이다. 에티오피아 커피 시장은 우간다나 케냐와 같은 인접국 상황에도 크게 의존하지만, 그보다는 최대 커피 생산국인 베트남과 브라질과 같은 먼 나라의 상황에 훨씬 크게 좌우되었다. 에티오피아 커피 재배자가 최대 커피 생산국들의 커피 작황을 파악한다는 것은 바꿔 말하면 두 나라의 기후와 시장을 이해해야 한다는 뜻이기도 했다. 거기에 더해서 유럽의 소비 추이도 이해해야 했는데, 독일이 세계 최대 커피 수입국이자 재수출국으로서 가격 결정에 중요한 영향을 미치는 나라이기 때문이었다. 다른 작물의 상황도 중요했다. 커피는 차와 경쟁하므로 차 시장도 계속 관찰해야 했다. 세라가 내린 결론에 따르면, 전통적으로 사용된 농업 시장 관리 방법으로는 이렇게 복잡한 상황을 타개하기는 지극히 어렵고 비용도 만만치 않게 들 것이 분명했다. 세계 농업 시장이 다양한 부문에서 서로 의존한다면 그에 상응해서 데이터를 연결해야 쓸모가 있을 것이었다.

세라는 에티오피아에서 에이커당 1.5달러의 땅을 농장으로 운영하는 데 필요한 실비를 견적 내고는 기겁했던 기억이 떠올랐다. 보험과 기반 시설을 비롯해 농장을 쓸만한 땅으로 만드는 데 필요한 비용을 계산하니 에이커당 1만 2000달러가 나왔었다. 접근 가능한 데이터와 분석 비용이 훨씬 싸다는 것을 감안하면 에티오피아가 아니라 차라리 미국의 농장에 투자하는 게 나았다. 미국은 리스크가 높은 결정을 내리기 전에 많은 데이터를 이용할 수 있다. 몇몇 아프리카 국가에서는 은행이 여신을 제공하지 않았고 보험 회사는 보험을 팔지 않았으며 물류 회사는 존재하지도 않았다. 이 모든 산업에서 서비스 제공에 필요한 데이터가 아예 없기 때문이었다. 아프리카의 특정 지역에서 작황 사이클 추이를 수치로 보여주는 데이터가 전혀 없다면 농부가 감수해야 할 위험에 어떤 회사가 가격을 매길 수 있겠는가?

세라는 글로벌 생태계의 역할 예측에 도움이 될 데이터를 번역하고 연결하는 것이 자신의 사명이라고 생각했다. 그녀는 상품 트레이더로 일하면서 이질적인 데이터를 연결해보고 숨은 기회를 찾아내는 나름의 분석 기술을 개발했다. 그러나 데이터를 연결한다는 확실한 목적하에 강력한 디지털 플랫폼을 구축하는 것이 농업 혁명에 얼마나 큰 도움이 되는지를 진정으로 이해하게 된 때는 '디지털 마인드셋digital mindset'을 기르고 나서였다. 그녀는 자신만의 디지털 접근법을 발판으로 농업과 관련된 모든 데이터를 수집하고 분석하는 회사를 세웠다. 회사 이름은 그로 인텔리전스Gro Intelligence였다.

뉴욕과 케냐에 직원들을 둔 그로 인텔리전스가 개발한 플랫폼이 축적한 데이터 포인트는 500조 개가 넘으며 처리 가능한 농업 데이터 셋은 4000만 개 이상이다. 세라의 회사가 여러 나라의 데이터 입력 자료 및 실시간 위성 사진 정보를 가지고 구축한 예측 엔진은 기계학습 알고리즘을 이용해 더 정교한 일별 예측 수치를 제공한다. 이 예측 엔진이 내놓는 결과에 농업 시장의 움직임이 달라질 정도이고, 이 회사의 예측 모델은 미국 농무부(USDA) 모델보다 전반적으로 더 정확하다는 평가를 받는다. 2019년에 그로 인텔리전스는 한 걸음 더 나아가 실시간 작황 예상 수치도 제공했는데, 통상적으로는 미국 농무부가 하던 일이지만 마침 그해에 미국 정부의 셧다운으로 수치가 제공되지 않았다.

몇 년 전만 해도 감자에 대해 신경질적인 농담을 하던 세라

멘커가 이제는 디지털 시대에서의 식량 생산에 없어서는 안 될 산업을 선도하고 있다. 물론 코딩을 이해해야 어떤 데이터 소스를 끌어와야 하는지 알 수 있고, 이런 기술적인 부분을 익힌 것도 그녀의 성공에서 중요한 역할을 하기는 했다. 그러나 단순히 소질이 있다는 것은 핵심이 아니었다. 핵심은 바로 '마인드셋'이었다. 모르는 것을 모른다고 겸허하게 인정하는 용기를 갖추고 배우려는 마음가짐 덕분이었다. 세라는 에티오피아의 농업을 조사하기 시작했을 때만 해도 농업 데이터에 어떻게 접근해야 하고 데이터가 왜 그런 식으로 분류되는지 알지 못했다. 그래서 묻기 시작했다. 질문할 게 많았다. 방대한 농업 데이터를 실시간으로 시각화해서 보여줄 동적 지도를 구축하는 방법을 알아야 했을 때는 소프트웨어 엔지니어로 일하는 동창을 찾아가 클라우드 컴퓨팅 프로그램이 데이터를 처리하는 능력에 관한 지식을 배웠다. 그 데이터를 가지고 환경 정보 모델을 구축하는 방법을 알려고 했을 때는 그 분야 최고로 꼽히는 전문가라는 사우스다코타대학 농업학 교수에게 연락을 했다. 세라는 농부들에게 도움이 될 적절한 디지털 제품을 찾아내려 실험을 거듭하면서 그런 제품들의 데이터 보안성도 고민했다. 그러고 나니 '완전한 데이터 제품'이란 무엇인지 나름 일가견을 가지게 되었다고 자부할 실력이 되었다. 디지털 학습은 미국과 에티오피아, 그리고 세상 나머지의 농업 발전을 궁금해하는 세라에게 답을 알려주었다. 하지만 한 가지 문제에서 답을 찾았다 싶으면 이내 새로운 질문이 다시금 등장했다. 궁금한 게 생기면 그 문제의 답을 가르쳐줄 사람을 찾아 나서면 되는 일이었다. 이런 겸양은 역사적으로 경영자들에게 보기 드문 소양이고, 디지털 마인드셋을 갖추게 하는 가장 결정적인 자질이다.

세라는 《타임》지가 선정한 2021년 가장 영향력 있는 100대 기업에 선정된 성공적인 AI 기업을 운영하고 있다. 지난날 상품 트레이더로서 몇 년이나 월스트리트를 주름잡던 시절의 세라로서는 상상도 하지 못한 일이었다.[2] 그때의 세라는 '디지털 기업'이 된다는 것이 무엇인지 이해하지 못했고 그런 회사를 운영할 노하우도 없었다. 하지만 세라는 세상이 변하고 있음을 깨달았다. 삶에 변화를 일으키고, 직업에서 충족감을 얻고, 급변하는 시대에 성공하기 위해서는 디지털 문해력이 필수라는 사실을 깨달았다. 그 과정에서 그녀는 기본적인 컴퓨팅, 데이터를 종합하는 방법, 두 대륙의 직원들과 관계를 쌓는 방법, 그리고 급변하는 데이터에 기반해 의사결정을 내릴 수 있는 회사를 조직하는 방법을 배웠다. 그러나 자타공인 '기술 문외한'이던 세라는 이 모든 기술적 지식을 배우기 전에 절대적으로 중요한 단계부터 밟기 시작했다. 그녀는 출발부터 디지털 마인드셋을 기르는 데 매진했다. 그랬더니 나머지는 저절로 따라왔다.

세라의 꿋꿋한 여정이 그 증거이다. 디지털 세상에서의 번영에는 성공적인 조직 운영이 필수라는 사실이야 다 안다. 그러나 우리는 디지털 마인드셋도 필요하다는 사실은 알지 못한다.

이 책의 목표는 당신이 디지털 문해력을 기르는 여정의 중대한 첫발을 내딛게 하는 것이다. 디지털 세상에서 성공하는 기술을 가르치는 것은 이 책의 목표가 아니다. 그건 나중의 일이다. 이 책은 디지털 세상에서의 번영에 필요한 포석을 까는 데 중점을 둔다. 치열해진 경쟁이 모든 산업을 디지털 생태계에 참여하도록 밀어

넣고 있으며 이제 모든 업종, 모든 기업 이사진의 최우선순위는 디지털 전환digital transformation이 라는 사실을 이해하는 사람들을 위한 책이다.[3] 디지털 솔루션을 요구하는 고객의 소리가 날이 갈수록 크게 울려 퍼지고 있다. 전통적으로는 기술을 신경 쓰지 않아도 되는 역할로 여겨졌던 직무도 이제는 디지털 역량이 개발돼야 한다고 관리자들은 주장한다.[4] 그리고 누구보다 미래를 먼저 보는 글로벌 리더들은 디지털 시대에는 근무 방식도 산업 구조도 협업 방식도 뿌리부터 뒤바뀔 것이라고 한목소리로 말하고 있다. 시스코를 이끈 입지전적 CEO였던 존 챔버스John Chambers는 일선에서 물러나 이사회 의장이 되기 전에 했던 마지막 연설에서 이렇게 말했다. "디지털 시대에는 오늘날 정보화 시대에서의 사건들과 인터넷의 가치가 유명무실해질 것입니다. 리더가 혁신하지 못하고 이런 기술을 다르게 이용하지 못한다면, 자신을 재창조하지 못한다면, 조직 구조를 바꾸지 못한다면, 그리고 혁신의 속도를 중요하게 여기지 않는다면 무너질 것입니다. 그 처참한 파괴가 진행되면 지금으로부터 10년이나 15년 뒤에는 기업들 대다수가 중요한 존재로 남지 못할 것입니다."[5] 챔버스는 허풍을 떨지 않는 사람이라는 건 잘 알려진 사실이었다.

그러나 대다수 사람은 자신이 '비기술직'이므로 디지털적 사고도 자신과 무방하다는 생각을 떨쳐내지 못한다.[6] 이해는 간다. 심지어 우리는 스스로를 전문기술직 아니면 비기술직이라는 이분법으로 구분해서 자기 업무를 생각하도록 조건화돼 있다. 이제는 그런 패러다임을 버려야 한다. 우리 모두 디지털 근로자이다. 실리콘밸리의 소프트웨어 엔지니어도, 할리우드 광고대행사의 마케터도, 식량 생산 회사를 창업한 기업가도, 대학교 교수도 모두 디지털 근로자이다. 낡은 패러다임을 버리는 훈련은 쉽지 않다. 마인드셋의 전환은 실무 스킬을 개발하고 기르는 것보다도 여러 면에서 훨씬 어렵다. 그게 우리가 이 책을 쓴 이유이다.

이 책 전체에서 우리는 근무 방식의 조류가 변하고 있음을 목격한 사람 누구나 떠올렸을 법한 질문을 던지고 같이 고민하려 한다.

- 나는 디지털 기술이 얼마나 필요한가?
- 코딩을 배워야 하는가?
- 알고리즘에 대해 무엇을 배워야 하는가?
- 빅데이터에 대해 무엇을 배워야 하는가?
- 디지털 툴을 효과적으로 사용하려면 어떻게 해야 하는가?
- AI란 정확히 무엇인가?
- 우리 팀에 봇bot이나 로봇을 준비해야 하는가?
- 원격 근무를 해야 한다면 성공적인 협업 방법은 무엇인가?
- 데이터와 시스템을 지킬 최상의 보안 방법은 무엇인가?
- 디지털 경제에서 경쟁력을 기르려면 어떻게 해야 하는가?
- 디지털 전환은 다른 혁신이나 혁명과 어떻게 다른가?
- 디지털 우선의 문화를 구축하는 방법은 무엇인가?
- 나는 어디서부터 시작해야 하는가?

이 책이 전하려는 메시지는 간단하다. 디지털 마인드셋을 기른다면 위의 문제들을 비롯해 여러 문제에 답을 얻을 수 있을 것이고, 디지털 시대에 번성하기 위한 만반의 준비를 갖추게 될 것이다. 디지털 마인드셋은 누구라도 기를 수 있다. 세라 멘커도 했다. 그녀는 테크광이 아니었고 컴퓨터 프로그래머도 아니었다. 그녀는 디지털 마인드셋을 길렀기에 세상을 새로운 눈으로 보게 되었고 지금까지와는 다른 중대한 질문도 던질 수 있게 되었다. 디지털 마인드셋을 기르려면 새로운 통찰력을 기르고 열린 태도로 변화를 바라봐야 한다. 물론 이 책을 읽는 독자라면 누구나 디지털 마인드셋을 갖추는 데 필요한 최소 수준의 기술적 통찰력을 얻을 수 있다. 그리고 감히 말하건대, 재미도 보장한다.

우리는 지난 10년 동안 디지털 기술을 활용하는 세계 수백 개 조직의 자문단에서 리서치를 수행했고 그들에게 컨설팅과 서비스를 제공했으며, 경영자들을 가르치고 사례보고서를 작성했다. 우리는 이 조직들과 거기서 일하는 임직원들이 어떻게 디지털 마인드셋을 기르는지 탐구했다. 수천 명의 전문가들, 중간관리자들, 경영자들이 디지털 일터에서 기회를 창출하는 사고방식에 대한 인사이트를 들려준 덕분에 우리는 디지털 마인드셋에 대한 아이디어를 발전시킬 수 있었다. 그들 모두 같은 생각을 공유하고 있었다. '비 디지털Be Digital'*을 위해서는 제일 급선무로 새로운 마인드셋부터 길러야 한다는 것이 그들의 공통된 인식이었다. 그래야만 데이터 확보와 연산의 기초에서 대규모 조직 변화에 이르기까지 기술 기반 역량을 습득하고 활용하는 능력을 기를 수 있기 때문이다. 우리는 이 책에서 우리가 직접 수행했던

---

* 디지털을 단순한 도구로서만 사용하는 것이 아니라 사용자도 모두 디지털로 사고하고 행동하는 것을 의미한다.

연구를 제시하기도 하고, 디지털 마인드셋 개념과 접근법 연구 분야를 주도하는 전문가들이 발표한 논문이나 사례도 많이 제시한다.

디지털 마인드셋을 기른 사람들은 일을 더 잘했고 업무 만족도가 더 높았고 승진도 더 빠른 편이었다. 또한 그들은 이직을 결심했을 때도 가지고 떠날 수 있는 자신만의 고유한 기술과 능력이 더 많았다. 디지털 마인드셋을 가진 리더는 조직이 성공할 수 있는 무대를 더 잘 만들며, 직원들이 변화에 빨리 적응할 수 있는 근무환경을 구축해준다. 디지털 마인드셋을 가진 직원들이 있는 회사는 시장 변화에 더 발 빠르게 대응하며 새로운 사업 기회를 잽싸게 낚아챌 만반의 태세가 되어 있다. 디지털 시대의 번성은 단순히 디지털 기술을 잘 다루는 요령만 익힌다고 되지 않는다. 디지털 시대에 성공하기 위해서는 다르게 '생각'할 줄 알아야 한다. 그리고 이 책은 다르게 생각하려면 어떻게 해야 하는지를 말하려 한다.

내용을 더 진행하기 전에 몇 가지부터 정의하고 넘어가자. 디지털 마인드셋을 비롯해 몇 가지 용어는 해석을 여러 갈래로 할 수 있다. 이 책은 아래의 용어들을 이렇게 정의하기로 했다.

우리가 생각하는 '디지털'은 데이터와 기술의 상호작용이다.

'데이터'는 참조하고 분석하고 연산할 수 있는 일련의 정보를 의미한다. 소비자의 식료품 쇼핑 목록이나 일기 예보는 데이터다. 흔히들 데이터를 숫자로 국한해서 생각하지만, 이미지와 텍스트 역시 숫자로 바뀌어 처리하고 저장하고 변환하는 연산 과정을 거친다는 점에서 마찬가지로 데이터다.

'기술'은 데이터를 만들고 포착하고 변환하고 전송하고 저장한다. 인간의 역사를 통틀어 보면 이런 작업을 수행한 기술은 단순했다. 석판과 파피루스, 종이가 다였으니 말이다. 오늘날은 복잡하게 깔린 여러 장치가 데이터를 변환하고 처리하며, 속도도 빨라졌고 처리량도 기하급수적으로 늘고 있다. 우리 눈앞에 제시된 데이터는 센서, 컴퓨터, 소프트웨어 프로그램, 클라우드 기반 저장소에 이르기까지 상호 연결된 복수의 장치들을 통해 처리되어 나온 것들이다. 스마트폰만 봐도 서로 협력하며 데이터를 주고받는 수많은 기술의 결정체이다. 스마트폰을 구성하는 센서와 하드웨어, 소프트웨어가 서로 협력해 소리와 이미지 같은 아날로그 입력물을 이진 코드로 바꾸고 처리하고 저장한 후에 우리에게 음악이나 그림, 단어와 같은 결과물을 제시한다. 스마트폰은 데이터를 저장하는 데 그치지 않고 새로운 방식으로 데이터를 생산하고 재생산한다.[7]

'마인드셋'은 우리가 세상을 이해하기 위해 취하는 나름의 접근 태도이다. 당신이 무언가에 어떻게 접근하는지에 따라 그것을 생각하는 방식도, 그것이 지니는 의미도, 대응하는 행동도 달라진다.[8]

그러므로 '디지털 마인드셋'은 바꿔 말하면 데이터와 기술을 이해하고 활용하기 위한 우리 나름의 접근법을 의미한다. 디지털 마인드셋으로 생각하고 행동하는 사람과 조직은 새로운 가능성을 볼 수 있고 미래를 여는 새로운 길을 그릴 수 있다. 빅데이터, 알고리즘, AI, 로봇 팀원, 사내 소셜미디어, 블록체인, 실험 정신, 통계학, 보안, 급속한 변화 등은 우리의 생활과 근무 방식을 뿌리부터 다시 만드는 디지털의 강력한 힘 중 일부일 뿐이다. 디지털의 강력한 힘은 우리와 동료들이 서로 협동하는 방식을 파괴하고 있으며, 새로운 요구 사항을 들이밀며 조직이 경쟁력을 높이도록 구조를 개편해야 한다고 주장한다.

편의적인 정의를 내렸으니 다음 단계로 넘어갈 차례이다. 디지털 마인드셋을 기른다는 것은 아래 세 가지 핵심 프로세스에 다가가는 접근법도 근본적으로 재정의한다는 의미이다.

- 협업Collaboration
- 연산Computation
- 변화Change

이 세 가지 프로세스의 접근법을 재정의하려면 당연히 구체적인 스킬 몇 가지를 새로 배워야 하기는 한다. 그러나 스킬만 기른다고 해서 다가 아니다. 스킬은 더 큰 그림을 그리고 더 중요한 질문을 던지는 데 필요한 어휘와 지식, 직관을 늘려준다.[9] 이런 스킬에서 '시작해' 세상을 새로운 눈으로 보고 행동을 바꿀 수 있게 해주는 것이 바로 새로운 마인드셋이다.

이 책에서 우리는 당신이 협업과 연산, 변화에 대한 접근법을 재형성하고 디지털 마인드셋을 기르려 할 때 배워야 하는 스킬을 나름의 원칙에 따라 제시한다. 우리는 당신이 배워야 하는 기술적 스킬을 알려주는 데 그치지 않고 그 스킬을 실제로 배울 수 있도록 도와줄 것이다.

장담하건대 당신은 고도로 복잡한 프로그래밍을 정복한다

거나 당신만의 알고리즘을 구축하는 방법을 터득한다거나 고급 다항로짓모형을 구동하는 방법을 배운다거나 할 필요가 없다. 언젠가는 이런 것들을 배워야 할 날이 올지도 모르지만, 이 책에서는 디지털 문해력을 높이는 데 필요한 것들에만 집중하려 한다. 그리고 반가운 소식이 하나 더 있다. 몇 가지 기술적 주제를 전부가 아닌 30%만 이해해도 디지털 마인드셋을 기르는 데는 문제가 없다는 사실이다. 우리는 이것을 '30% 규칙'이라고 부르기로 했다.

30% 규칙

30% 규칙이란 무엇인가? 외국어 공부를 생각해보자. 비영어권 출신 화자가 영어에 '능통'하다고 내세울 정도가 되려면 대략 1만 2000개의 어휘를 습득해야 한다. 하지만 직장에서 동료들과 무난히 의사를 주고받는 게 목표라면 필요한 어휘의 수는 약 3500~4000개이다. 영어 능통자가 되는 데 필요한 수준의 30%에 불과하다.[10] 실제로도 비영어권 출신 화자는 굳이 영어 단어를 수만 개나 익히지 않아도 직장 동료들과 같이 일하는 데에는 지장이 없다. 마찬가지로, 업무상 필요한 디지털 마인드셋을 기르고 싶은 것이라면 코딩 실력자나 데이터 과학자가 되지 않아도 된다. 그러나 컴퓨터 프로그래머와 데이터 과학자가 무슨 일을 하는지, 기계학습이 어떻게 작동하는지, A/B 테스트*를 어떻게 사용하는지, 통계 모델을 어떻게 해석해야 하는지, 그리고 AI 기반 챗봇을 용도에 맞게 사용하려면 어떻게 해야 하는지는 필

수적으로 이해해야 한다. 우리는 이 모든 용어와 기법들을 다 정의하고 설명할 것이다.

10년 동안 우리는 30%의 지식은 어느 정도의 지식인지 파악하려고 노력했으며, 많은 사람에게 디지털 마인드셋을 기르는 방법을 가르쳤다.[11] 그러면서 우리가 배웠던 교훈을 이제는 당신과 나누려 한다. 당신만의 접근법으로 협업과 연산, 변화에 다가가고 디지털 전환이 선사할 새로운 가능성을 만나도록 도와주려한다.

우리는 당신에게 필요한 스킬을 범주별로 나누고, 각각의 범주에서 알아야 할 30%의 역량이 어느 정도인지를 설명할 것이다. 일단 30%의 능력이 달성되면 (물론 흥미가 생기면 30% 이상을 아는 것도 말리지 않는다) 다르게 생각할 수 있는, 다시 말해 디지털 사고를 시작할 수 있는 플랫폼이 만들어진다. 이 책에 나오는 내용의 '일부'가 당신에게는 이미 익숙한 것일지라도 새로운 인사이트를 발견하거나 더 알아야 할 부분이 등장할지도 모른다. 그리고 익숙했던 개념이어도 당신의 업무와 조직 전략을 비롯해 디지털 전환이 필요한 다른 부분들에 그 개념을 어떻게 적용해야 하는지 새로운 시각에서 고민하게 될지도 모른다.

이 책의 목표는 당신이 디지털 마인드셋을 가지는 데 꼭 필요한 각각의 영역에서 30%의 지식을 얻도록 돕는 것이다. 우리는 세 가지 접근법에 따라 당신이 다양한 디지털 영역에서 최소한으로 알아야 할 핵심 인사이트를 정리하고 종합하고 선별했다.

---

*   처음 변수인 A와 이것을 변형한 두 번째 변수인 B를 종합적으로 비교하고 대조하는 테스트.

1부에서는 디지털 시대의 '협업'에 필요한 새로운 접근법으로 깊이 잠수할 것이다. 새 접근법의 첫 요소는 기계와의 협업을 배우는 것으로, AI와 기계학습은 단순한 도구 수준을 넘어 우리의 팀원이자 동료가 되고 있기 때문이다. 여기서 우리는 AI작동과 관련된 지식의 30% 정도를 알려주려 한다. 당신이 기계와 협업하는 데 필요한 지식은 그 30% 수준이기 때문이다. 우리는 군인들이 어떻게 기술적 지식만이 아니라 심리적으로 필요한 지식을 배워 AI 로봇 팀원과 함께 작전을 수행하는지를 설명할 것이다. 우리는 AI 기계를 인간처럼 대하면서 소통하는 게 왜 현명하지 않은 행동인지를, AI 기계를 사람처럼 대하는 흔한 함정에 어떻게 대처해야 하는지를 알려준다. 그다음으로는, 디지털 시대에 인간 동료들과의 성공적인 협업에 필요한 새로운 조건들을 검토한다. 이 책에서 사례로 등장하는 은행의 직원들은 사내 소셜미디어를 적극적으로 활용해서 서로에게 관심을 기울이고 더 많은 사람들에게서 배워 성공적인 혁신을 일구어냈다. 세계 최정상의 한 전자상거래 회사는 사내에서 업무 외적인 정보를 공유하는 분위기를 조성한 덕분에 세계 각지에 흩어진 직원들을 성공적으로 연결할 수 있었다. 그리고 우리는 디지털 세상에서 성공적으로 협업하기 위해선 원격 근무 상황에서도 동료들에게 당신의 의견을 효과적으로 어필하는 일이 새로운 필요조건이 되었다는 사실도 설명할 것이다. 새로운 협업 상황에 필요한 행동을 최소 30%만 능숙하게 이행한다면 팀과 팀의 구성원 모두가 업무 성과를 높일 수 있다.

2부에서는 '연산'에 대한 새로운 접근법을 기르려 할 때 필요한 내용을 안내한다. 제일 먼저 데이터를 중점적으로 설명한다. 다양한 기술이 어떻게 데이터를 수집하고 범주화하고 저장하는가를 30% 정도만 이해하면 데이터에 기반한 의사결정을 내리는 데에도 문제가 없다고 장담한다. 또한 2부에서는 데이터를 설득력 있게 제시하는 방법을 배우는데, 다시 말해 핵심적인 데이터 번역 스킬을 배울 것이다. 그 예로써 프로 농구단이 선수들의 경기 성적 데이터를 수집하고 분석하는 방식을 관찰한다. 인디애나주의 한 카운티가 데이터를 잘못 판단한 결과 세금 수백만 달러를 낭비하고 도시 개발 사업이 몇 년이나 미뤄지게 된 일도 살펴볼 것이다. 또한 넷플릭스와 같은 민간기업뿐만 아니라 미국 전역의 지방정부들이 데이터를 어떻게 이용해 우리 주위의 환경을 바꾸는 모델을 만드는지를 설명한다. 더 중요하게는, 편향이 데이터 표현에 어떻게 침투하는지, 그리고 데이터 모델이 우리에게 말해주는 것과 말해주지 않는 것을 어떻게 파악하는지도 논한다. 그다음은 디지털 환경에서 필수적으로 사용해야 하는 기본적인 통계 추론 전략으로 깊이 잠수한다. 데이터 기반으로 사고하고 다른 사람들이 내놓은 예측 및 처방 결과를 제대로 평가하려면 통계는 필수이다. 겁먹을 필요 없다. 우리는 통계를 기본부터 가르치려는 것이 아니라, 직관을 기르는 데 필요한 기본 내용을 가르치려는 것이다. 그래야 통계 검증에 숨은 핵심 스토리를 정확히 해석하고 통계 데이터를 인용하면서 조언하는 사람들에게도 적절한 질문을 던질 수 있기 때문이다. 통계적 직관을 기르기 위한 예로 우리는 체온 감지 웨어러블 기기를 생산하는 스타트업과 비디오게임을 만드는 대기업이 어떤 식으로 통계 분석을 활용해 제품 개발을 위한 정보를 얻는지, 그리고 통계 실력이 제품 결정에서 얼마나 자신감을 길러주는지를 살펴본다. 통계 분석과 추론 방법을 30%만 배워도 더 현명한 양질의 선택을 내릴 수 있을 것이다.

3부에서는 '변화'에 다가서는 새로운 접근법을 개발하도록 도와준다. 가장 먼저, 디지털 시대에는 보안의 성격을 재조명해야 한다고 설명한다. 불행한 일이지만 어떤 데이터베이스도 조직도 완벽한 보안은 불가능하다. 언제 어디선가는 보안이 무너질 수밖에 없기에 문제를 다루는 방식이 더 중요하다. 우리는 더 강력한 암호나 다중인증장치 같은 뻔한 소리를 장황하게 늘어놓지는 않을 것이다. 그보다는 굴지의 석유 대기업과 소셜미디어 플랫폼들의 보안 구멍에 대해 알아볼 것이다. 변화를 대하는 올바른 접근법을 배우고 보안 문제가 터졌을 때 재빨리 대응하고 적응할 채비를 갖추기 위함이다. 또한 우리는 블록체인으로도 비교적 깊이 들어가 다이아몬드 수입 회사들이 블록체인을 어떻게 이용하는지를 살펴볼 것이다. 이러한 예시들은 데이터 자산을 지키기 위한 새로운 보안 재편 기술인 블록체인을 배울 때 가장 핵심적인 30%의 전문용어만 익혀도 된다는 것을 보여준다. 다음으로는 실험 방법을 다룬다. 오늘날처럼 숨 가쁘게 급변하는 세상에서는 시험하고 실패하고 배우고 재시도하는 것이 가장 효과가 좋은 학습 방법이다. 우리는 '디지털 잔해digital exhaust'*를 가지고 실험하는 방법을 차례대로 단계별로 진행하려 한다. 디지털 잔해는 대단히 방대한 개념이기에 우리는 꼭 알아야 할 30%만 증류해서 정리했다. 또한 실험을 진행하는 데 적절한 조직 구조와 문화를 구축하는 방법에 대해서도 가이드라인을 제시한다. 우리가 말하는 변화는 주기적으로 행해지는 활동이 아니라 한시도 쉬지 않고 진행되는 '연속 전환transitioning'이다. 디지털 전환은 이런 연속 전환의 중심이기에 우리는 기본적인 마인드셋의 전환부터 여기에 수반되는 구체적인 활동까지 디지털 전환의 핵심 특징을 자세히 설명할 것이다. 우리는 선구적인 백신 개발 회사인 모더나가 기술과 데이터를 효율적으로 활용해 어떻게 통합적 조직을 일구는 혁신을 달성했으며, 또 유니레버가 조직을 (재)설계하고 거기에 맞는 문화적 변화를 어떻게 달성했는지를 보여줄 것이다. 또한 우리는 직원 개개인은 물론이고 조직 전체가 업스킬upskill^{**}을 하고 지속 학습을 실천하는 데 필요한 핵심 질문이 무엇인지 설명한다. 부록에서는 지속 학습의 사례로써 스포티파이, 엘프, AT&T, 부킹닷컴, 캐피털원에서 일어난 일들을 보여준다. 이런 일련의 사례를 보면서 직원들에게 자발적이고 지속적인 학습 의욕을 불러일으키고 장기적인 디지털 마인드셋 유지의 필요성을 보여주는 가장 효과적인 방법은 무엇인지 인사이트를 얻을 수 있을 것이다.

이 책에서 우리가 제시하는 내용은 사례와 연구 논문, 인터뷰 등 다양하다. 사람과 회사 이름을 실명으로 언급한 것은 그들의 사례가 공개적으로 잘 알려져 있거나 책에 실명을 언급해도 된다는 허락을 받았기 때문이다. 반면에 실명을 밝히지 말아 달라는 요청에 따라 회사와 사람 이름을 익명으로 처리하기도 했다.[12] 이

---

*   개인이 온라인 활동과 선택을 하면서 만들어지는 데이터.

**   직원들이 같은 일을 더 잘할 수 있도록 스킬을 업그레이드하는 훈련. 리스킬 reskill은 새로운 일을 더 잘할 수 있도록 새로운 스킬을 교육하는 훈련이다.

책 전체에서 우리가 제시한 증거들은 디지털로 사고하고 행동하는 방법을 알려주기 위한 조언이라는 것을 알아주면서 사례들을 읽어주기 바란다. 그러다 보면 디지털 마인드셋 개발이 뜬구름 잡기가 아니라는 사실도 알게 될 것이다.

중요한 질문

우리가 가장 흔하게 받았던 질문이기도 하고 질문의 당사자들이 가장 크게 고민하는 문제는 바로 이것이다. '디지털 마인드셋을 쌓으려면 코딩을 배우거나 프로그래밍 언어를 배워야 하나요?'

단답식 대답은 '아니다'일지도 모른다. 대다수 사람들에게는 어떤 사업을 운영하건 밑바탕에 디지털 기술이 깔려 있다는 사실을 이해하기만 해도 충분하다. 반면에 어떤 사람은 마음의 평안을 얻기 위해 코딩의 기본 정도는 익혀야 한다고 생각한다. 이 모든 것은 당신의 배경이나 일이 전문 기술 위주인지, 그리고 당신의 일이 회사의 핵심 기술과 관련이 있는지에 따라 달라진다. 역설적이게도 디지털 기술 분야에 대한 경험이 많은 사람일수록 자신은 30%의 문턱을 진즉에 넘었으니 코딩을 새로 배울 필요가 없다고 생각한다. 반면에 디지털 기술 경험이 적은 사람 일수록 코딩을 배우면 자신감이 생기고 프로그래밍과 데이터 작동을 이해하는 데 필요한 지식이 생길 것이라고 믿는다.

여기서 중요한 사실은, 어떤 디지털 기술을 개발하건 알고리즘을 실행시켜 데이터를 처리하게 만드는 특정 프로그래밍 언어가 사용된다는 것이다.

이 말이 이해가 가고 알고리즘이 무엇이고 프로그래밍 언어가 어떻게 작동하며 연산 명령어가 컴퓨터를 어떻게 구동시키는지 잘 알고 있다면 다음 내용은 가볍게만 읽고 넘어가도 된다. 그러나 이런 개념들이 낯설다거나 쉽게 떠오르지 않는다면, 다시 말해 들어본 용어들이기는 한데 머릿속에서 잘 정리가 되지 않는다면 다음에 나올 내용을 꼼꼼히 읽기를 권한다. 전문적이고 기술적인 내용으로 융단 폭격을 가하려는 것이 아니다. 우리의 일과 우리의 세상을 재형성하는 디지털 기술이 사용자 인터페이스라는 반지르르한 포장 뒤에서 실제로 무슨 일을 하는지 이해하기 위해서는 컴퓨터 프로그램이 어떻게 작동하는지 정도는 짚고 넘어가야 한다는 뜻이다.

이 기본적인 개념이 뒤에 나오는 거의 모든 부분에서 거듭해서 영향을 미치므로 자세히 파고들 것이다. 협업을 말할 때도 연산을 논할 때도 그리고 변화를 설명할 때도 알고리즘의 기본이 거듭해서 등장한다. 알고리즘의 기본 지식을 파악하면 책의 뒷부분에서 소개하는 인사이트와 스킬을 개념화하는 데에도 도움이 될 것이다.

알고리즘이 베이킹이라면

모든 디지털 운용은 하나같이 컴퓨터, 소프트웨어, 데이터라는 세 가지 실체의 관계를 바탕에 깔고 구축된다. 실행 주체는 컴퓨터다. 소프트웨어로 구현되는 알고리즘은 컴퓨터에게 무엇을 어떻게 해야 할지 명령한다. 소프트웨어 프로그램이 컴퓨터에게 무슨 명령을 내릴지 결정하면서 이용하는 것은 데이터이다. 알고리즘은 컴퓨터와 소프트웨어, 데이터가 맞닿은 교차로에 거주하므로 그 교차로를 출발점으로 삼아보자.

알고리즘이란 무엇인가?

알고리즘이 고급 수학의 영역일 뿐이라고 생각할 수는 있지만, 실제로 가장 기본적인 개념에서 본 알고리즘은 정해진 순서를 단계적으로 밟으며 구체적 목표를 수행하게 만드는 일련의 명령 체계이다. 사용하는 데이터가 바뀌어도 매번 같은 순서를 밟는다는 것이 알고리즘이 전개되는 기본 개념이다. 우리가 하는 모든 것이 알고리즘을 따른다.

요리 레시피도 목적지를 정하고 정해진 순서로 해야 할 작업들을 지시하는 목록이라는 점에서 일종의 알고리즘이다. 일반적으로 알고리즘에서 가장 중요한 것은 순서이다. 초콜릿 칩 쿠키를 만든다고 가정해보자. 레시피를 따른다면 제일 먼저 버터와 설탕, 바닐라 익스트랙을 섞어서 반죽을 만든다. 다음으로는 밀가루와 베이킹파우더, 초콜릿 칩과 같은 건재료를 넣는다. 그 다음 건재료를 섞은 반죽을 오븐에 넣어 굽는다. 그러나 이 순서를 바꾼답시고 오븐에 반죽을 먼저 구운 다음 여기에 건재료들을 추가한다면 쿠키가 만들어질 리가 없다. 이건 어떤 쿠키를 만들든 적용되는 원칙이다. 요리 재료와 비율은 달라질지라도 수분이 있는 재료와 건재료를 섞어서 반죽부터 만들고 그다음에 굽는다는 기본 단계는 모든 종류의 쿠키에 다 똑같이 적용된다.

그림 0-1

알고리즘이란 무엇인가?

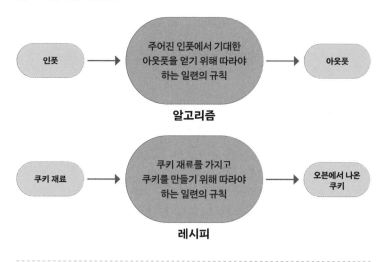

그림 0-1에서 쿠키 재료는 인풋이고 요리법은 따라야 할 규칙이며 맛있는 쿠키는 아웃풋이다.

컴퓨터와 다르게 베이킹은 암묵적 지식에 어느 정도 의존한다는 점에서부터 알고리즘과 쿠키 만들기 사이의 유사점이 없어지기 시작한다.[13] 예를 들어, 쿠키 레시피를 보면 물기 있는 재료들을 '부드러운' 크림 상태가 될 때까지 섞고 '옅은 황금빛'이 될 때까지 구우라고 말한다. '부드러운'이나 '옅은 황금빛'이 정확하게 무엇이라고 단정하지는 않는다. 베이킹에 능숙해지려면 경험을 쌓고 관찰을 하고 '부드럽다'는 게 무엇인지 알려주는 사람들로부터 배우는 수밖에 없다. 컴퓨터의 경우는 암묵적 영역을 처리하는 능력이 없으므로 구체성이 부족하면 문제가 발생한다. 데이터를 '부드럽게' 섞고 그걸로 컴퓨터가 무언가를 처리하도록 명령을 내리려 한다면, 부드럽다는 게 무엇인지 컴퓨터에 구체적으로, 다시 말해 숫자로 명령해야 한다. 컴퓨터 프로그램으로 만드는 알고리즘은 모호해서는 안 된다.

이 정도면 알고리즘이 무엇인지 기본적인 이해는 갖추었을 것이다. (더 자세하고 전문적인 설명을 원한다면 부록의 용어 설명을 참조하기 바란다.)

컴퓨터가 작업을 수행하려면 위에 설명한 기준에 부합하는 알고리즘이나 일련의 명령이 있어야 한다. 어떤 숫자에 1을 더하라는 명령은 간단한 알고리즘만으로도 가능하지만, 컴퓨터가 복잡한 작업을 수행하려면 조화롭게 협력하는 알고리즘 집단이 필요하다. 레시피에 비교한다면, 한 끼 식사를 차리기 위해서는 쿠키 레시피만으로는 부족하다. 스파게티 레시피도 있어야 하고, 소스 레시피도 있어야 하고, 사이드 디시 레시피도 있어야 하고, 음료도 필요하다. 모든 음식을 동시에 준비하도록 하려면 그 순서를 조율해줄 알고리즘도 또 필요할 것이다. 여기서 요점은 컴퓨터 하나가 무수히 많은 알고리즘을 동시에 돌린다는 것이다.

컴퓨터가 일하게 하려면
어떻게 명령을 내려야 할까?

레시피는 요리하는 사람에게 요리 용어로 무엇을 어떻게 하라고 지시한다. 섞는다. 체로 친다. 굽는다. 식힌다. 컴퓨터에 알고리즘의 지시를 어떻게 따라야 하는지 명령할 때 우리가 이용하는 것은 이른바 소스 코드, 즉 '코드'이다. 코딩이란 컴퓨터에 무엇을 어떻게 하라고 지시하기 위해 프로그래밍 언어를 사용하는 과정이다. 코드 한 줄 한 줄마다 컴퓨터에 내리는 구체적 명령이 담겨 있다. 코드 한 줄을 동사 하나라고 생각하면 된다. 더하라. 비교하라. 재배열하라. 기다려라. 삭제하라.

여러 줄의 코드로 채운 문서를 스크립트script라고 한다. 스크립트가 결합되어 만들어지는 것이 알고리즘이다. 아래는 파이썬 프로그래밍 언어로 코딩한 스크립트를 보여준다. 이것은 'hello_name'이라는 아주 기본적인 스크립트이다.[14] 첫 줄의 코드는 컴퓨터에게 화면에 'What is your name?'이라는 구문을 띄우라고 지시한다. 두 번째 줄의 코드는 컴퓨터에게 사용자가 이름을 입력하기를 기다리고, 사용자가 이름을 입력하면 그 이름을 객체object로 저장하라고 지시한다. 세 번째 줄에서는 화면에 'Hello'와 사용자가 입력한 이름을 같이 띄우라고 지시한다.

그런데 이 프로그램은 'print'가 무슨 뜻인지, 'input'이 왜 사용자가 입력한 내용인지, 그 인풋을 저장해서 화면에 띄우려면 어떻게 해야 하는지는 어떻게 아는 것인가? 그 이유는 프로그래

```
1 print("What is your name?")
2 name = input()
3 print("Hello" + name)

python hello_name.py
What is your name?
Joe
Hello Joe
c:\Users\Joecomputer\Desktop\temp
```

밍 언어인 파이썬은 실제로는 인간이 '기계어 machine language'라는 보다 근본적인 언어를 가지고 컴퓨터와 상호 행동하는 방식이기 때문이다. 기계어는 0과 1로 이루어진 이진수이다. 0과 1이 길고 길게 조합되면서 컴퓨터가 사용하는 복잡한 패턴이 만들어진다. 컴퓨터 프로그램을 돌리는 데는 수백만 개, 심지어는 수십억 개의 0과 1이 필요하다. 만약 인간이 기계어인 0과 1을 가지고 직접 코딩을 해야 한다면 컴퓨터와의 상호 행동은 고사하고 컴퓨터로 무언가 쓸모 있는 일을 처리하는 것도 불가능할 것이다.

화면에 입력한 코드를 0과 1로 바꾸기 위해 스크립트는 컴파일러 compiler를 통과한다. 컴파일러는 각각의 명령을 컴퓨터가 이해하는 언어인 0과 1로 바꾸는 지루한 작업을 수행한다. 컴파일된(기계어로 번역된) 코드는 프로그램으로 저장되어 여러 번이고 재사용이 가능해진다. 우리가 사용하는 모든 앱과 게임, 웹사이트의 컴퓨터 소프트웨어는 출발점이 다 똑같다. 누군가가 프로그래밍 언어로 코딩을 해서 스크립트를 만들고, 그 스크립트를 컴파일링해서 수백만 개 또는 수십억 개의 0과 1로 바꾸고, 그 기계어를 컴퓨터가 읽고 수행하는 것이다.

컴퓨터는 자기 혼자서는 아무것도 못 한다. 사람이든 물건이든 명령을 내려줄 무언가가 있어야 한다. 이 부분을 반드시 명심해야 한다. 컴퓨터는 암묵적 지식 같은 것은 알지 못한다. 조금 극단적인 비유이기는 하지만 한 컴퓨터 프로그래머가 머리를 무한정으로 감느라 샤워를 멈추지 못했다는 오래된 우스갯소리도 있다. 샴푸 병에 적힌 사용법에 "적당량을 풀어 머리를 감고 헹구세요. 이 과정을 반복하세요"라고만 쓰여 있고 "중단하세요"라는 말은 없어서였다. 컴퓨터도 마찬가지다. 컴퓨터는 명확하지 않은 지시는 수행하지 못한다.

디지털 마인드셋을 기를 때에는 컴퓨터의 한계를 이해해야 한다는 것이 중요한 포인트이다. 그 이해의 바탕은 기계가 어떻게 '생각'하고 컴퓨터가 인간과는 왜 다른지를 아는 것이다. 컴퓨터가 반드시 중단해야 하는지 아닌지 우리의 생각은 중요하지 않다. 우리가 코드를 작성하며 끝에 'Stop'이라는 명령어를 넣지 않으면 컴퓨터는 멈추지 못한다.

파이썬은 현재 가장 널리 사용되는 프로그래밍 언어 중 하나이기는 하다. 하지만 오늘날 사용되는 프로그래밍 언어는 250개에 가깝고 개발된 언어만 700개가 넘는다.[15] 자바Java나 C++, 루비Ruby도 많이 사용되는 프로그래밍 언어이다. 영어, 스페인어, 관화(중국 북방어), 페르시아어 등등 언어마다 구문론과 문법 구조가 다 다르듯이, 컴퓨터 프로그래밍 언어들도 저마다 문법이 다르다. 또한 인간의 구어처럼 프로그래밍 언어도 특정한 필요를 충족시키기 위해 특정한 시간과 장소에서 진화해왔다.

디지털 마인드셋을 기르는 여정에는 코딩, 프로그래밍 언어, 스크립트, 알고리즘, 컴파일링, 기계어의 기본 개념을 이해하는 과정이 포함될 것이다. 이것은 디지털 애플리케이션이 어떻게 프로그래밍되고 컴퓨터가 이것을 어떻게 수행하는지를 이해하기 위한 필수 과정이다. 코딩과 프로그래밍 작업은 디지털 툴의 밑바탕인 하드웨어와 소프트웨어 사이에 존재하는 복잡한 관계의 한 부분이다.

지금까지의 내용을 간단히 정리하면 다음과 같다.

- 디지털은 스마트폰이나 앱, 스트리밍 서비스처럼 현대 생활의 큰 축으로 자리 잡은 기술과 데이터의 행동이며 빅데이터, AI, 로봇공학, 기계어, 블록체인 등으로 우리의 업무 방식을 바꾸는 커다란 힘이기도 하다.
- 디지털 기술이 전환하고 처리할 수 있는 데이터의 양은 기하급수적으로 증가하고 속도도 매우 빨라지고 있다.
- 디지털 운영에는 컴퓨터와 소프트웨어, 데이터라는 세 가지 협력체가 필수이다. 반면 태엽시계 같은 아날로그 기술은 물리적 신호에 의존한다.
- 알고리즘이란 컴퓨터에 특정 작업을 수행하라고 지시하는 일련의 명령 체계이다. 알고리즘은 스크립트로 이루어지고, 스크립트는 여러 줄의 코드로 이루어진다.
- 코딩이란 프로그래밍 언어를 이용해 컴퓨터에게 어떻게 행동해야 할지를 지시하는 과정이다. 코드 한 줄마다 컴퓨터에게 특정 행동을 하라고 지시하는 내용이 담겨 있다.

이제 출발선에 설 준비를 마쳤다. 축하한다! 30% 규칙을 받아들이고 디지털 마인드셋을 개발하기 위한 준비가 끝났다. 기본 작업을 마쳤으니 성공으로 향하는 여정에 오르게 해줄 세 가지 핵심 영역에 올라설 차례이다. 첫 영역은 협업이다.

1부

협업

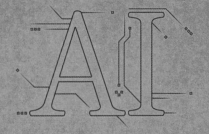

1장

기계와
함께
일한다는 것

인간 지능이 인공지능을 만날 때

THE
DIGITAL
MINDSET

늘은 오후, UCLA의 버트 스완슨Burt Swanson 교수가 퇴근을 하고
집에 가려는 참에 이메일 하나가 그의 발길을 잡아끌었다. 제목이
이랬다. "교수님을 만나 뵙고 싶습니다." 나라 반대편의 대학에서
일하는 토드Todd 라는 교수가 보낸 이메일이었다. 스완슨과 연구
분야가 비슷한 토드는 로스앤젤레스에 오는 길에 스완슨을 한번
만나보고 싶다고 했다. "제 비서인 에이미에게도 참조 메일을 보
냈습니다. 생각이 있으시면 편하신 시간과 장소를 말씀해주세요.
비서가 약속을 잡을 것입니다."

　　스완슨은 토드의 비서에게 괜찮은 날짜와 시간을 제시했다.
집에 돌아오니 에이미가 벌써 답장을 보냈다. 스완슨이 좋다고 말
한 날짜들은 토드가 시간이 되지 않았다. 에이미는 다시 시간을
제안해달라고 부탁했고 스완슨은 다른 날짜를 제시했다. 다음 날
아침 일찍 에이미는 약속을 잡았다. 그러나 몇 시간 후에 에이미

한테서 다시 답장이 왔다. 스완슨이 말한 시간에는 토드가 도저히 시간이 나지 않는다며 다른 날짜들을 정해 의향을 물어왔다. 스완슨은 토드가 약속 날짜를 계속 바꾸는 것에 짜증이 났다. 더군다나 만나고 싶다고 한 사람은 토드인데 정작 날짜를 잡느라 고생하는 것은 자신이니 더 짜증이 났다. 그렇기는 해도 스완슨은 날짜를 새로 정했다. 그리고 이메일 마지막에 새로 정한 시간은 꼭 지켜주면 감사하겠다고 정중히 적었다. 기가 막히게도 에이미가 곧바로 회신을 보냈는데, 스완슨이 정한 일시에는 토드가 시간을 낼 수가 없다는 것이었다. 화가 머리끝까지 치솟은 스완슨은 키보드를 두드리며 토드 교수의 방문 일정을 맞추려고 자신이 헛짓을 했다는 것이 대단히 불쾌하며 다른 때는 전혀 시간이 나지 않는다는 장문의 이메일을 에이미에게 보냈다.

몇 주 후 스완슨은 에이미가 사람이 아니라는 사실을 알고 소스라치게 놀랐다. 에이미는 x.ai라는 회사가 2015년에 선보인 AI 스케줄링 대리인이었다. 현재 디즈니와 코카콜라, 나이키를 포함하며 많은 기업이 이 제품을 사용 중이다. 그렇다면 스완슨이 약속 일정을 잡으며 겪었던 웃지 못할 상황도 AI의 기능이 좋지 않았기 때문이지 않았을까? 보통은 그런 결론을 내리기 십상이다. 하지만 틀린 결론이다. 위에서 묘사한 것과 같은 상황은 사람들이 AI나 챗봇, 기계학습 알고리즘과 길건 짧건 어떤 관계를 시작하려 할 때 흔히 나타나는 상황이기도 하다. 문제는 AI의 기능 결함에 있는 것이 아니라, 우리가 그런 기계들과 상호 행동했던 경험이 부족하다는 데 있다. 기계가 인간의 기능성을 흉내 내서 만들어졌다는 이유로 우리는 기계를 사람처럼 대하려고 한다. 디지털 마인드셋을 개발한다는 것은 그런 잘못된 인식을 극복하고 AI 에이전트가 인간과 비슷한 특징을 가지고 움직이도록 프로그래밍되어 있을지라도 컴퓨터에는 컴퓨터만의 방법이 있으며 그 방식으로 대해야 한다는 사실을 안다는 뜻이다.

상호 행동의 새 규칙

연산과 기계학습 알고리즘이 조직 내에서 수행하는 활동이 날이 갈수록 급증하고 있다. 가장 대표적인 사례로, 알고리즘이 월스트리트 트레이딩의 성격을 근본적으로 바꿔놓았다는 사실을 꼽을 수 있다.[1] 알고리즘은 기존 고객과 잠재 고객의 신용 점수를 매긴다. 알고리즘으로 지원서를 걸러내고 채용 과정을 보조한다. 알고리즘으로 챗봇은 실시간 고객 문의에 응대하고, 컴퓨터에 문제가 있는 고객에게 새 해결 방법을 제안하고, 대출이 필요한 사람에게는 대출을 안내하고, 업무 정보를 알아보려 하는 근로자에게는 새 정보를 알려준다.

컴퓨터 성능의 급격한 발전으로 디지털 기술은 단순한 도구에서 사람들이 상호 행동하기 위한 기반 플랫폼으로 전환되었다.[2] 그리고 디지털 기술은 사람들이 능동적으로 협업하는 에이전트로 다시금 전환되었다. 스케줄링 에이전트인 에이미가 그 예이다. 이러한 변화가 로봇 팀원이 옆에 앉아 일하는 장면을 떠올리게 한다면 그다지 틀린 상상은 아닐 것이다. 로봇은 이미 우리의 생활 곳곳에 통합되어 있다. 당신이 항공권을 예매할 때 응답해주는 로봇을, 은행 계좌를 개설하도록 도와주는 챗봇을, 하이테크 제품 조립라인의 근로자들이 명령을 내리고 피드백을 받으면서 협업하는 (그리고 디지털 자동화 장비로 통제되는) 물리적 로봇을 생각하자. 이렇게 디지털로 통제되는 봇은 AI와 기계학습 기법을 이용해 데이터 입력 정보를 평가하고, 행동을 제안하고, 당신의 반응을 학습함으로써 스스로 성능을 개선해 다음번 상호 행동을 진행한다.[3]

디지털 마인드셋을 개발하기 위한 필수 조건 한 가지는 기계와의 성공적 협업에 필요한 비결이 사람과 성공적으로 협력하는 데 필요한 비결과 다르다는 사실을 이해하는 것이다. 그건 누구나 다 아는 사실이 아니냐고 생각할 수 있다. 그러나 여러 차례 진행된 실험에서 피험자들은 자신들이 상호 행동하는 대상이 사람이 아니라 기계라는 사실을 알면서도 절대다수가 기계를 사람처럼 생각하고 다루었다.[4] 뒤에서 설명하겠지만 그런 행동은 우리가 업무에 접근하는 방식이나 작업을 완수하는 방식에 문제를 일으킨다. 디지털 마인드셋을 개발한다는 것은 기계에 적용하는 상호 행동 규칙은 다르다는 사실을 인정한다는 뜻이기도 하다. 그리고 당신이 기계를 대리로 내세워서 친구나 가족, 고객과 상호 행동을 할 경우 그들도 기계를 마치 사람처럼 대한다는 사실을 이해해야 한다는 뜻이기도 하다.

이번 장에서 우리는 주기적으로 로봇과 챗봇, 그리고 기타 AI 구동형 자율에이전트AI-powered autonomous agent와 상호 행동을 시작한 기업체들에 근무하는 800명 이상의 사람들을 조사하면서 얻은 결과를 설명한다. 우리는 인간과 언어적 상호 행동을 하거나 한팀이 된 디지털 기술들과 효과적으로 관계를 구축하는 방법에 대해 논한다. 이번 장에서는 기계를 기계로 대함으로써 기계와의 성공적인 업무 관계를 만들어나가는 방법을 알려주는 것을 목표로 삼는다.

그러나 방법론을 설명하기 전에 인공지능이 실제로는 무엇이고 AI 에이전트가 어떻게 '사고'하는지부터 이해해야 한다. 당신만의 AI를 만드는 방법은 몰라도 되지만 아래의 내용을 몰라서는 안된다.

- 기계학습이란 무엇인가?
- AI는 특정 데이터 셋으로 어떻게 훈련을 하는가?
- 이 특정 데이터 셋으로 어떻게 모델을 구축하고, 기계는 예측 기법을 어떻게 활용해서 당신과의 가장 적합한 상호 행동 방식을 결정하는가?

위의 질문들에 답을 구하면서 우리는 기계학습, 신경망neural network, 자연어 처리natural language processing, NLP, 컴퓨터 비전computer vision이 무엇인지 정의할 것이다. 이 주제들 모두는 기계를 기계로 대하며 상호 행동하게 해주는 디지털 마인드셋을 개발하는 데 필요한 건축 재료라고 보면 된다. 몇몇 기술은 겉으로는 믿기 힘들 만큼 단순해 보이지만 속에서 진행되는 과정은 깜짝 놀랄 정도로 복잡하다.

인공지능은 어떻게 작동하는가?

당신도 그렇고 대부분의 사람들도 한때는 인공지능이 공상과학 영화에서나 나오는 먼 나라 이야기라고 생각했다. 〈스타워즈〉, 〈터미네이터〉, 〈마이너리티 리포트〉, 〈인터스텔라〉와 같은 영화에서는 인간이 설명할 수도 통제할 수도 없는 일들을 처리하는 자율 능력 로봇이나 컴퓨터가 등장한다. 1956년 '인공지능'이라는 말을 최초로 만든 존 매카시John McCarthy는 "그것이 작동하기 시작하면 더는 아무도 그것을 AI라고 부르지 않을 것이다"라며 한탄했다고 한다.[5] 다시 말해 우리는 AI를 아직은 일어나지 않은 먼 미래의 무언가라고 생각하는 경향이 있다. 하지만 그렇지 않다. 당신이 시리Siri와 대화를 주고받는다거나 운전 중에 내비게이션이 경로를 이탈했다고 말한다면 그건 AI를 이용하고 있다는 뜻이다. AI는 이미 많은 응용장치에 깔려 있다. 우리가 깨닫지 못할 뿐 우리는 일상생활을 AI와 함께하고 있다.

오늘날 우리가 이용하는 AI는 해야 할 일을 정해놓고 그 일에만 집중한다. 툭하면 인간 체스 챔피언을 이기는 AI 애플리케이션을 생각해보자. 그 체스 AI는 체스는 아주 잘 두지만 다른 것은 전혀 못 한다. 세계 최대 전자상거래 플랫폼 중 하나인 알리바바Alibaba는 아마존처럼 고객이 사고 싶어 하는 것을 예측하려고 AI를 이용한다. TV 애니메이션 시리즈인 〈젯슨 가족The Jetsons〉에 나오는 로지Rosey처럼 집 구석구석을 다 청소해주는 AI는 아직 존재하지 않는다. 영화 〈아이, 로봇iRobot〉에 나오는 소니처럼 살인 사건을 해결해주는 AI 로봇도 존재하지 않는다. 결국, 모두를 놀라게 하는 성능에도 불구하고 AI는 아직 여러 주제와 분야를 통합하고 치환해서 문제를 해결할 만한 수준의 지능은 가지지 못했다. 또한 컴퓨터 프로그램을 장착해 세상을 정복한 로봇이나 인간을 지배하는 AI도 현재는 존재하지 않는다. 철학자이며 AI 사상가인 닉 보스트롬Nick Bostrom은 이런 초지능을 이렇게 정의한다. "초지능은 과학적 창의성과 전반적인 통념, 그리고 사교 능력을 망라해 실질적으로 모든 분야에서 가장 뛰어난 인간의 뇌보다도 훨씬 뛰어난 지능이다."[6] AI가 이런 능력을 갖추려면 모든 분야에서 인간의 능력을 압도해야 하는 것은 물론이고 인간관계를 맺는 능력도 뛰어나고 감정도 가질 수 있어야 한다.

그 부분은 우리가 고민할 내용이 아니다. 우리는 한 가지 작업에 충실한 AI와 기계를 기계로 대하는 방법을 배우는 데 중점을 둘 것이다(지금으로선 그게 현실에도 맞다). 그러기 위해서는 생각의 전환이 필요하다. 우리가 기계를 기계로 대하기가 어려운 이유 중 하나는 AI를 인간과 흡사한 지능을 가진 기계로 정의하기 때문이다. 기계는 알고리즘을 수행하면서 인간의 '인지' 기능을 흉내 낸다.[7] 그렇기에 AI는 환경을 인식해서 목표 달성 가능성을 최대로 끌어올리는 행동을 취하는 기계이다. 현재, 그런 목표를 프로그래밍하는 것은 인간이다.

또한 로봇은 AI가 아니라는 사실도 기억해야 한다. 두 가지를 같은 것처럼 말하는 소리가 자주 들리지만 로봇은 AI를 담은 그릇일 뿐이다. 다시 말해 AI는 로봇 내부에서 로봇을 작동하게 만드는 존재이다. 예를 들어 소프트웨어, 데이터, 알고리즘이 모여 아마존 알렉사Alexa라는 AI를 작동시키지만 우리가 듣는 알렉사의 음성은 이 AI를 의인화한 존재에 불과하다. 마찬가지로 차량 생산에서 상품 포장에 이르기까지 산업 현장에서 온갖 작업을 하는 강철로 만든 모형들은 금속과 액추에이터, 전기회로를 집합한 로봇들이다. 그리고 AI는 그런 강철 덩어리들이 사람처럼 팔을 움직이고 나사를 조이고 상자를 들어 올리게 만드는 소프트웨어 프로그램이다.

AI 생태계는 넓은 의미에서 데이터와 도구, 통계 모델을 아우른다. 통계 모델은 대량의 데이터 셋을 처리한다. 데이터를 처리하려면 먼저 데이터 '정제cleaning'라는 전처리 과정을 통해 알고리즘이 이해하는 포맷으로 바꿔야 한다. 데이터 정제 과정에서 부적절하거나 불완전하거나 중복되는 데이터가 수정되거나 제거된다. 데이터가 매번 깨끗하고 일관된 방식으로 수집되는 것은 아니며, 복수의 데이터 소스를 수집하는 과정에서 데이터 중복이나 부적합, 잘못된 분류는 언제라도 발생할 수 있다. 가령 여러 가지 인구통계 데이터 소스를 결합하는데, 한 소스의 명칭은 '인구통계 데이터'이고 한 소스의 명칭은 '인구데이터'라고 치자. 둘 다 똑같지만 컴퓨터는 두 데이터가 같은 것임을 알지 못한다. 당신이 데이터를 정제해야만 컴퓨터는 두 소스를 똑같은 것으로 취급하고 처리할 수 있다.

AI는 우리 주변 곳곳에 있다. AI가 인간의 능력에 버금가거나 더 좋은 결과를 내고 속도와 효율도 인간보다 훨씬 잘하는 분야를 몇 가지 예로 들면 아래와 같다.[8]

- 자동차는 잠김방지제동장치ABS의 발동 시점을 파악하는 컴퓨터에서 연료분사장치의 한계를 조절하는 컴퓨터에 이르기까지 AI 시스템의 집합체이다. 자율주행차량에는 주위 세상을 감지하고 여기에 반응하는 강력한 AI 시스템이 탑재될 것이다.
- 스마트폰은 사실상 AI 공장이나 다름없다. 스마트폰 지도

앱으로 경로를 탐색하면서, 커스터마이징한 추천 음악을
받으면서, 일기 예보를 확인하면서, 궁금한 것을 검색하면
서, 또는 수십 가지 다른 일상 활동을 하면서 당신은 AI를 이
용한다.

- 이메일 스팸 필터도 전형적인 AI이다. 스팸 메일 필터는 처
  음에는 스팸 메일("축하합니다. 100만 달러 상금에 당첨되셨
  습니다.")과 스팸 메일이 아닌 것("추수감사절 계획에 대한
  새로운 소식입니다.")을 구분하는 방법을 아는 지능에서 출
  발하여 당신의 기호를 학습하고 경험하며 당신에게 맞는 지
  능을 만들어낸다.

- 온도조절장치와 같은 컨트롤러도 AI를 이용할 수 있다. 구글
  네스트Google Nest의 온도조절기는 처음에는 당신의 일상 루
  틴을 파악하고 적응한 후 그 루틴에 맞게 당신 집의 실내 온
  도를 조절한다.

- 구글 번역은 한 가지 작업에만 고도로 특화된 AI이다. 이 AI
  는 음성 인식은 하지 않는다. 몇 가지 앱은 두 기능을 혼합해
  서 당신이 한 언어로 문장을 말하면 스마트폰이 다른 언어
  로 같은 뜻의 문장을 말하게 한다.

- 비행기의 착륙 게이트를 정하는 것은 인간이 아니다. 또한
  항공권 가격을 정하는 것도 인간이 아니다.

- 구글 검색은 하나의 거대한 AI 뇌이다. 구글 검색은 고도로
  정교한 방법으로 페이지에 순위를 매기고 당신에게 어떤
  페이지를 보여줄지를 정한다. 페이스북의 뉴스 피드도 마
  찬가지다.

소비자가 직접 마주하는 AI만 예로 들었을 뿐이다. 군대, 산업시설, 금융(현재 미국 증시에서는 주식 거래의 절반 이상이 알고리즘 기반 AI 초단타매매 계좌에서 일어난다) 등 여러 산업 부문은 물론이고 의사들의 진단 보조와 같은 전문 분야에서도 고도로 정교한 AI 시스템이 널리 사용되고 있다.[9]

기계는 어떻게 학습하는가?

AI가 실제로 어떻게 움직이는지부터 이해해야 한다. AI의 핵심 구성 요소는 기계학습 기법으로, 이것은 통계학으로 데이터를 해석하고 예측하는 알고리즘이다. 인간이 복잡한 자연어와 시각 신호를 이용한다면, 컴퓨터는 사례들을 일반화하고 명확한 프로그램이 없어도 '학습' 능력을 얻기 위해 숫자와 협력한다.

기계학습 전문가인 마릴리 니카Marily Nika는 기계학습을 설명하면서 개와 고양이의 차이를 학습하는 방식을 자주 예로 든다.[10] 먼저 사람이 사진에 '고양이'나 '개'로 라벨을 붙인다. 그리고 라벨을 붙인 사진을 알고리즘에 넣는다. (그림 1-1)

기계는 라벨이 붙은 사진의 픽셀 패턴을 읽은 후 각 라벨의 예로서 사진들을 저장한다. 이 패턴은 고양이이고, 저 패턴은 개라는 식이다. 물론 사진 속 고양이의 픽셀 패턴이 전부 똑같은 것은 아니다. 한 사진에서는 고양이가 정면을 응시하지만 다른 사진의 고양이는 옆면을 보고 있을 수도 있다. 그렇기에 컴퓨터가 개인지 고양이인지를 능숙하게 구분하려면 개와 고양이 사진이 아주 많이 필요하다.

그림 **1-1**

기계학습 모델에 개와 고양이를 구분하는 방법 학습시키기

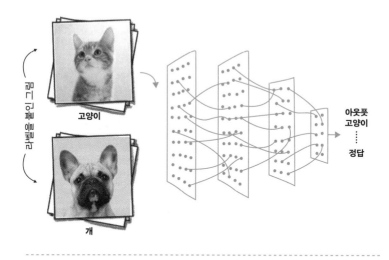

니카는 컴퓨터가 "이것은 고양이다"라고 오답을 말하면 컴퓨터를 수정할 수 있다고 말한다. 컴퓨터는 자신의 실수를 기록한다. 그 패턴을 '고양이'에 포함하지 않도록 학습한 것이다. 우리가 기계의 학습 과정을 '지능'이라고 묘사하는 것도 바로 이런 수정 능력이 있기 때문이다.

수학적으로만 따지면 오래전부터 이런 작업을 수행할 수 있었지만, 그러기 위해서는 굉장히 방대한 데이터가 필요한 데다 수학 이론을 응용할 고성능의 연산 처리 능력이 필요했다.[11]

인텔의 AI 사업부의 마크 로빈스Mark Robins는 **그림 1-2**에서처럼 자신의 사진을 보여주며 기계학습의 작동 방식을 설명한다.[12] 일반적인 기계학습 접근법에서처럼 누군가가 사진 속 얼굴이 가진 독특한 특징을 식별한다. 보통은 미간 사이, 코의 폭, 안와의 깊

그림 1-2

일반적인 기계학습 vs 딥러닝

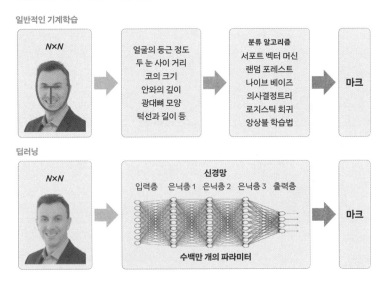

이 등이 가장 두드러진 특징이다. 기계학습 알고리즘은 이런 특징을 받아들이고 여러 통계 모델에 기반한 다양한 알고리즘을 이용해서 얼굴 특징을 구분하는 분류 시스템을 구축한다. (적어도 처음에는) 이런 과정을 여러 번 반복하고 그 얼굴을 알아보는 사람에 의해 수정 작업을 거치고 나면 기계학습 알고리즘은 주어진 얼굴 특징을 그 특정인과 연관하도록 학습된다.

로빈스나 다른 전문가들의 주장에 따르면 이 접근법에는 문제가 있는데, 누군가의 얼굴에서 두드러지는 특징이라는 것이 그때그때 다를 수 있기 때문이다.[13] 우리 눈에는 가장 중요하고 뚜렷한 특징일지라도 컴퓨터는 그 특징을 처리하기 힘들 수 있다. 예를 들어 미간 사이를 컴퓨터가 계산하려면 우선은 이미지에서 두 눈을 찾아낼 수 있어야 하고 카메라와 얼굴의 거리를 기준으로 두 눈 사이의 거리를 계산해야 한다. 그것만으로도 계산이 상당히 복잡해지며 이건 딥러닝deep learning의 영역이다.

딥러닝은 기계학습의 하위 분야이며, 딥러닝 알고리즘에는 개인의 얼굴 특징을 일일이 입력하지 않아도 된다. 딥러닝은 '신경망'이라는 자체 알고리즘을 통해 사람의 얼굴 특징을 잡아내고 스스로 데이터를 검토한다. 신경망이라는 단어는 뇌의 뉴런이 활성화되는 것처럼 일정 수준 이상의 정보가 입력되면 '활성화'되는 수학 단위인 인공뉴런artificial neuron에서 따왔다. 인공뉴런은 층layer으로 나누어 배열할 수 있고 딥러닝은 여러 층의 인공뉴런으로 이루어진다. 딥러닝에는 수백만 개의 파라미터parameter*가 필요하다. 이런 이유로 딥러닝은 학습에 필요한 방대한 데이터라든가, 적절한 시간 내에 복잡한 수식을 연산하는 고도의 처리 능력을 갖추게 된 최근에야 그 기능이 강력해졌다.

얼굴 인식이라는 맥락에서 보면 딥러닝은 한 이미지가 가진 다양한 형태를 미리 정해놓은 특징과 연관하는 노력을 할 필요가 없다. 딥러닝에 '라벨링한 데이터'(이미 알려진 얼굴 사진)를 충분히 공급하고 적절한 훈련법을 제시하면, 딥러닝 모델은 데이터를 토대로 얼굴에서 가장 중요한 특징이 무엇인지를 스스로 결정할 것이다. 이 프로세스는 알고리즘의 정확성을 극적으로 향상시킨다.[14] 이렇게 이미지를 사용해서 학습하는 딥러닝을 '컴퓨터 비전'이라고 한다.[15] (그림 1-3)

---

* 사용자가 원하는 방식으로 자료가 처리되도록 하기 위하여 명령어를 입력할 때 추가하거나 변경하는 수치 정보.

그림 1-3

기계학습 vs 딥러닝

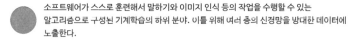

소프트웨어가 스스로 훈련해서 말하기와 이미지 인식 등의 작업을 수행할 수 있는 알고리즘으로 구성된 기계학습의 하위 분야. 이를 위해 여러 층의 신경망을 방대한 데이터에 노출한다.

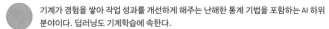

기계가 경험을 쌓아 작업 성과를 개선하게 해주는 난해한 통계 기법을 포함하는 AI 하위 분야이다. 딥러닝도 기계학습에 속한다.

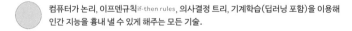

컴퓨터가 논리, 이프덴규칙if-then rules, 의사결정 트리, 기계학습(딥러닝 포함)을 이용해 인간 지능을 흉내 낼 수 있게 해주는 모든 기술.

음성언어와 문자언어에도 기계학습 알고리즘을 응용하여 패턴을 식별하고 상관관계를 맺을 수 있다. 자연어 처리와 음성언어의 관계는 컴퓨터 비전과 이미지의 관계와 비슷하다.[16] 자연어 처리는 특정어를 범주별로 분류하는 스크립트를 따른다. 이것 역시 통계학을 통한 비슷한 걸러내기 과정을 거친다. 첫째, 몇 가지 분류 방식에 맞춰 문구를 라벨링한다. 그런 다음 컴퓨터가 문구를 정제하고 'a', 'and', 'the', 'but', 'or' 등의 불용어stop words*와 마침표를 제거한다. 그리고 '표제어 추출lemmatization'을 한다('stopping', 'stopped', 'stopper'처럼 한 단어의 나온 변화형을 같은 그룹

---

* 데이터에 자주 등장하지만 의미를 가지지 않는 단어.

으로 묶는 기술적 방법). 표제어를 추출하면 다음에는 이 단어들을 어간('stop')으로 묶는 어간 추출stemming을 진행한다. 마지막으로 정제한 데이터를 컴퓨터가 통계적으로 분석할 수 있도록 숫자로 바꾸는 '벡터화vectorization'를 진행한다.

이런 기법을 결합한 앱의 대표적인 사례가 옐프Yelp이다. 옐프는 기계학습을 이용해 레스토랑들의 사진과 설명을 더 효율적으로 컴파일하고 라벨링하고 범주화한다.[17] '메뉴', '푸드', '타코', '스시' 등 큰 범주의 라벨을 이미지에 붙이는데, 라벨링 기준은 이미지를 올린 사용자들이 덧붙인 설명을 따른다. 라벨을 추후에 또 확인해야 할 때는 크라우드소싱 작업을 밟는다. 이런 이미지와 라벨을 이용해 일종의 딥러닝 신경망을 훈련시켜 컴퓨터 비전을 실행한다. 메뉴, 푸드, 타코, 스시가 무엇인지 학습한 딥러닝 신경망은 인간들이 똑같은 작업을 할 때보다 훨씬 짧은 시간 안에 아직 라벨링하지 않은 이미지를 스스로 분류해서 라벨링한다. 라벨링된 이미지의 수가 늘어날수록 옐프가 제공할 수 있는 추가 기능도 늘어나는데, 이를테면 '푸드', '메뉴', '드링크'와 같은 범주를 기반으로 사진 검색 기능을 제공할 수 있다.

서문에서 설명했듯이 알고리즘은 문제 해결에 사용되는 일련의 명령어 시퀀스이다. 프로그래머가 컴퓨터에게 특정 작업 수행을 지시하려고 개발한 알고리즘은 우리의 디지털 세상을 이루는 기본 자재이다. 그러나 알고리즘 개발은 하루아침에 끝나지 않는다. 신경망이나 이와 비슷한 기술들의 장점은 스스로 새 알고리즘을 만든다는 것이다. 이런 기술들이 패턴의 규칙을 인식하면 다음 학습 내용에 맞춰 새 규칙을 만들도록 프로그래밍하면 된다.

이 기술들이 새 규칙을 만드는 속도 역시 인간과는 비교도 되지 않게 빠르다.

따라서 기계학습 알고리즘이 새 규칙을 생성하려면 첫째로 패턴을 인식하고 이 패턴들에서 규칙을 추출하도록 (대개는 인간에 의해) 훈련을 받아야 한다. 프로그래머가 기계학습 알고리즘을 훈련시키는 대표적인 사례가 문구phrase에 라벨을 붙이는 것이다. 이런 종류의 훈련을 '지도 학습supervised learning'이라고 한다. 문구에는 긍정어, 부정어, 중립어 등의 라벨이 붙는다. 알고리즘은 해당 문구를 긍정어나 부정어로 분류하는 규칙을 식별할 수 있게 되었다. 가령 '최악'이라는 말이 들어있는 문구는 부정적 표현이라는 규칙을 정할 수 있게 된 것이다(실제로는 이것보다 훨씬 복잡하지만 설명을 위해 단순화했다).

지도 학습으로 훈련을 마친 알고리즘은 더 고급 문구를 처리하는 '비지도 학습unsupervised learning'을 행할 수 있다. 비지도 학습 단계의 알고리즘은 옐프의 사진과 리뷰를 자동으로 검토한 후 해당 레스토랑이 좋은 곳인지 나쁜 곳인지를 스스로 분류한다. 알리바바와 아마존은 비지도 학습 알고리즘을 이용해서 함께 구매되는 경우가 많은 두 상품을 알아낸다.

기계학습의 세 번째이자 훨씬 발전된 단계는 알고리즘이 피드백을 받아 수시로 자가 수정을 진행하는 '강화학습reinforcement learning'이다. 당신이 일상에서 흔히 경험했을 법한 상황도 강화학습에 해당한다. 기계학습 알고리즘이 판단하기에 소비자가 운동복과 양말을 같이 구매할 때가 많다면 알고리즘은 운동복 구매자에게 양말 광고를 띄운다. 하지만 그 구매자가 양말을 사지 않는다면 알고리즘은 피드백을 받아들여서 누가 어떤 상품을 구매할 것 같은지에 대한 예측 모델을 수정한다. 마찬가지로 운전자가 핸들을 꺾어서 경로를 수정한다면, 알고리즘은 차량 경로를 알려주는 알고리즘이 틀렸다는 것을 학습하고는 이 수정 데이터를 감안해 경로 모델을 재구성한다.[18]

디지털 마인드셋을 개발한다는 것은 특정한 예측을 하고 구체적 작업을 수행하는 일에서는 기계가 여러모로 인간보다 뛰어나다고 인정한다는 의미다. 의료 시스템에서 생성된 방대한 데이터를 처리할 수 있는 연산력이 발전하면서 임상 분야는 AI 애플리케이션의 덕을 가장 크게 보게 되었다. 서울대학교 의과대학 연구진은 흉부방사선 사진을 분석해 비정상적인 잠재적 암세포를 비롯한 비정상 세포 성장을 탐지하는 DLADDeep Learning-based Automatic Detection라는 AI 알고리즘을 개발했다.[19] 4년간의 연구 끝에 서울대학교 의과대학이 개발한 이 AI 알고리즘은 흉부방사선 사진에서 폐암을 발견하지 못하는 경우를 극적으로 줄이면서도 여기에 비례해 진행되는 흉부 CT 검사 수도 크게 줄일 수 있었다. 의사에게도 환자에게도 진단과 치료의 기대치를 극적으로 높이는 혁신적인 기술 발전이었다. 또 다른 예로 구글 헬스Google Health는 림프절 조직 검사로 전이성 유방암을 식별하는 기계학습 알고리즘인 LYNALYmph Node Assistant를 개발했다.[20] LYNA 알고리즘은 전이가 의심스럽지만 육안으로는 확인이 안 되는 부분의 전이 여부를 감지할 수 있다. 두 개의 데이터 셋으로 테스트한 결과 LYNA는 암세포와 정상 세포를 99%의 정확도로 구분했다. 의사들이 염색한 조직 샘플을 통상적인 매뉴얼과 병행해서 분석할 경우 LYNA는 슬라이드 검사 시간을 절반으로 줄여주었다. 이런 기술 발전은 더 짧은 시간에 더 정확한 진단이 가능하므로 축복받을 만한 일인 것은 분명하다. 하지만 거기에 맞게 분석 방식도 인간의 역할도 조정이 불가피해지는데 간단한 일은 아니다. 예를 들어 의료 분야에서 기계의 진단이 의사의 진단과 대치된다면 위협감을 느낄 수 있다.[21] 바로 이 부분에서 기계는 인간이 아니라는 관점을 유지하는 것이 중요하다. 기계는 위협감을 줄 수 있지만 코드는 위협을 가하지 않는다. 그저 우리 인간이 활용할 수 있는 도구일 뿐이다.

AI의 능력이 점점 강력해지고 있다는 말이나 (기계가 우리의 삶을 지배하기 직전이라는 영화 속 경고의) 진짜 의미는 활용 가능한 데이터가 갈수록 늘어나고 있으며 컴퓨터 처리성능이 더욱 높아지고 있다는 뜻이다. 또한 컴퓨터 과학자들이 더 우수한 알고리즘을 설계해 AI를 훈련시킬 수 있게 되었다는 뜻이기도 하다. 매일같이 디지털로 행해지는 그 많은 온라인 거래들과, 당신의 전자 기기들에 장착된 센서의 수를 생각해보자(오늘날의 자동차에는 연료계나 타이어압력 체크 등 자동차 성능을 모니터링하는 센서가 100개 이상 장착돼 있다). 지난 10년 동안 그 수는 빠른 속도로 증가해왔지만 더 강력한 처리 능력과 더 많은 데이터 확보를 향해 나아가는 속도는 조금도 줄지 않고 있다. 과거의 모든 기간을 다 합친 것보다도 많은 데이터가 단 일년 만에 만들어지고 있다.[22] IBM은 왓슨 AIWatson AI를 구동하기 위해 양자 컴퓨터 시스템을 개발 중이다.[23] 다른 것은 몰라도 미래의 AI가 얼마나 발전할지는 데이터와 연산 능력, 더 발전된 알고리즘을 어떻게 결합하느냐에 달렸다는 사실만은 알아야 한다.

젠가 게임을 들어본 적이 있을 것이다. 직육면체 블록을 계속해서 층층이 교차로 쌓아 올려 층과 층이 서로를 지지해주는 탑을 쌓는 게임이다. 한 층에서 블록 한두 개를 빼내도 탑이 무너지지는 않지만, 아래층의 지지력이 크게 약해지는 순간 구조물 전체가 와르르 무너진다.

AI도 젠가 게임의 탑과 비슷하다. AI 시스템은 서로 의지하면서 거미줄처럼 치밀하게 얽힌 소프트웨어와 하드웨어, 데이터베이스를 재료로 만들어진다. 한 예로 알렉사가 당신이 좋아하는 가수의 웹페이지를 띄우는 것은 아주 간단해보인다. 하지만 알렉사가 당신의 그 명령을 수행하려면 필요한 데이터를 저장하고 접속하고 안전하게 지키며 데이터 연산과 페이지 뷰어에 띄우는 모든 작업을 수행하는 여러 기술이 중첩되어야 한다. 다시 말해 젠가처럼 여러 기술 층들을 교차로 쌓아 올려 상호의존하게 해야 한다.

IT 세상에서는 이렇게 교차로 쌓아 올리는 기술의 층을 '기술 스택technology stack'이라고 한다. 단순하게 설명하면 기술 스택은 하나의 애플리케이션을 개발하고 운영하는 데 필요한 모든 하드웨어와 소프트웨어의 총합이다. 소프트웨어 개발자는 (탑을 쌓는 데 필요한 모든 블록이 다 제공되는 젠가처럼) 미리 정해진 기술 스택으로 새 앱을 만들기도 하지만, 자신만의 새 기술 스택을 찾아 (즉, 게임에 맞는 새 블록을 찾고 조립해) 만들 수도 있다.

기술 스택은 일반적으로 두 개의 하위시스템으로 구성된다.

첫째는 사용자(당신, 당신의 직원들, 당신의 고객들)가 상호 행동하게 되는 모든 기술과 모든 데이터 소스를 망라하는 '프런트엔드front-end'이다. 다른 말로는 '클라이언트사이드client-side' 시스템이라고도 한다. 컴퓨터 설문 조사를 할 때 우리가 클릭하는 버튼과 작성하는 양식이 다 프런트엔드에 포함된다. 두 번째 하위시스템은 고객 경험이 만들어지도록 지원하는 기본 인프라인 '백엔드back-end' 또는 '서버사이드server-side' 시스템이다. 백엔드는 사용자가 아니라 테크니션과 엔지니어의 영역이다.

이러한 기술 스택 층이 서로 소통하도록 연결하는 것은 미들웨어middleware라는 소프트웨어이다. 미들웨어는 드러나지 않은 채 층과 층 사이에서 번역을 담당하는데, 주택으로 치면 싱크대나 욕조 등을 상하수도 시설에 연결하는 일종의 배관 설비와 같다. 다시 말해 미들웨어는 데이터베이스와 데이터 사이에 통신이 이루어지도록 연결해준다. 가령 당신이 웹 브라우저에 양식을 제출하면 미들웨어는 제출한 정보를 기반으로 당신에게 보여줄 웹 페이지 콘텐츠를 검색한다. 소프트웨어 개발자들은 미들웨어를 다양한 층의 스택을 하나로 묶는다는 뜻에서 '소프트웨어 접착제software glue'라고 묘사한다. 젠가 탑이 잘 무너지지 않도록 고정시켜 준다는 의미라고 보면 된다. 그림 1-4는 일반적인 기술 스택을 시각화한 것이다.

디지털 데이터로 아주 단순한 일을 처리한다고 할지라도 거기에는 많은, 아주 많은 기술이 필요하고 그런 기술들을 하나에 담을 앱을 만들려면 기술 스택을 제대로 이해해야 한다. 또한 새 데이터나 새로운 종류의 분석이 필요하다고 결정한다면 단순히

그림 1-4

일반적인 기술 스택

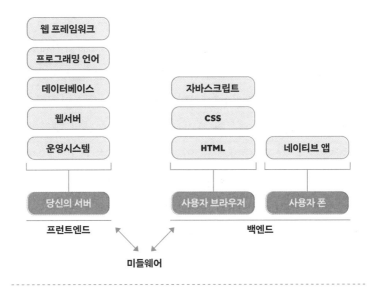

소프트웨어 개발자에게 새 스크립트를 쓰라고 요구하는 것보다 훨씬 많은 일이 필요하다는 사실도 알고 있어야 한다. 아주 간단한 변화조차도 기술 스택의 최하층에 극적인 영향을 미칠 수 있다. 젠가 탑에서 가장 아래에 있는 블록 중 하나를 빼려는 것과 비슷하다고 보면 된다. 기술 스택의 어떤 앱은 특정 프로그래밍 언어가 잘 맞고, 어떤 서버는 데이터 분류나 저장, 검색 같은 특정 활동에 최적화되어 있다(여기에 대해서는 3장에서 자세히 다룰 것이다). 기술 스택의 상층부에 있는 무언가를 바꾸고 싶어도 하층부에 있는 앱의 배열 때문에 제약을 받을 수 있다. 기술 스택의 층들은 상호의존한다. 이를 인지해야 사소해 보이는 변화가 정말로 작은 변화일지 아닐지 올바로 판단할 수 있을 것이다.

AI가 인간처럼 행동할지라도 기계는 기계이다

우리는 컴퓨터와 시각적으로 상호 행동하는 것에 익숙하다. 우리는 버튼, 드롭다운 리스트*, 슬라이더를 비롯해 여러 기능을 이용하여 컴퓨터에 명령을 내린다. 하지만 AI가 발전하면서 우리와 디지털 기기의 상호 행동이 더 자연스러워지며 사람끼리의 상호 행동과 흡사해지고 있다. 이른바 대화형 유저 인터페이스conversational user interface 즉 대화형 UI가 나오면서 사람들은 같은 사람들과 소통할 때처럼 디지털 기기와도 글이나 말로 상호 행동할 수 있게 되었다. 앞의 버트 스완슨이 비서인 에이미와 '대화'를 나누었던 것을 생각하면 된다.[24] 당신이 "헤이 시리," "헬로 알렉사," "오케이 구글"이라고 말한다면 그 대화 상대는 대화형 UI다.

대화형 UI가 통제하는 디지털 도구는 놀라울 정도로 급성장 중이다. 1588 등으로 시작하는 전화를 받거나 이름을 적어야 하거나 "예"라는 답변을 해야 한다거나 주민등록번호 앞 6자리를 적어야 한다면 전부 대화형 UI를 이용하는 AI와 상호 행동하는 것이다. 대화형 봇(챗봇)은 현재 많은 기업이 사용 중인데, 일단 운영 면에서 편리하기도 하거니와 소비자 입장에서도 서비스에 더 효율적으로 편리하게 접근할 수 있다는 장점이 있기 때문이다.

가령 미국 최대 철도 회사인 암트랙Amtrak으로 기차 여행을 예약한다면 대부분은 AI 챗봇이 상호 행동을 담당할 것이다. 이 AI

---

* 사용자가 메뉴를 클릭하거나 마우스를 올려 목록에서 하나의 값을 선택할 수 있도록 하는 그래픽 제어 요소.

챗봇의 이름은 줄리이며 매년 3000만 명이 넘는 사람들이 보내는 500만 건 이상의 문의를 처리해준다. 승객이 목적지와 시간을 말하기만 하면 줄리가 알아서 기차편을 예매해준다. 줄리는 암트랙의 운행 시간표 앱에 미리 작성된 예매 양식을 올려놓고 예매 과정이 끝날 때까지 고객을 도와준다. 암트랙은 줄리에 투자한 비용 대비 800%의 수익을 거두었다. 간단하고 예측 가능한 질문들은 줄리를 이용해 처리하므로 매년 절감되는 고객 서비스 비용은 100만 달러가 넘는다.[25] 예매율은 25%가 늘었고, 줄리를 통한 예매 수익이 웹사이트 예매 수익보다 30%나 많다. 줄리는 고객에게 더 비싼 상품을 더 많이 파는 데 선수이기 때문이다!

줄리의 성공에는 암트랙이 사용자들에게 줄리가 AI 챗봇이라는 사실을 확실히 주지시킨 것이 중요하게 작용한다. 암트랙은 일차적으로 직원이 아니라 AI 챗봇이 고객을 응대하게 한 이유를 명확히 밝힌다. 그러니 사용자인 고객들도 줄리를 사람으로 착각하지 않고 기계로 대한다. 사용자들은 줄리에게 큰 기대는 하지 않으며, 딱 필요한 대답만 얻을 수 있도록 간단하게 질문한다. 암트랙이 반직관적인 결정을 내렸다고 보는 시각도 있다. 대다수 회사들은 사람처럼 행동하는 AI 챗봇을 만들려고 노력하고 있는 데다가, 기계를 사람으로 대하면서 상호 행동하는 것이 최상의 결과를 도출하는 정답이라고 여기기 때문이다. 디지털 마인드셋을 갖추기 위해서는 우리와 기계의 관계에 대해서 사고의 전환이 필요하다. 기계가 점점 인간을 닮아가고 있는 것이 사실이다. 그러나 기계는 기계일 뿐이기에 구체적으로 명령을 해야 하고 좁은 영역의 작업 수행에 집중시켜야 한다고 생각해야 한다.

x.ai사가 개발한 AI 스케줄링 에이전트인 에이미를 이용하면 당신은 업무 관련 미팅 약속을 잡을 수 있고, 자녀의 농구 시합에 친구를 초대할 수도 있다. 진짜 사람 비서에게 메일을 보내듯 에이미(또는 다른 AI 비서인 앤드루)에게 약속을 잡아달라는 이메일을 보내기만 하면 된다. 하지만 CEO인 데니스 모텐슨Dennis Mortensen의 말에 따르면 고객 지원 부서에 접수되는 문의 내용의 90% 이상은 사람들이 자연어로 봇과 대화를 시도하다가 원하는 결과를 얻지 못해서 곤란해 한다는 것이었다. 스완슨 교수가 처음 보는 사람과 만날 약속을 잡으려다 왈칵 짜증이 났던 이유는 편한 자리에서 사용하는 격의 없는 단어와 구어적 표현을 사용했기 때문일 것이다. 스완슨 교수의 말투도 말투거니와 그가 세웠던 가정도 따지고 보면 우리가 평상시 약속을 잡으면서 흔하게 할 법한 것들이었다. 그는 자신이 안 되는 날짜를 말하면 에이미가 당연히 이해를 할 것이고 '그녀'가 대화의 문맥에서 그가 원하는 날짜를 알아서 판단해줄 것이라고 가정했다. 스완슨은 구어적 표현으로 스스럼없는 말투를 썼지만 AI 봇은 그런 말투는 이해하지 못한다. 봇은 상대에게 약속 잡을 시간을 물어볼 때 약속 시간을 자주 또는 갑자기 바꾸는 것은 좋지 못한 행동이라는 사실을 이해하지 못한다. 특히 상대에게 괜찮은 시간을 먼저 말해달라고 부탁했다면 더더욱 그러하다. 지능형 로봇과 일상의 대화체로 상호 행동하는 것은 생각처럼 만만한 일이 아니다.

기계를 기계로 다루는 것이 인간으로 다루는 것보다 결과도 더 낫다는 것은 단순한 가정이 아니라 연구 결과로도 입증되었다. 클리퍼드 나스Clifford Nass 스탠퍼드대학교 교수와 문영미 하버드

경영대학원 교수는 의인화anthropomorphism된 컴퓨터 인터페이스와 사람의 상호 행동을 여러 차례 연구했다[26](의인화, 또는 의인관은 인간적 특성을 인간 이외의 무생물이나 동식물, 사물 등에 부여하는 것으로 AI의 주된 연구 분야이다). 그랬더니 사람들은 컴퓨터에 성적 고정관념을 부여하거나 컴퓨터 에이전트에게서 인종적 특성을 찾는 등 인간에게 적용되는 사회적 범주를 과도하게 사용하는 경향이 있었다. 또한 사람들은 컴퓨터에게 예의를 차리거나 호의를 베푸는 등 과도하게 학습된 사회적 행동을 드러내기도 했다. 더 중요하게는 피험자들은 자신들이 상대하는 로봇이나 지능형 에이전트가 사람이 아니라 컴퓨터라는 사실을 알면서도 그들을 사람으로 취급하면서 상호 행동에 지나치게 몰두하는 모습을 보였다. 사람들과 좋은 관계를 맺어야 한다는 우리 인간의 집단적 강박이 기계와의 상호 행동에도 스며들었다고 보지 않을 수 없는 결과였다.[27]

컴퓨터를 인간으로 착각하는 문제는 대화형 UI를 통해 지능형 에이전트와 상호 행동할 때 더욱 복잡해진다. 한 예로, 우리는 업무상 일상적인 문의에 답을 해주는 AI 비서를 이용하는 두 회사와 한 가지 연구를 진행했다. 한 회사는 인간의 특성을 부여한 의인화된 AI 비서를 이용했고 다른 회사는 아니었다.

의인화된 에이전트를 이용하는 회사의 직원들은 지능형 에이전트가 쓸모 있는 답을 내놓지 못하면 에이전트에게 버럭 화를 내는 것이 일상이다시피 했다. 기계가 내놓은 결과를 언급할 때면 직원들은 "엉터리예요!"라거나 "다음에는 좀 나아지겠죠"라는 대답을 했다. 더 중요한 점은, 기계가 내놓는 답변을 개선한다며 직원들이 쓰는 전략이라는 것이 그들이 사무실의 동료들에게 사용하는 전략과 놀랍도록 흡사하다는 사실이었다. 직원들은 더 정중하게 질문을 던졌고, 단어를 바꿔서 묻기도 했고, 사람의 관점에서 지능형 에이전트가 '바쁘지 않을 만한' 시간을 전략적으로 노려서 질문했다. 그러나 어떤 전략도 이렇다 할 성과를 내지는 못했다.

이와 대조적으로 두 번째 회사의 직원들은 기계와의 상호 행동 경험을 첫 번째 회사보다 훨씬 만족스러워했다. 그들은 기계는 기계일 뿐이라고 생각하면서 검색어를 입력했고, '행간을 읽지' 못하고 뉘앙스를 알아채지 못하는 AI가 입력자의 선호를 명확하게 감지할 수 있도록 단어 하나하나까지 세심하게 다 입력했다. 두 번째 회사의 직원들은 지능형 AI에 전반적으로 상당히 만족했다. 그들이 문의 사항을 던지면 AI는 꽤 유용한 결과를 알려주기도 했고 심지어는 깜짝 놀랄 만한 정보를 알려주었으며, 컴퓨터에 흔한 버그를 발생시키는 문제들도 다 확인할 수 있었기 때문이다.

우리가 주지해야 할 사실은 한동안 변하지 않을 것이다. 기계와의 성공적인 상호 행동을 원한다면 기술이 아무리 인간과 비슷해지고 똑똑해져도 그저 기술로만 다루는 것이 핵심이다. 다만 여기에는 큰 문제가 있다. 기술 발전으로 우리 사용자들은 기술이 인간처럼 반응할 것이고 실제로는 아닌데도 기술이 우리 인간의 의도를 추측할 것이라고 가정하면서 기대치가 잔뜩 높아졌다는 사실이다. 대화형 UI와 성공적으로 소통하려면 사람을 대하듯이 기술을 대하는 것은 아직은 요원한 일이라는 사실을 이해하는 디지털 마인드셋이 필요하다. AI 에이전트가 당신의 의도를 정확히 짐작하지 못한다는 사실을 깨닫는다는 것은 다시 말해 모든 프로세스를 하나하나 상세히 입력하고 당신이 원하는 바를 명확히 지시하는 것이 중요하다는 의미이기도 하다.

기계와 한 팀 되기 :
AI 팀원을 신뢰할 수 있을까?

기술이라고 하면 인간으로 이루어진 팀이 원활히 소통하도록 도와주는 보조 장치로 생각하기 십상이다. 이를테면 팀이 스카이프로 화상 회의를 하고 엑셀 스프레드시트를 공유하고 오라클 데이터베이스Oracle database에 접속해 협력하도록 도와주는 무언가로 말이다. 하지만 기계학습, 자연어 처리, AI가 발전하면서 기술의 모습도 변하고 있다. 기술은 이제 당신과 상호 행동을 하고 제안을 하고 심지어 의사결정에 영향도 주는 '진짜' 팀원으로 변하고 있다.

인간-AI 에이전트의 팀 구축을 가장 선진적으로 사용하는 곳 중 하나는 미군이다. 미군은 전투 지역을 통과하는 호송 루트를 결정하거나 전투의 전술 계획을 짤 때 AI 에이전트를 활용한다. 영업 활동에 AI 팀원을 투입하는 기업들도 늘어가는 추세이다. 구글은 경영 관련 의사결정을 내리는 팀에 스마트 디지털 기술을 도입 중이다. 폭스콘Foxconn은 생산 현장의 작업팀에서 스마트 디지털 툴을 사용 중이고, 은행의 증권인수팀에서도 스마트 디지털 기술을 팀원으로 두고 있다.

'인간-AI 에이전트 팀'에서는 기계를 신뢰하는 것이 기계 팀원과 성공적인 협력 관계를 이루기 위한 관건이겠지만 기계를 신뢰한다는 것이 그리 쉬운 일은 아니다.[28] 우리는 기계를 인간으로 대하는 성향이 있지만 또 그만큼이나 기계를 신뢰하지 않으려는 성향도 있기 때문이다.

전투 현장을 생각해보자. 당신은 디지털 기술이 최상의 공격 조합을 알려줄 것이라고, 또는 가장 안전하게 적군의 진지를 통과할 수 있는 루트를 알려줄 것이라고 신뢰해도 좋은지를 어떻게 판단하겠는가?

이 질문에 답을 얻고 AI 팀원을 신뢰할 수 있으려면 앞에서 설명했던 기계학습 내용 중 일부를 다시 떠올려야 한다. 기계학습은 컴퓨터가 접촉한 데이터를 기반으로 행동을 조정하는 능력을 의미한다. 전투에서 이런 능력이란 컴퓨터가 경험에 기반해 결정을 번복하도록 구체적 목표, 예를 들어 명중이나 오중을 정의하는 일련의 규칙을 정한다거나 오중 수를 최소화하는 것 등을 정하는 것을 의미할 수 있다. 이런 학습 과정에는 훈련에 사용할 대량의 데이터가 필수이다. 적절히 훈련된 AI는 비슷한 데이터가 새롭게 제공될 때, 정확한 결정을 내릴 수 있을뿐더러 필요 시에는 행동을 수정하는 능력도 있다는 것을 기억해야 한다.

AI 기계를 팀원으로 인정하고 함께 일하는 디지털 마인드셋을 기른다는 것은 다른 말로는 컴퓨터가 데이터에 기반해서 결정을 내릴 때 의지하는 특정 연산법이 낯설더라도 일단 믿어보는 마음을 길러야 한다는 뜻이기도 하다. 또한 컴퓨터가 데이터를 인간보다 더 깊고 넓게 사용할 수 있고 인간보다 더 좋은 결과를 만들어낼 수 있다고 믿어야 한다는 뜻이기도 하다.

기계학습 개척자 중 한 명인 이스라엘 출신의 아서 사무엘 Arthur Samuel은 컴퓨터에게 체커 게임*을 가르쳤다. 그는 컴퓨터의 체커 실력이 자신을 능가하는 것을 목표로 삼았다. 그의 체커 실력으로는 그 정도까지 가르치는 것은 불가능했기에 사무엘은 컴퓨터에게 대량의 체커 기보와, '좋은 수'와 '나쁜 수'의 대조, 그리고 수를 판단하는 기준을 조정할 수 있도록 『리의 체커 게임 가이드 Lees' Guide to the Game of Draughts or Checkers』 한 부를 데이터로 입력했다. 컴퓨터는 데이터를 기반으로 체커 전문가들이 입을 모아 '좋은 수'라고 말하는 수를 선택하도록 프로그래밍되었다.

1962년에 사무엘의 프로그램은 미국 랭킹 4위인 코네티컷주 출신의 체커 챔피언에게 승리를 거두었다. 명심해야 할 부분은 비록 컴퓨터가 미리 프로그래밍된 규칙에 따라서 체커를 두기는 했지만 사람 프로그래머보다 더 좋은 수를 결정할 수 있었다는 사실이다.

기계와 체커 게임 대결을 하는 것은 크게 위험하고 말고 할 일이 없다. 그렇기에 게임이나 간단한 용도로 AI를 이용하는 사람들은 기계의 정확성을 신뢰해도 되는지는 크게 고민하지 않는다. 실제로 대부분의 연구 결과에 따르면 사람들은 AI 기계가 숫자 계산과 단순한 규칙 준수에서는 사람보다 낫다고 가정한다. 조지타운대학교의 제니퍼 로그Jennifer Logg 교수가 한 연구에서도 같은 결과가 나왔다.[29] 로그 교수의 연구 참가자들은 간단한 조언을 들은 후 사업 성공, 곡의 인기, 낭만적인 이끌림 등을 예측해보는 과제를 수행했다. 일부 참가자들은 사람에게서 조언을 들었고 또 다른 참

* 두 가지 색의 말을 사용하는 체스와 비슷한 게임

가자들은 알고리즘한테 조언을 들었다. 두 조언의 내용은 동일했다. 그런데 같은 사람에게서 조언을 들은 참가자들보다 알고리즘으로 도출한 조언을 들었다고 생각한 참가자들이 압도적으로 그 조언을 더 신뢰했다. 그들은 심지어 본인의 판단보다도 알고리즘의 조언을 더 따르려는 태도까지 보였다.

흥미로운 사실은, AI에 결정을 맡기는 태도는 디지털 마인드셋을 기르지 않은 참가자와 어떤 조언이든 잘 받아들이지 못하는 전문가들이 더 낮았다는 것이다. 그 결과로 그들의 판단도 정확도가 떨어지는 편이었다.

이처럼 위험이 낮고 상당히 직선적이고 (정확한 계산에 기반한) 숫자 관련 과제에서는 기계에 대한 신뢰도가 높았으며 대체로는 결과도 더 좋게 나온다.

그러나 더 복잡하고 세밀하며 숫자 외적인 예측을 위해 기계와 협업해야 할 때는 위험성이 상당히 높아진다. 이를테면 소비자 행동을 예측한다거나 최상의 군사작전 전술을 결정해야 한다거나 질병을 진단해야 하는 상황을 들 수 있다. 기계를 신뢰해야 하기는 하지만 그리 쉬운 일은 아니다.

서던캘리포니아대학교의 데이비드 뉴먼David Newman과 동료들이 진행한 일련의 실험에서, 피험자로 참가한 학생들과 직원들은 관리자 또는 AI에게서 업무 수행 능력에 대한 피드백을 들었다.[30] 결과는 로그 교수의 실험 결과와 비슷했다. 참가자들은 일정 시간 내에 얼마나 많은 판매 상담 전화를 성사시켰는지와 같은 '객관적' 기준에서 측정 가능한 업무 수행 능력을 평가받을 때는 인간 관리자보다는 AI가 더 정확한 평가를 한다고 생각했다. 그러나 '주관적' 기준에 있어서는, 예를 들어 그들이 성사시킨 판매가 얼마나 어려운 판매였는지 또는 잠재 고객과 나름의 관계를 구축 했는지 등을 평가받을 때는 인간 관리자가 AI보다 더 정확하다고 생각했다. AI의 정확도에 대한 우리의 신뢰는 AI 기술이 수행하는 작업의 종류에 크게 의존한다.[31]

AI가 이런 특징을 가졌기에 인간을 신뢰하는 것과 기술을 신 뢰하는 것은 다르다는 사실을 인지해야 한다. AI는 워낙 복잡하기 에 직접 관찰하거나 인지적으로는 이해할 수 없는 프로세스를 신 뢰하기 위해서는 강력한 믿음이 필요하다. 이스라엘 바-일란대 학교의 엘라 글릭슨Ella Glikson과 카네기멜론대학교의 어니타 울리 Anita Woolley는 AI를 신뢰할 수 있으려면 최소 두 가지 조건이 충족 되어야 한다고 주장한다.[32]

1. AI는 투명해야 한다. 인간이 일련의 알고리즘이 어떻게 작동 하는지 이해할 수 있거나 적어도 알고리즘이 어떤 전제에 따 라 운영되는지를 이해할 수 있어야 한다.
2. AI는 안정적이어야 한다. 안정성이 낮으면 신뢰도가 크게 줄 어든다. 한번 잃은 신뢰도는 복구하기가 힘들고 시간도 오래 걸린다.

또한 글릭슨과 울리의 주장에 따르면, 의인화된 AI는 사용자 가 기술이 아니라 인간을 상대한다고 생각하게 할 정도로 신뢰도 를 높일 수 있지만 그러면서 덩달아 높아진 기대치는 AI가 기대만 큼 성과를 내지 못할 때 무너질 수 있다.

신뢰 구축에 대한 위의 전제를 강화하기 위해 미국 육군 연구소의 제시 첸Jessie Chen 박사가 이끄는 연구팀은 전투 현장에서 보병 분대원들과 직접 상호 행동을 하면서 전술적 결정을 내리는 소형 지상 로봇을 제작했다(로봇의 명칭은 '자율 분대원Autonomous Squad Member'이라고 지었다).[33] 상황이 급변하고 불확실성이 고도로 높으며 사선을 넘나드는 전투 현장보다 팀원들의 (그 팀원이 사람이건 기계이건) 신뢰가 많이 요구되는 상황은 찾기 힘들다. AI 로봇은 유입되는 데이터를 사람보다 빠르게 처리할 수 있으며 실시간으로 확률을 계산할 수 있으므로 고도로 위험한 상황에서는 핵심 분대원이 될 자격이 있다고 볼 수 있다. 다만 여기에는 분대원들이 로봇의 결정을 안심하고 믿을 수 있어야 한다는 조건이 따른다.

투명성을 담보하기 위해 로봇은 시각 정보를 세 가지 관점에서 보여주었다. 첫 번째 관점에서는 현재 상태와 목표, 의도, 계획에 대한 기본 정보를 분대원들에게 제공했다. 두 번째 관점에서는 작전 행동을 계획하면서 고려한 추론 과정과 다양한 맥락적 요소들을 설명했다. 세 번째 관점에서는 미래 상황에 대한 예상, 결과 예측, 그리고 로봇이 제시한 계획의 성공이나 실패 가능성에 대한 정보를 제공했다.

로봇이 이런 정보들을 투명하게 제공했더니 분대원들은 로봇이 결정만 내리고 어떻게 그런 결정을 내렸는지 설명하지 않았을 때보다 로봇을 더 신뢰하게 되었고 로봇의 결정을 더 믿고 따를 수 있게 되었다고 말했다. 또한 작전 행동을 하게 된 근거를 로봇에게 세심하게 설명했더니 로봇의 학습 능력도 좋아졌다고 했다. 다시 말해 사람 입장에서도 기계 입장에서도 투명하게 소통을 하고 목적을 명확히 밝히는 것이 인간과 기계의 성공적인 상호 행동에 필수 요소라는 사실이 드러났다.

업무 성과를 높이기 위해 기계와 상호 행동하는 사람들에게 이것은 무엇을 의미하는가? 팀원으로 투입될 AI 기계를 설계하는 엔지니어들에게는 의사결정을 투명하게 하는 것을 의미한다.[34] 우리 일반인들에게 있어서 지능형 기계와 협업할 수 있는 디지털 마인드셋을 개발한다는 것은 AI 기반 에이전트를 신뢰하는 것이 중요하고 안전도 확보할 수 있는 길이라는 사실을 이해하는 것이자 그 신뢰가 인간에 대한 신뢰와는 다르다는 사실을 이해한다는 뜻이다. 우리는 잘 알지 못하는 인간 동료와 협업을 할 때는 그들의 교육 수준이나 소속된 회사, 업무, 우리가 아는 사람들이 그들에게 보이는 신뢰도, 겉으로 드러나는 그들의 언행 등 여러 대체 수단으로 그 사람을 판단한다. 그들을 신뢰하고 결과도 좋으면 앞으로도 그들을 쭉 신뢰하게 될 것이다. 하지만 결과가 나쁘면 그들을 신뢰하지 않는다.

AI 기계와 협력할 때는 사람에게 썼던 신뢰 측정 수단이 소용이 없다. 그보다는 우리가 그들에게 맡긴 작업이 무엇이었는지부터 명확히 인지하고 있어야 한다. 그 작업이 단순한 계산과 분류 이상이라면 이 AI 에이전트들이 결정을 내릴 때 사용하는 프로세스와 루틴을 살펴본 다음, 맡긴 작업이 적절한 것이었는지를 판단해야 한다.[35] AI 기계와 같은 팀원이 되어 일해야 하는 사람들을 관리하고 감독하는 책임자라면 이런 투명한 작업이 가능하도록 처음부터 전제로 내걸어야 한다. 그래야만 직원도 고객도 믿고 안심하면서 기계와 협력해서 일하고 조언을 따를 수 있다. 기계가 학습을 지속하면서 당신과 상호 행동하는 능력이 늘어나려면 우선은 기계와 같이 일하는 당신부터 투명한 태도를 갖춰야 한다.

디지털로 통제되는 지능형 로봇들이 점점 인간과 비슷한 모양새를 갖추고 우리와 상호 행동하는 시대에 투명한 소통을 강조한다니 조금은 구태의연하다고 생각될 수 있지만, 우리의 연구도 다른 사람들의 연구도 이 생각이 전혀 구식이 아니라는 것을 보여준다.

인간처럼 행동하는 로봇을 보면서 우리는 로봇을 사람으로 대하려는 성향이 있지만 문제는 바로 거기에서 시작한다.

기계와 함께 일한다는 것

디지털 마인드셋을 개발한다는 것은 기계의 모습과 소리가 인간과 비슷해도 그들은 사람이 아니라는 사실을 알아야 한다는 뜻이다. 기계한테 화를 내거나 정중하게 말을 하는 것은 아무 도움이 되지 않는다! 우리는 기계가 어떤 식으로 일하는지를 이해해야 한다. 다시 말해 AI의 기본을 이해해야 한다.

- AI는 로봇에 내장된 컴퓨터다. 오늘날의 자동차와 비행기, 온도 조절기, 심지어는 이메일 필터도 인공지능에 의지해서 부여된 특정 작업을 수행한다. 우리가 기계와 대화나 편지를 주고받는다면 그 일을 해주는 것은 대화형 사용자 인터페이스이다.
- 컴퓨터 과학자들이 AI를 개발할 때 이용하는 세 가지 기본 요소는 데이터, 처리 능력, 알고리즘이다.
- 기술 스택은 하나의 앱을 개발하고 구동하는 데 필요한 모든 하드웨어와 소프트웨어의 집합이다. 일반적으로 기술 스택은 프런트엔드 시스템, 백엔드 시스템, 미들웨어가 포함된다.
- 기계는 학습과 문제 해결이라는 방법으로 인간의 '인지' 기능을 흉내 낸다.
- 기계학습은 여러가지 예시를 종합해 일반화를 하고 인간이 명확하게 프로그래밍을 해주지 않아도 '학습'하는 능력을 확보하는 인공지능의 유형이다. 기계학습은 오랜 시간에 걸쳐 노출된 누적 데이터를 기반으로 컴퓨터가 새로운 상황에 맞게 행동을 수정할 수 있도록 한다.

- 대량의 데이터 확보와 컴퓨터 연산 능력의 발전으로 기계는 인간의 뇌보다 훨씬 빠르고 정확하게 많은 계산이 가능해졌다. 이런 이유에서 디지털 마인드셋은 AI에게 수행 작업을 명확하고 구체적으로 지시하는 것을 의미한다.
- 우리는 AI의 계산 방식을 정확히 이해하지는 못한다. 그저 명령만 내릴 뿐이다. 디지털 마인드셋을 기른다는 것은 기계가 도출한 결과를 언제 신뢰해도 좋고 언제 신뢰하면 안 되는지 그리고 그 결과가 직관적으로 이해가 되는지 언제 확인해야 하는지를 배우는 것을 의미한다.

앞으로는 기계와 같은 팀원으로 일할 상황이 더욱 늘어날 것이다. 그런 상황에서 AI의 기본적인 작업 방식을 이해한다면 나름의 어휘와 개념을 갖추게 되어 언제 기계를 많이 신뢰하고 언제 적게 신뢰해야 하는지 판단하는 데에도 도움이 될 것이다. 기계와 협업을 할 때는 AI가 당신의 감정이 아니라 당신이 프로그램으로 명확하게 설정한 명령에 반응한다는 사실을 기억해야 한다.

2장

디지털
존재감
기르기

디지털에서는 없어도 있는
존재가 되어야 한다

기계와 협업을 하느니 같은 사람끼리 일하는 것이 한결 낫다고 생각할 수 있다. 어쨌거나 다 같은 사람이니 말이다. 실제로 가상 환경에서 일하다 보면 상대와 관계 맺는 방식도 바뀌게 된다. 동료도 매니저도 고객도 눈에서 보이지 않으면 마음에서 멀어질 수 있고 연락도 뜸해질 수 있다. 디지털 마인드셋을 발전시킨다는 것은 협업자들이 같은 공간에 없더라도 멀어지지 않는 방법을 배운다는 뜻이다.

　먼 곳에 있는 동료의 행동에 당황스러웠던 기억을 떠올려보자. 바쁘다면서 이메일에 답장도 안 할 때. 아예 읽지도 않을 때. 이메일이 제대로 들어가기나 한 것인지 모르겠을 때. 우리는 동료들이 제때 반응을 해주지 않으면 왜 그러는지 온갖 상상의 나래를 펼치곤 한다. 우리가 그런 상상에 빠지는 이유에 대해서, 디지털 협업 환경을 평생 연구한 조지메이슨대학교 경영학과의 캐서린 크램턴Catherine Cramton 명예 교수는 우리가 물리적으로 떨어져서 일하게 해주는 디지털 툴들이 이른바 '상호 파악의 장애mutual knowledge problem'를 불러오기 때문이라고 설명한다.[1] 당신의 동료는 그날이 마침 연차였기 때문에 이메일에 답장을 하지 못했던 것일 수 있다. 아니면 시급한 프로젝트에 참석 중이었을 수도 있고 이메일이 스팸메일함에 잘못 들어갔을 수도 있다. 물리적으로 떨어져 일하는 팀원들은 서로에 대해 필수적인 공통 정보는 알아두어야 하는데, 물리적으로 아주 약간만 떨어져도 서로를 파악하기가 크게 힘들어지곤 한다. 상호 파악이 되지 않은 팀은 협업이 훼손되고 무너지기 시작한다.

디지털 시대의 번영에는 면밀한 협업 관계 구축이 모두의 필수 조건이다. 이를 위해서는 상호 파악의 장애를 예상하고 보완 전략을 배우는 마인드를 길러야 한다. 우리는 그런 보완 전략을 '디지털 존재감digital presence'이라고 부른다. 효과적인 디지털 존재감을 기르는 방법을 알아보자. 어도비, AT&T, 블루 크로스 블루 실드, 시스코, 플레시먼힐러드, 휴렛 패커드, IBM, 로그미인, 버라이즌 와이어리스, 타이코, 웰스 파고를 비롯해 다양한 산업과 다양한 직무에 종사하는 원격 근무자들을 만나 디지털 존재감의 모범 사례를 찾았다.

이 회사들에서 디지털 존재감이 높은 사람과 아닌 사람들을 비교한 결과, 타인과의 업무 관계에서는 '지속성 유지'가 디지털 존재감의 포인트임을 발견할 수 있었다. 디지털 존재감이 뛰어난 사람들은 동료들에게 소통이 뜸하거나 연락이 두절돼 있다는 인상을 주지 않았다. 업무 스케줄이 다르고 근무 시간이 다름에도 언제든 연락이 가능한 사람이라고 느끼게 했다. 동료들이 당신의 존재를 잊어버리지 않고 떠올리게 하려면 어떻게 해야 할까? 방법은 세 가지다.

- 요청받을 때까지 기다리지 않고 진척도를 업데이트하라.
- 호기심을 유발하라.
- 내 시간이 아니라 동료의 시간에 맞춰 소통하라.

요청받을 때까지 기다리지 않고 진척도를 업데이트 하라

제나의 이야기를 들어보자. 제나는 네트워크 하드웨어 장비 대기업에서 4년 동안 소프트웨어 엔지니어로 일하다 플래그십 제품을 연구하는 개발자 팀에 합류하게 되었다. 팀장을 비롯해 팀원의 4분의 1은 실리콘밸리 본사에서 근무했지만 나머지는 세계 각지에서 일하는 해당 분야 전문가들이었는데 제나는 그중 유일하게 노스캐롤라이나 지사에서 일하는 사람이었다. 제나는 업무가 마음에 들었지만 처음 몇 달간 100% 온라인으로 근무하면서 원격으로 협업하는 것이 쉽지 않았다. "일 자체는 어렵지 않았어요. 하지만 나 없이도 일이 잘 굴러가고, 팀장이 내게 모든 것을 다 공유해주지는 않는다는 느낌이 가시지를 않았죠."

《포천》 50대 기업체들을 살펴봐도, 원격 근무자들은 상호 파악의 장애로 인해 본인이 잊혔거나 무시당한다는 느낌을 받는 경우가 많았다. 제나의 회사는 모든 직원에게 다양한 소통 채널(이메일, 인스턴트 메신저, 사내 소셜미디어, 기타 디지털 협업 툴…)을 제공했지만, 제나는 팀원들이 자신의 존재 자체를 잊는다는 느낌을 종종 받았다. 특히 어떤 팀원들끼리는 근무지가 같지만 어떤 팀원은 제나처럼 멀리 떨어져서 일한다는 사실도 문제였다. 하이브리드 팀에서 발생하는 전형적인 문제이기도 하다. 팀원 중 몇 명만 팀장과 같은 장소에서 함께 일하거나 팀원 중 한 사람만 '외딴' 장소에서 일한다면 더욱 심각해진다. 공교롭게도 제나는 둘 다였다.

제나는 업무 평가 성적을 보고는 충격을 받았다. 이제껏 받지 못한 최악의 고과였다. 평가 기간에 모든 목표를 달성했고 심지어 초과 달성하지 않았느냐며 팀장에게 이의를 제기했더니, 팀장은 그녀가 기술적으로는 뛰어나지만 업무 전반에서 딱히 성과가 뛰어나다는 느낌은 아니었다고 말했다. 제나는 그 모호한 대답에 당황스러웠다. 그녀는 곰곰이 생각해보았다. 아마도 팀장은 그녀가 협업 프로그램에 접속해 있지 않을 때는 부재중이었다고 생각하는 듯했다.

제나는 간단히 한 가지만 바꿨다. "내 진척 상태를 업데이트했고, 따로 요구가 없어도 상황을 미리 알렸어요." 컨설턴트들에게 메일을 보낼 때면 팀장에게도 참조를 걸었으며, 개발 프로젝트에서 중요 이슈가 있을 때마다 협업 프로그램에 팀장을 언급했고, 팀장과 팀원들에게는 짤막한 다이렉트 메시지를 보내 그녀의 작업이 어디까지 진행되었는지 수시로 업데이트했다. 이런 하나하나의 업데이트가 모여 그녀가 팀장과 팀원들에게 디지털 존재감을 유지하는 데 큰 도움이 되었다. 다음 고과에서 제나는 최고 점수를 받았다. 팀장의 평가 중에서도 유독 한마디가 기억에 남았다고 한다. "제나는 늘 옆에 있는 것 같아요!" 실제로 제나의 업무 내용이 크게 달라진 것은 아니었다. 팀원들에게 자기 일에 대해 알리는 시기와 방법을 바꿨을 뿐이었다. 하지만 그 작은 변화로 제나의 업무 고과는 최저에서 최고로 바뀌었다.

제나처럼 디지털 협업을 잘하는 전문가들은 팀장이나 팀원들이 지금 무슨 작업을 하고 있으며 어떻게 진행 중이며 특정 사안에 대해 의견을 물어올 때까지 기다리지 않는다. 대신 먼저 연락을 해서 디지털 존재감을 확보하고 유지한다. 심지어는 프로젝트나 성과에 대해 따로 의견을 요청받지 않아도 그렇게 한다. 디지털 협업에 뛰어난 사람들도 처음에는 자신들의 업무 상태와 활동을 타인에게 수시로 업데이트하는 것을 어색해한다. 매번 자잘한 업데이트를 하는 게 무슨 필요인가 싶다. 하지만 시간이 지나면서 그들은 팀원들이 묻지 않아도 먼저 나서서 자신들의 업무 진행 상황을 알리는 게 좋다는 것을 알게 된다. 그 결과로 팀장도 동료들도 같이 업무를 추진할 사람을 생각할 때 그들을 제일 먼저 떠올린다.

또 한 가지 흔한 염려는 수신자가 과도한 소통을 번거롭게 생각하지는 않을까 생각하는 것이다. 하지만 놀랍게도, 팀장이나 동료들은 업무 현황 보고 메일이나 메시지가 늘었어도 소통이 늘었다는 것을 알아차리지 못했다. 대규모 팀의 어느 관리자는 지난 2주 동안 기여도가 높은 팀원 한 명에게 받은 메일과 메시지를 보더니 오히려 놀라는 기색이었다. "이렇게나 업데이트를 자주 했다니 몰랐습니다! 열심히 한다는 거야 잘 알았지만요." 더 중요한 것은, 발신자가 이런 선제적 메시지를 보내면서 따로 답변을 요구하지 않기에 수신자는 심적 부담을 전혀 느끼지 않았다는 사실이다. 무언가 조치를 취해 달라는 요구도 없었고 수신자에게 시간을 내달라는 부탁도 없었다. 디지털 존재감을 관리하고 유지하는 것이 상황 업데이트의 유일한 목적이었다. 하지만 덕분에 팀장은 프로젝트 진척 상황을 알게 되므로 개입이 필요한 순간도 빠르게 판단할 수 있었다. 게다가 팀 전체의 전반적인 업무 상황도 파악할 수 있었고 유기적으로 일하는 방법을 익히게 되었다.

호기심을 유발하라

"중요하게 할 말이 있습니다."

"전할 말이 있어요. 최대한 빨리 메시지 부탁드립니다."

"알려드릴 소식이 있습니다."

"논의할 것이 있으니 빨리 전화 주시길 부탁합니다."

이렇게 시작되는 메시지의 공통점은 무엇인가? 이동통신사 임원 데이먼은 이렇게 설명한다. "누군가 이렇게 메시지를 보내면 무시하기가 쉽지 않아요. 뭘까 궁금해져요." 누구나 궁금증을 자극하는 메시지에 이렇게 느낀다. 생각도 관심도 발신자에게 집중된다. 매번 곧바로 답변을 받을 수 있는 것은 아니지만, 동료와 원격으로 일하며 디지털 존재감을 유지하는 데에는 이만한 방법도 찾기 힘들다.

직장에서는 간결하고 명확한 소통이 최고의 소통이라는 말은 귀에 딱지가 맺히도록 들어봤을 것이다. 상대에게 상황을 업데이트하고, 시기적절하게 생각을 제시하고, 메시지를 분명히 이해하게 하는 것이 목표라면 유념해야 하는 조언임에는 분명하다.

하지만 존재감을 유지하는 것이 목표라면 이야기가 약간 달라진다. 디지털 마인드셋으로 다른 사람과 소통할 때는 모호함이 최고의 미덕이 될 수도 있다. 사우스플로리다대학교의 에릭 아이젠버그Eric Eisenberg 교수는 사람들이 모호함이라는 전략을 소통에서 어떻게 사용하는지를 연구하는 데 많은 시간을 보냈다.[2] 그의 연구 결과에 따르면, 이메일 같은 개인 대 개인의 메시지에서든 회사의 사명선언문 같은 공식적인 소통에서든 의도적으로 모호한 문구로 쓴 메시지는 두 가지 효과를 동시에 불러일으킨다. 첫째로, 사람들은 메시지에 대해 더 많이 생각하면서 의미를 파악하려 하고 메시지를 보낸 사람에게도 관심을 쏟는다. 둘째로, 사람들은 메시지의 의미나 핵심에 대해 자기 나름대로 해석을 하고 의견을 낸다. 어느 경우든 모호함은 디지털 마인드셋을 가지고 전략적으로 소통하는 사람들이 정확히 원하는 지점, 즉 그들 자신에게로 관심의 초점을 모아준다.

게다가 이렇게 모호한 메시지는 호기심을 만들어 원격 근무에 대한 관심을 증폭시키는 역할도 한다.[3] 팀과 떨어져 원격 근무를 하는 대형 은행의 영업 직원 알레나는 모호한 메시지를 어떻게 이용하는지 설명했다. "어떤 사람과 직접 얼굴을 볼 시간은 나지 않는데 내 존재를 기억해주기를 바란다면 연락을 건넬 일이 들어오자마자 곧바로 메시지를 띄워요. '중요하게 말씀드릴 일이 생겼습니다.' 자세한 내용을 보내기 전에 먼저 보내는 거죠. 상대방은 '무슨 일인지 계속 궁금했습니다'라며 답변을 보내요." 알레나는 디지털 마인드셋을 보여주고 있다. 디지털 존재감 유지를 위해 전략을 개발하고 이용하는 것이 그녀의 목표이다.

물론 메시지를 쓰는 족족 호기심을 유발하려고 한다면 상대는 어느샌가 당신의 메시지를 무시할 것이다. 최고의 솔루션으로 까다로운 문제를 해결해주겠다는 광고를 내도 반응이 무덤덤했던 경험이 있을 것이다. 광고료는 이미 나갔으니 속이 탈 것이다. 따라서 전략적 모호함을 이용할 때에는 약속을 절제해야 하며 타이밍을 전략적으로 구사해야 한다. 아래 세 가지 조건을 충족한다면 그 효과는 더욱 커진다.

- **보상.** 호기심 유발을 목표로 삼은 메시지는 수신자에게 어느 정도 보상을 주어야 한다. 기대감만 부풀리고 아무 보상도 주지 않는 메시지는 수신자의 호감을 얻지 못한다.
- **타이밍.** 수신자의 기대를 너무 빨리 충족하는 것도 존재감 확보에는 방해가 될 수 있다. 호기심을 유발하는 목표는 사람들이 당신을 오랫동안 자주 환기하고 관심을 쏟게 만드는 데 있다. 그러므로 긴장감을 너무 빨리 없애는 것도 존재감 확보에는 방해가 된다.
- **빈도.** 같은 사람에게 너무 자주 모호한 메시지를 보내지는 말라.

디지털 툴 소통에서 약간의 부재가 있더라도 상대의 주의를 집중시킨다면, 존재감을 높이는 데 긍정적인 효과를 줄 수 있다.

내 시간이 아니라 동료의 시간에 맞춰 소통하라

디지털 세상에서 존재감 확보가 대단히 중요한 이유 중 하나는 사람의 관심은 정보를 알려주는 다른 여러 사람과 출처로 분산되기 쉽다는 것이다. 당신이 그 사람의 눈에서 멀어지면 그 사람의 머릿속에서 당신이 차지했을 공간에 다른 무언가가 들어선다. 광고주들과 마케팅 전문가들은 이 문제를 해결하려고 수십 년 동안 애쓰기도 했다.[4] 디지털 광고업계가 이 문제를 극복하려고 제시한 한 가지 해결책이 우리에게도 도움이 될 수 있다. 그건 바로, 사람들이 무언가를 적극적으로 받아들이도록 만드는 타이밍이라는 사실이다. 광고주들은 디지털 플랫폼에서 소비자들이 언제 특정 행동을 보이는지 추적하기 위해 이른바 디지털 행동 데이터를 주기적으로 분석하는데, 이를 통해 소비자들이 가장 수용적으로 광고를 보는 때가 언제인지를 조금은 더 쉽게 파악할 수 있다.

온라인 보석 소매 회사인 블루 나인과 아동복 공동구매 사이트인 줄릴리의 창업 일원인 마크 베이던은 두 회사의 소비자 구매 패턴을 파악하기 위해 디지털 행동 데이터를 분석했다. 분석 결과 월요일에 판매가 가장 높았고 주말에는 판매량이 가장 적었다. 이베이와 페이팔의 쇼핑 스페셜리스트인 클로디아 롬바나도 담당 사이트의 수치를 분석하면서 비슷한 패턴을 발견했다. 그녀가 발견한 바에 따르면 요일로는 월요일이 판매량이 가장 많았지만 시간대로는 정오에서 오후 1시 사이가 가장 높았다. 바꿔 말하면 소비자들이 월요일 점심시간을 이용해 (식사를 마치고 컴퓨터에 앉아) 주말에 생각했던 물품을 구매한다는 뜻이었다. 이런 인사이트에 일부 광고는 소비자들의 구매 욕구가 가장 높아지는 점심시간을 이용해 그들의 관심을 끌어모으려고 바쁘게 움직였다.[5] 광고주들이 구매 의사가 가장 높은 시간대에 소비자들에게 광고를 노출하기를 원했기 때문에 구글 애드워즈는 오후 12시부터 1시 사이의 광고비를 더 높게 책정한다. 최근에는 모바일 구매 폭증으로 소비자 행동 패턴이 바뀌면서 광고주들도 적절한 광고 노출 시간을 알아내려면 데이터를 더 정교하게 분석해야 했지만, 소비자 수용도라는 측면에서 타이밍이 차이를 만든다는 사실은 달라지지 않았다.

메시지의 수용도를 좌우하는 것도 타이밍이다. 상대가 다른 사람이나 다른 일을 제치고 당신이 관심 받기를 원한다면, '그 상대가' 메일이나 메시지를 들을 마음이 있을 때를 잘 골라서 보내는 것이 관심을 받는 가장 좋은 길이다. 그러나 연구 결과에 따르면 대다수 사람들은 정반대로 행동한다. 그들은 메시지를 받는 상대에게 가장 적합한 시간이 아니라 자기가 가장 편한 시간에 소통하려 한다.

당신과 다른 시간대에 근무하는 사람도 있을 수 있다. 서로 일하는 시간대가 조금이라도 차이가 나면 근무지 사이에 이른바 관심의 불합치attention misalignment가 생겨날 수 있다. 대형 건강보험사의 분석가인 시네카도 그런 상황을 맞이했다. 그녀의 근무지는 미국의 서부 해안이지만 시카고, 뉴욕, 보스턴에 있는 팀원들과도 주기적으로 같이 일해야 했다. 보통은 아침 9시에 출근해서 전날부터 계류 중인 사안에 대해 팀에게 메시지를 보내는 것으로 하루 업무를 시작했지만 그 시간이면 동부 해안의 동료들은 아직 점심시간이었다. 동료들은 대개 점심시간이 끝나고 회신을 보냈지만 그때면 시네카는 다른 업무를 보고 있었다. 반면에 그녀는 근무지는 달라도 같은 시간대에 근무하는 동료들과는 거의 실시간으로 메시지를 주고받았다. 서부 해안 동료들에게는 시네카의 존재감이 확실했지만 동부 해안 동료들에게는 있는 듯 없는 듯한 동료로 여겨지는 것이 당연했다. 보스턴의 동료 하나는 "시네카는 같이 일하기 좋은 동료예요. 그녀와 소통을 많이 하는 건 아니지만 듬직하기는 합니다." 그 말인즉 시네카는 근무 시간대가 다른 동료들에게는 존재감을 뚜렷하게 각인시키지 못했다는 뜻이었다.

나라 반대편의 팀원들과는 확실한 관계를 구축하지 못했다는 사실에 실망한 시네카는 메시지를 보내는 시간대를 바꾸기로 했다. 그녀는 자신의 변화를 이렇게 설명했다. "출근을 하고 한 시간쯤 기다린 다음에 메시지를 보냈어요. 동부 해안의 동료들도 점심을 마치고 자리에 돌아왔을 때니까요. 메시지를 보내고 기다리지 않아도 동료들이 곧바로 회신을 해주니 실시간으로 현황에 대해 의견을 주고받게 되더라고요." 이렇게 작은 변화로 근무지가 다른 동료들에게 아주 커다란 차이를 만들어낼 수 있다.

시네카처럼 상대에게 적합한 시간대를 골라서 소통하는 사람들은 상대가 아무리 커뮤니케이션의 홍수에 시달릴지라도 성공적으로 존재감을 확보할 수 있었다. 한 컴퓨터 제조업체의 수석 부사장은 명쾌하게 설명한다. "그 사람이 당신과 함께 하는지 아닌지는 느낌으로 알 수 있어요. 언제든 연락이 가능하다는 것도 그런 느낌을 주죠. 연락이 엇나가는 경험이 여러 차례 쌓이면 연락 자체를 중단하게 되잖아요."

디지털 툴에 사교 활동이라는 윤활제를 더하라

직장 내 상호 행동을 완전히 뒤바꾼 사내 소셜미디어 툴을 이용해서 계획적이며 생산적으로 동료나 관리자들과 소통을 하는 것도 디지털 마인드셋 개발에 마찬가지로 중요한 역할을 한다. 우리의 하루 업무를 살펴보자. 여러 개의 채팅 창에서 다양한 집단과 채팅을 하고, 팀원이 보낸 링크를 클릭하고, 당신이 속한 집단의 새 활동에 대해서 의견을 나누고, 화면 공유가 뜨면 같은 화면을 보고, 문서를 공동으로 편집하고, 회사 전체 공지를 읽고서 주차 규정 등에 변화가 있다는 것을 알게 된다. 이런 식의 커뮤니케이션은 최근 들어 빠르게 발전했다. 2020년 코로나19 팬데믹의 강타로 여러 기업에서 소셜미디어 툴이 대거 확산되었고, 이메일과 전화 소통을 대신하게 되었다.[6]

직장 내에서 소셜미디어 사용이 많아졌다고 회사와 직원들이 사내 소셜미디어 사용법을 반드시 세세하게 익혀야 한다는 뜻은 아니다. 일반적인 조직은 디지털화를 진행할 때면 곧바로 조직에 맞는 최적의 디지털 기술이 무엇인지 알아내는 데 골몰하는 편이다. 미국 공군의 마이클 카난Michael Kanaan AI 기계학습 국장은 이런 사고를 '기술적 해결 지상주의techno-solutionism'라고 부르면서, 논리의 앞뒤가 뒤집혔다고 단언한다. 그보다는, 기업은 제일 먼저 구체적 목표가 무엇인지 정하고 그다음으로 어떤 디지털 툴이 목표 달성에 도움이 될지를 고민해야 한다.[7] 경영자뿐만 아니라 일선 관리자들과 직원들도 명심해야 하는 사실이다. 우리는 다양한 조직의 임직원들에게 사내 소셜미디어 플랫폼을 어떻게 사용하는지 물었다. 알아낸 바에 따르면, 다음 세 가지를 실천한 회사들이 사내 소셜미디어 플랫폼도 목표 달성에 가장 부합되게 사용했다.

- 목적을 분명히 알린다
- 배울거리를 찾아다닌다
- 스스럼없는 분위기를 만든다

목적을 분명히 알린다

당신도, 당신의 동료도 모든 직원들이 사내 소셜미디어의 목적과 잠재력을 명확히 인지해야 한다. 생산적으로 사용하는 사내 소셜미디어는 직원들간의 관계에 좋은 영향을 주고 지식 공유를 늘린다.[8] 디지털 협업 툴 자체로 빠르고 쉬운 소통 수단으로서의 용도가 워낙 뚜렷해 이런 기능까지는 쉽게 떠올리지 못한다. 그러나 디지털 협업 툴의 이런 기능이 조직에 아주 강력한 힘을 준다. 더 구체적으로 말하면, 사내 소셜미디어 툴은 실제 정보를 알려줄 뿐 아니라 누가 그 정보를 보냈고 그 정보의 출처가 어디인지도 알게 해주는 아주 중요한 역할을 한다. 우리는 이렇게 전체 맥락을 파악하게 해주는 정보를 '메타지식metaknowledge'*이라고 한다. 쉽게 말해 메타지식은 당신이 타인과 연결되기 전의 프리퀄(전편)인 셈이다.[9] 메타지식을 파악한 후의 연결은 더 많은 정보 공유와 협업을 이끌어 문제 해결과 혁신을 자극한다.

리더는 사내 소셜미디어 툴의 목적은 직원들의 관계를 강화해서 소통과 협업을 향상시키는 데 있다는 것을 분명하게 알려야 한다. 업무와 무관한 온라인 사교 활동은 생산성을 증진하기는커녕 방해만 한다고 생각하는 직원도 있기 때문이다. 특히 온라인

---

* 지식에 대한 지식. 단순히 지식의 출처나 적용 가능성, 신뢰성 외에도 다른 사람들이 무슨 정보를 알고 무슨 정보를 필요로 하는지에 대한 지식.

으로 이뤄지는 직장 내 사교 활동이 업무 집중을 흐트러뜨린다는 전통적 개념에서 생각한다면 그런 생각도 이해가 간다. 그렇기에 더욱 리더가 먼저 모범을 보여주어야 한다. 이를 테면 사내 소셜미디어 툴에 좋은 아이디어가 있거나 직원들끼리 모여 정보 공유를 하고 있다면 리더도 긍정적인 관심을 보이는 것이다. 사내 디지털 협업 툴이 쓸모가 있으려면 충분한 사용량이 필요한데, 직원들이 눈치를 보며 참여를 꺼린다면 유효한 사용 시간을 만들기 어렵다. 그러므로 리더는 직원들이 (그리고 조직 전체가) 이 새로운 기술에서 어떤 효용을 얻을 수 있는지 잘 설명하고 적극성을 보여야 한다.

배울 거리를 찾아다닌다

대기 연구소에서 IT 테크니션으로 일하는 리건은 아침이면 연구소의 사내 소셜미디어 사이트를 조용히 돌아다녔다. 채팅 내용들은 다 비슷했지만 그는 채팅 내용들을 빠짐없이 읽으면서 하루를 시작하곤 했다. 그러다가 대화 하나가 그녀의 눈길을 잡아끌었다. 동료인 제이미가 또 다른 테크니션인 브렛에게 질문을 보냈는데, 의미론적 암호 해독 문제를 고치는 방법을 묻는 내용이었다. 브렛의 답변을 읽은 리건은 흥분해서 눈이 동그래졌다. 그도 요새 제이미와 같은 문제로 씨름을 하던 중이었고, 마침내 답을 찾은 것이다. "그 메시지를 보고 절로 어깨춤이 나왔어요. 브렛의 설명이 완벽해서 저도 배울 수 있었거든요." 아마 동료들이 복도에서 나누는 대화를 듣거나 참조에 걸린 이메일로 정보를 공유받은 적이 있을 것이다. 원격 근무자들끼리 정보 공유가 가능한

점이 소셜미디어 툴의 주요 기능이지만, 조직 전체에 정보 공유를 할 수 있다는 점 역시 중요하다. 제이미와 브렛의 대화는 연구소의 다른 직원들에게도 공개되었기에 리건은 쉽게 문제 해결책을 찾아낼 수 있었다. 세 사람 모두 사내 소셜미디어 사이트를 생산적으로 사용한 것이다.

조직의 다른 영역에서 나온 아이디어와 해결책을 차용해서 새로운 방식으로 결합하려 할 때 소셜미디어 툴은 혁신을 만들기도 한다.[10] 금융 회사 소비자금융 사업부에서 일하는 팀은 새 대출상품의 세부 사항을 정하지 못해 고민 중이었다. 그러다가 퍼뜩 영감을 받았다. "두 명의 직원이 나눴던 채팅 내용이 갑자기 기억났어요……그중 한 사람은 가격결정 부서의 직원이었는데, 그가 리스크 요소에 따라서 금리에 차등을 두는 사안을 언급했더라고요. 그가 적은 대화를 다 보았더니 리스크 산정에 도움이 될 만한 괜찮은 아이디어가 있었어요. 그에게 리스크 산정에 대해 더 자세히 알고 싶다고 이메일을 보냈고 도움이 되는 회신을 받았죠. 그렇게 배운 내용으로 개발한 상품은 지금까지도 그 상품은 꽤 성공적이에요." 팀은 필요한 정보를 얻고자 그 사람의 대화 기록을 다 찾아보았으며, 회사의 디지털 협업 툴을 적절히 사용한 덕분에 '누가 무엇을 잘 아는지'도 학습하게 되었다.

디지털 마인드셋을 개발한다는 것은 사내 소셜미디어가 어렴풋하기만 한 정보를 가용한 것으로 바꿔주기도 한다는 사실을 인지한다는 뜻이다. 팀과 같은 금융 회사에서 마케팅 코디네이터로 일하는 어맨다의 이야기를 살펴보자. 그는 방대한 양의 데이터 셋을 가지고 트렌드를 분석하는 업무에 난항을 겪고 있었다. 사내 소셜 플랫폼에서도 답을 찾지 못했다. 그러다가 마케팅 부서 직원인 릭과 앨리샤가 같은 문제에 대해 의논하는 대화를 보게 되었다. 릭은 앨리샤에게 스크립트 작성 능력이 있는 분석부의 마크에게 도움을 청해보라고 했다. 어맨다는 기대에 부풀어 마크에게 몇 차례 음성 메시지를 보냈으나 회신은 받지 못했다. 그러나 어맨다는 릭과 앨리샤의 대화를 통해 '누가 무엇을 아는지'뿐만 아니라 '누가 누구를 아는지'도 알게 되었다. 어맨다는 릭에게 마크를 소개해 달라고 부탁했고 마크와 전화 통화를 할 수 있었다. 마크의 도움 덕분에 그는 프로젝트 작업 시간을 거의 일주일이나 아낄 수 있었다.

쓸 만한 정보를 눈여겨보는 건 늘 도움이 된다.[11] 디지털 마인드셋을 기르게 되면 소셜 툴이 단순히 정보를 발견할 때만이 아니라 이중 작업을 방지하는 데에도 쓸모가 있음을 이해하게 된다. 조직의 모두가 현재 진행 중인 프로젝트와 사업을 파악함으로써 새로운 지식을 만드는 데 들어가는 시간과 돈을 아끼게 되기 때문이다.

리건, 팀, 어맨다처럼 다른 사람들의 대화 내용을 눈여겨보는 직원들은 중요하지 않아 보이는 정보의 부스러기들을 조용히 모으고 누가 무엇을 그리고 누구를 아는지 머릿속으로 그림을 그린다. 테크니컬 라이터 클리브 톰슨은 디지털 협업 툴의 사용을 점묘화를 보는 것에 비교한다. 점묘화는 점 하나하나에 집중하면 무슨 그림인지 눈에 들어오지 않는다. 그러나 한 발 뒤로 물러서서 모든 점들을 한번에 보면 화려한 그림이 눈앞에 펼쳐진다. 점묘화 관찰이 디지털 마인드셋 개발과 비슷하다는 비유는 그야말로 찰떡같다. 느릿하게 점 하나하나를 보다 보면 자신이 무엇을 배우고 있는지 깨닫기가 어렵다. 이런 이유에서 팀 관리자들은 디지털 협업 툴을 이용하면서 지식 공유의 잠재력과 사용 요령의 중요성을 강조해야 하며, 직원들이 툴 안에서 발전적으로 대화할 수 있도록 장려해야 한다. 그러지 않으면 디지털 협업 툴의 사용은 흐지부지 끝나게 된다.

스스럼없는 분위기를 만든다

한 보험 회사 경영자의 말처럼, 밀레니얼 세대는 소셜미디어로 '숨을' 쉰다. 밀레니얼 세대는 페이스북, 트위터, 인스타그램, 스냅챗, 레딧에서 성장한 디지털 원주민이다. 그들에게는 온라인 데이트가 이상할 것 없는 정상적인 만남이다.[13] 그러니 경영자들이 밀레니얼 세대에게 디지털 협업 툴 사용의 개척자가 되어주기를 기대하는 것도 무리는 아니다.

그러나 이는 오산이다. 우리가 만난 젊은 직원들의 약 85%는 직장 내 디지털 협업 툴 사용에 애를 먹는다고 말한 반면에, 나이대가 더 높은 직원들의 90%는 이러한 툴들을 새롭고 유용한 소통 방식이라고 생각했다.

과거의 경험에 소셜미디어 툴을 이용한 디지털 마인드셋 개발이 큰 도전으로 느껴질 수도 있고 아닐 수도 있다. 그것을 결정하는 것은 디지털 협업 툴이 제시되는 방식이다. 경영자들은 디지털 협업 툴을 처음 공개할 때 (익숙한 기술과 인지적으로 연결하면서) '사내용 페이스북' 내지는 '기업용 트위터'로 언급했다. 하지만 보험 회사에서 22년 동안 근무한 데이터 분석가는 경영자로부터 그런 말을 들은 후에 이렇게 물었다. "제가 왜 직장에서 페이스북을 이용해야 하죠? 내가 어젯밤에 뭘 했는지 상사가 꼭 알아야 할 필요가 있나요?" 이 지점에서 리더들은 디지털 협업 툴에 어떤 프레임을 씌워야 하는지 신중하게 고민해야 한다. 다시 말해 소셜미디어 채팅이나 활동의 편안한 분위기는 환영하고 장려하지만, 공과 사를 확실히 구분해야 한다는 신호를 보내야 한다. 직장 내 소셜미디어에서 스스럼없는 분위기를 유지하고 업무 외적인 대화를 나누는 것은 괜찮지만, 생산적이어야 하며 지나치게 사적인 이야기는 지양해야 한다. 스포츠나 영상 콘텐츠, 요리 등의 대화가 그런 균형을 유지하기에 적절하다.

당신이 어느 세대에 속해 있건, 디지털 마인드셋을 개발한다는 것은 디지털 협업 툴에서의 친근하고 업무 외적인 상호 행동이 지식 공유의 네트워크를 키워주어 생산성에도 도움이 된다는 사실을 이해한다는 것이다.[14] 통신 회사의 마케팅 매니저인 조스처럼 말이다. 조스와 그의 동료 알렉스는 축구팬인 덕분에 생산적인 파트너십을 맺을 수 있었다. 처음 대화 주제는 유로컵이었지만, 어느덧 둘이 속한 부서 업무 중 공유되는 사안에 대해서도 대화를 나누게 되었다. 두 사람은 전자상거래 사업부의 알렉스가 진행 중인 프로젝트를 위한 새로운 브랜딩 캠페인 개발에 조스의 마케팅 실력을 접목한다는 아이디어까지 구상했다. 두 사람의 성공적인 협업으로 고객유지율은 200% 이상 증가했다. 알렉스가 말했다. "우리 부서에는 마케팅 부서 출신이 하나도 없어요. 우리가 이렇게 서로를 보완해줄 거라고는 상상도 못했어요."

사내 디지털 협업 툴의 참여도를 높이는 핵심적인 동기 부여 요소는 업무 '외적인' 공통의 관심사와 취미이다. 지위와 나이를 불문하고 모든 사람에게 해당하는 진실이다. 잘 알지도 못하는 사람하고는 선뜻 말을 떼기 힘들다. 도움이나 호의를 부탁하기는 더 어렵다. 하지만 동료들이 사내 디지털 협업 툴에서 나누는 대화를 보며 그들에 대해 조금은 더 알게 된다면 대화의 물꼬를 트는 데에도 도움이 될 것이다.[15] 조스가 근무하는 통신 회사에서 이런 식으로 대화의 물꼬를 트는 직원은 그러지 않는 직원들보다 동료들에게서 업무 관련 정보를 얻어내는 경우가 3배는 높다는 결과가 드러났다.

사내 디지털 협업 툴에서 취미 생활이나 여가에 대해 나누는 동료들의 대화를 보면 그 동료가 어떤 사람인지 파악하는 데에 도움이 된다. 한 전자상거래 대기업 엔지니어는 어떤 동료에게 다가가는 것이 안전한지를 가늠하기 위해 디지털 협업 툴에서 오가는 대화를 자주 본다고 말했다. 다른 사람들도 비슷한 말을 했다. 동료들이 다른 사람들의 질문이나 농담에 어떻게 반응하는지를 보면 그들이 다가가기 쉬운 사람인지 아닌지를 알 수 있었다는 것이다. 또한 이런 상대에게 정보를 공유해도 괜찮을 만큼 믿어도 좋은지 '적당한 수준의 신뢰passable trust'를 가늠할 때에도 도움이 되었다. 신뢰가 중요한 이유는, 누군가에게 도와달라고 부탁하는 것이 혼자서 그 문제를 해결하지 못한다는 사실을 받아들이는 일이기 때문이다. 아는 게 없는 사람이라는 소문이 날까 걱정할 때 우리는 감정적으로 나약해진다.(이건 디지털로 상호 행동을 하든 대면으로 하든 마찬가지이다!) 디지털 환경에서도 감정과 행동 방식을 이전과 바꿀 필요가 없다는 사실을 이해하는 것도 디지털 마인드셋을 기르는 일이다.

디지털 협업 툴은 조직 내 다양한 (특히 평상시에 잘 만나지 못하는) 사람들의 아이디어와 인사이트를 접할 수 있을 때 가장 큰 도움을 준다. 하지만, 목표도 다르고 업무에서도 관계가 없는 타 부서 사람들에게 관심을 기울이기는 현실적으로 어렵다. 이런 이유로 인해 조직들은 보통 같은 부서 사람들끼리만 디지털 협업 툴을 사용하는 경향이 있다. 그러나 다른 부서를 제외하고 소통을 진행한다면 디지털 협업 툴이 약속하는 확장된 네트워크는 없다. 같은 팀의 동료들만이 아니라 당신이 상호 행동하고 싶거나 혹은 해야 하는 사람들에게도 균형 있게 관심을 기울이는 것이 좋다. 동료들과의 온라인 상호 행동에서 최대한의 효과를 만들고 싶다면 사내 마케팅 캠페인이나 1대1 훈련, 또는 집단 훈련 등도 쓸 만한 방법일 것이다.

적절한 데이터에 초점을 맞추라

디지털 협업 툴은 사용자에게 방대한 정보를 제공하지만 드러나는 정보가 다 중요하거나 유용한 것만은 아니다. 가끔 소셜미디어 콘텐츠는 우리를 잘못된 데이터에 집중하도록 (그리고 행동하도록) 이끈다. 앞에 나왔던 대기 연구소를 다시 예로 들어보자. 구조개편으로 인해 협업이라고는 몰랐던 IT 테크니션들이 한 팀으로 일하게 되었다. 테크니션의 근속연수가 길면 실력도 더 좋을 것이라고 예상했지만 연구소 전반의 IT 문제에 대해 동료들이 쓴 메시지를 읽으며 가장 경력이 짧은 테크니션인 질의 전문 지식이 가장 뛰어나다는 사실이 드러났다. 사람들은 궁금한 게 있으면 질에게 달려갔다. 조직의 위계를 평평하게 만들어서 최상의 아이디어와 정보를 표면으로 띄워주는 디지털 협업 툴의 고유한 기능은 협업과 혁신에 긍정적으로 작용한다. 하지만 이 연구소의 경우 긍정적이지 못한 결과도 있었다. 부서의 최고참 테크니션인 페기가 몇 달 후 그만둔 것이다. 페기는 동료들이 자신이 제공하는 정보와 지식에 더는 관심이 없어 보이는 것에 좌절했다. 동료들이 페기가 아닌 질에게 도움의 손길을 요청한 이유는, 질의 메시지와 포스트에는 쓸 만한 내용으로 꽉 차 있었기 때문이다. 질은 가상 세계에서 자신의 존재감을 훌륭하게 구축했다.

IT 담당 이사는 페기가 그만두어도 아쉽지 않았다. 그는 디지털 협업 툴을 사용하면서 페기가 기대만큼 전문 지식이 뛰어나지 않다는 사실이 드러났다고 생각했고, 이제라도 직원들이 '가장 똑똑하고' 실제로 가장 크게 도움이 될 사람에게 도움을 요청하게 되었다는 것이 기뻤다. 하지만 페기가 떠나고 고작 두 달 만에 조직 전체 과학자들이 IT 부서에 대해 매기는 평가가 곤두박질쳤다. 페기는 IT 부서에서 기술적으로 가장 뛰어난 직원은 아니었을지 몰라도 문화적이나 정치적 능력은 가장 뛰어난 직원이었다. 그녀는 어떤 과학자의 문제를 가장 시급하게 해결해야 하는지를 잘 파악했으며, 연구소 과학자들 개개인의 기술 선호도 또한 잘 알고 있었다.

IT 부서는 온라인 정보공유를 받아들였지만 페기가 제공하는 로우테크low-tech 관련 사항과 문화적 지식의 중요성을 간과했다. 그들은 부서 과학자들 사이에서 페기의 존재감이 높다는 사실은 제대로 평가하지 못했다. 디지털 마인드셋을 기른다는 것은 언제 로우테크와 하이테크를 합쳐야 하는지 파악한다는 뜻이 되기도 한다. 테크니션들은 전문 지식이란 기술적 지식에만 한정된다고 생각했기 때문에 폐기의 가치를 정확히 파악하지 못했다. IT 부서 이사는 부서의 고객만족도 점수를 회복하기 위해 연봉을 30% 높여서 폐기를 다시 데려왔고, 그녀와 부서의 다른 직원들에게 디지털 협업 툴에서 공유하는 지식의 종류를 다양화할 것을 요청했다.

우리가 만난 기업의 사람들은 하나같이 가장 눈에 띄는 정보와 지식이 가장 중요한 것이라고 생각했다. 게시글이나 메시지로 당신의 공헌도와 힘을 드러내지 않으면 아무도 당신을 알아주지 않는다는 사실을 알아야 한다. 당신에게도 도움이 되지 않는 상황이지만 조직에도 득이 될 것이 없다. 우리의 연구 결과가 보여주듯이, 기록이 되어야 기억에도 남는다는 격언이 옳다. 직접 이메일로 보내건 사내 소셜미디어 사이트에 글을 올리건 디지털 존재감을 기르려는 노력이 처음에는 어색하고 힘이 들 수 있다. 하지만 시간이 지날수록 의도에 맞게 소통하고 생산적으로 협업하는 디지털 '자아'에 익숙해지는 자신을 발견하게 될 것이다.

'눈'에서 멀어지면 '마음'에라도 남으라

오늘날 대다수가 경험하는 일이지만, 원격 근무를 하다 보면 동료의 눈에서 멀어질 뿐 아니라 그들과 생각도 달라지게 된다.[16] 비언어적 소통과 자발적 소통 등 사회적 결속에 도움이 되는 면대면 상호 행동의 이점이 상당 부분 사라질 수밖에 없다. 물리적으로 같은 공간에서 나타나는 면대면 상호 행동은 경험을 공유하게 해 소통에 더욱 집중하게 되기 때문이다. 같은 공간에 근무하지 않는 상황에서 디지털 마인드셋을 개발한다는 것은 한 팀으로 일하는 동료들만이 아니라 가능하면 조직 전반에서 당신의 존재감을 성공적으로 높이기 위한 새로운 방식을 배운다는 뜻이기도 하다.

협업의 주된 수단이 디지털 툴인 팀은 서로의 행동을 엉뚱하게 분석하다가 이내 뜻과 생각이 엇나가게 될 수 있음을 이해해야 한다. 팀원들이 서로 다른 근무지에서 원격 근무를 한다면 존재감을 기르기 위해 적극적으로 노력해야 하는 것은 물론이고 팀원들끼리 존재감을 높일 수 있게 만드는 리더의 역할도 중요하다. 우리가 정의하는 존재감이란 극의 핵심에 주연 배우가 자리하는 것처럼 다른 팀원들의 뇌리에 확실하게 기억되는 상태를 말한다. 누군가에게 당신의 존재감이 높으면 당신은 그 사람의 기억에서 잘 사라지지 않고 행동에도 영향을 미친다. 눈에서 멀어질지라도 '마음'에서는 멀어지지 않는다. 중요한 것은 팀원들과 맺고 있는 관계에 맞게 스스로를 드러내야 하고, 적절한 사람에게 적절한 질문을 던지고 필요한 정보를 얻기 위해 평상시에 그들을 잘 파악해야 한다는 것이다.

디지털 존재감 기르기

인터넷 근무를 가능하게 하는 디지털 기술이 사람들의 협업 방식을 바꾸고 있다. 사회적 결속에는 비언어적 소통과 비자발적 소통으로 만들어지는 공통의 경험과 이해가 필수이지만, 원격 근무에는 그런 것이 없다. 상호 파악이 어려워지는 것이다.

디지털 마인드셋을 기른다는 것은 상대방, 관리자들, 고객들, 그리고 조직 전체에 디지털 존재감을 높이기 위한 새 방법을 배운다는 의미이다.

디지털 존재감의 토대를 닦는 모범 행동은 다음과 같다.

- 요청받을 때까지 기다리지 않고 당신의 상황을 업데이트하라. 중간에 수정하는 일이 생기더라도 현재 당신이 일이 이만큼 진척되었고 열심히 일하고 있음을 팀이 알게 한다.
- 호기심을 유발하라. 필요하면 모호한 표현을 이용해서 팀원들의 관심을 끌어도 좋다. 다만 과용은 금물이다.
- 내 시간이 아니라 동료의 시간에 맞춰 소통하라. 팀원들과 원활한 소통을 원한다면 팀원들의 스케줄과 시간대에 맞춰야 한다.

디지털 존재감을 높이기 위한 최상의 사내 소셜미디어 툴 이용 전략은 아래와 같다.

- 목적을 분명히 알린다. 소셜미디어에서의 상호 행동은 팀원들이 조직에 얼마나 적합한지, 어떤 역할을 하는지, 얼마나 공헌

하는지를 파악하도록 도와준다.

- 배울 거리를 찾아다닌다. 유용한 정보가 올라오지는 않았는지 열심히 찾아본다. 소셜미디어 툴은 대화 내용이 비공개인 사적인 이메일과는 다르게 모든 대화가 공개된다.

- 스스럼없고 사교적인 분위기를 만든다. 직원들이 소셜미디어 툴에서 편안하게 업무 외적인 대화를 나누도록 장려하라. 팀원들이 나누는 일상적인 대화는 더 성공적인 협업으로 이어지는 자연스러운 관계를 만들어준다.

- 적절한 데이터에 초점을 맞추라. 겉으로 드러나지 않는 지식을 무시해서는 안 된다. 예를 들어 조직 내 정치와 프로세스에 대한 지식도 중요하게 여길 줄 알아야 한다.

- '눈'에서 멀어지면 '마음'에라도 남으라. 소셜미디어 플랫폼에서 적극적으로 활동하라! 다른 사람들이 당신의 존재를 잊게 해서는 안 된다.

디지털 시대에서 번성하기를 원한다면 긴밀하게 협업할 줄 아는 업무 관계 구축이 필수 조건이다. 다른 말로 하면, 디지털 툴에 의존하는 소통에는 상호 파악의 장애가 발생할 수 있다는 사실을 이해하고 보완 전략을 배우려는 마인드셋을 개발해야 한다. 열쇠는 디지털 존재감이다!

2부

연산

3장

데이터와
분석

셀 수 있어야 중요하다

THE
DIGITAL
MINDSET

마이클 루이스Michael Lewis의 책 『머니볼』에 자세히 나오듯이, 빌리 빈Billy Beane 단장이 운영한 미국의 프로야구단 오클랜드 애슬레틱스 선수들의 연봉은 다른 강팀들에 비하면 초라할 정도로 낮았다. 그런데도 어떻게 좋은 성적을 유지할 수 있었을까? 빌리 빈이 선수 성적에 대해 방대한 데이터를 수집해 통계 분석을 적용한 메이저리그 최초의 단장이었기 때문이다. 그는 데이터를 분석해 애슬레틱스 구단의 선수 스카우트 방식과 경기 운영 방식을 강화해 기적에 가까운 성과를 냈다.

　　루이스의 책이 베스트셀러가 되면서 스타 선수를 찾아내고 거액의 연봉을 제시하는 스카우터에 의존하는 전통적인 방식과 통계학을 이용한 분석 방식 중 어느 쪽이 최고의 선수를 찾아내는 데 도움이 되는지를 두고 야구팬들 사이에서도 공론이 일었다. 대개는 데이터의 승리였다. 책이 출간되고 20년이 흐른 지금은 대부분의 구단에 정규직 분석가가 있다. 2020 시즌 당시, 탬파베이 레이스 구단은 야구 분석학에 가장 열렬한 관심을 보였다. 2020 시즌 월드시리즈에 진출했을 때의 탬파베이 레이스의 연봉 총액은 불과 2820만 달러로, 메이저리그 30개 구단 중 세 번째로 적었다.

이렇게 구단의 체질과 성적마저도 바꾼 성공적인 데이터 분석은 데이터를 현명하게 사용할 줄 아는 디지털 마인드셋을 가진다면 데이터가 얼마나 큰 힘을 발휘하게 되는지를 잘 보여주는 사례이다. 또한 제대로 이해하지 못한 데이터가 얼마나 큰 오판과 좌절을 이끄는지 보여주는 사례이기도 하다.

『머니볼』의 독자이며 '스포츠를 좋아하는 수학광'을 자처하는 닉 돌턴은 자신이 코치를 맡은 고등학교 농구팀의 성적을 올리기 위해 빌리 빈의 방법을 시도해보기로 했다. 돌턴은 이 생각을 친구 몇 명에게 슬쩍 이야기했고, 《뉴욕타임스 매거진》에 마이클 루이스가 농구 분석학에 대해 기고한 글을 추천 받았다.[1] 기사에서 루이스는 203센티미터 정도의 키에, NBA 구단 휴스턴 로키츠의 가드이며, NBA 드래프트에서 1라운드 6순위로 지명을 받은 선수 셰인 배티어Shane Battier를 언급했다. 셰인 배티어는 누구나 인정하는 선수였다. 하지만 전통적인 성적 기준에서 본다면, 이를테면 출전한 경기라든가 필드골*, 자유투 시도, 리바운드, 어시스트 중 어느 것에서도 뛰어난 선수가 아니었다. 그의 기량은 쉽게 측정되지 않았다. 루이스는 설명했다. "그의 기량은 박스 스코어나 슬램덩크 경합 등으로는 드러나지 않는다. 그러나 셰인이 코트

---

*   자유투를 제외한 득점.

에 오르면 그의 팀은 평소보다 잘하거나 굉장히 잘하고 상대 팀은 평소보다 못하거나 아주 많이 못한다."

돌턴이 기사를 본 소감을 설명했다. "계시와도 같은 기사였습니다. 가장 인상적이었던 부분은 배티어가 '효율성이 가장 낮은 존'에서 상대팀 선수들에게 슛을 하도록 만드는 능력이 뛰어나다는 내용이었어요. 그걸—상대 팀의 '효율성이 가장 낮은 존'이 어디인지—알아내고 우리 선수들에게 그 데이터를 알려줄 수 있으면, 어쩌면 우리 선수들이 상대 선수들을 그 자리로 유도해서 슛을 던지게 만들고 공을 뺏어올 수 있지 않을까 하는 생각이 들더군요. 한마디로 고등학교 농구부에 맞는 '머니볼'**을 찾아내야 하는 거죠." 고등학교 수학교사이기도 한 돌턴은 비장의 무기를 가졌다고 자신했다. 농구부의 스타 선수 중 하나가 루이스의 기사를 읽었고 또 마침 그 선수가 돌턴의 미적분학 수업을 듣는 학생이기도 했기 때문이었다. "슬램덩크라도 때릴 수 있을 것 같았어요. 그럴 계획은 아니었지만 우리 팀에서 수학에 제법 강해서 통계학을 이해하고 응용할 아이들이 몇몇 있었으니까요."

그러나 돌턴은 곧 큰 오산이었다는 것을 깨달았다.

돌턴은 같은 지역에 속한 고등학교 농구팀들의 한 해 박스스코어를 추적하고 간단한 통계학을 이용해 선수들이 경기 전반과 후반 중 언제 필드골 미스가 더 많이 나는지, 코트의 어느 존에서 슛 실패율이 가장 높은지 등을 계산했다. 그런 다음 돌턴은 선수들에게 통계 수치 읽는 방법도 가르치기 시작했다. "재앙이었

**   머니볼은 몸값이 높은 선수에 의존하는 것이 아니라 철저한 데이터 분석을 통해 팀을 운영하는 방식을 의미한다.

어요. 교실에서의 수학 수업은 곧잘 따라왔지만 응용이 중요한 통계학은 이해하지 못하더군요. 그래서 데이터를 보여줬죠. 몇몇은 이해하면서 흥미를 보였고, 몇몇은 자신들의 직관이 더 믿을만하다며 무시했어요. 그 숫자가 정확하다는 것을 납득시키지 못한 거예요." 즉, 농구부 선수들이 수학을 제법 잘하는 학생들이라고 해서 데이터를 생산적으로 사용하는 능력인 디지털 마인드셋을 길렀다고 볼 수는 없는 일이었다.

몇 번을 설득한 끝에 학생들은 경기 전략에 데이터 분석 결과를 시험 삼아 사용해보기로 했다. "그런 재앙이 또 없을 정도였습니다. 통계가 말하는 대로 따라 했고 아이들은 어떻게든 슛을 던졌죠. 아이들에게 그건 그냥 확률에 불과하다고 말했지만 확률을 이해하기는 힘들죠. 미적분처럼 조금 더 추상적인 수학을 잘하는 사람이라도요." 다시 말하지만, 디지털 마인드셋이 없으면 통계적으로는 승산이 있을지라도 바뀐 행동이 매번 원하는 결과로 이어지는 것은 아니라는 개념을 전부 이해하기는 힘들 수 있다.[2] 돌턴이 깨달은 더 중요한 사실이 있다. "확보한 데이터가 분석의 정확한 출발점인지도 자신할 수 없었죠. 분석을 하고 아이들에게 사용법을 가르치느라 그 많은 시간을 보냈지만 그 예측의 기반으로 삼았던 데이터가 출발점부터 잘못됐을 수도 있다는 거예요." 돌턴은 3년 동안 자신이 코치를 맡은 고등학교 농구부에 머니볼을 대입하려고 노력하다가 결국에는 포기했다. "지금은 기본적인 스킬을 가르치고 시합을 운영하는 일만 합니다. 통계 분석은 프로들이나 하라고 하죠."

오클랜드 애슬레틱스와 같은 성공적인 야구 구단, 셰인 배티어 같은 성공적인 운동선수, 그리고 아마존이나 페이스북 같은 거대 기업의 일화는 분석의 힘을 여실히 보여준다. 그들은 더 많은 경기를 이겼고, 성적이 향상되었다. 데이터 패턴을 분석하고 소비자 행동을 예측해 제품과 광고 판매를 극적으로 높일 수 있었다. 실제로도 스포츠 구단의 운영 사무실이나 기업 이사회실에 들어가면 누군가가 "진짜 머니볼은 이런 거야" "우리한테 맞는 머니볼을 찾아야 해"라고 말하는 소리를 듣지 않기가 더 힘들다. 스포츠 팬이나 분석 전문가가 아닌 사람일지라도 브래드 피트와 요나 힐이 출연한 영화를 보거나 들어는 봤을 것이고, 주요 리그의 스포츠 종목과 무수히 많은 기업들이 선진 분석법을 도입해 운영 방식을 바꾸고 있다는 사실은 알 것이다.

하지만 닉 돌턴의 사례와 같은 실패담은 들어보지 못했을 것이다. 한 개인이 과학적 분석을 도입했지만 실패한 그런 사례들 말이다. 하지만 우리가 경험한 바로는, 탬파베이 레이스와 같은 성공적인 결과보다는 닉 돌턴과 같은 결과가 더 흔하다. 그것은 분석학이 허황된 약속을 하기 때문이 아니다. 그보다는, 데이터 과학을 공부하지 않은 사람에게, 확률적 추론에 익숙하지 않은 사람에게, 또는 그 일을 대신해줄 사람을 고용할 돈이 없는 사람에게는 과학적 분석이라는 프레임으로 세상을 보기가 힘들기 때문이다.

디지털 마인드셋을 개발한다는 것은 어렵다는 이유로 과학적 분석을 외면하지 않는다는 의미이다. 또한 돌턴처럼 "과학적 분석을 이용해야지"라는 태도만으로는 충분하지 않음을 깨닫는 것이다. 심지어 과학적 분석을 이용하는 것만으로도 충분하지 않다. 적어도 데이터를 분석하면서 어떤 질문을 던져야 하고 무엇을 찾아야 하는지 정도는 알아야 한다. 오차까지 포함해서 잠재적 분석 결과를 예상하고, 데이터가 어떻게 제시되느냐에 따라 타인에게 미치는 영향도 달라질 수 있음을 이해하면 더 좋다. 필수적으로 알아야 할 통계 분석 방법은 4장에서 자세히 설명하고, 여기서는 데이터 작업 시 기본적으로 동반하는 문제들을 이해해 돌턴과 같은 함정에 빠지지 않는 방법을 알려줄 것이다. 데이터의 본질을 이해하면 데이터가 무엇을 할 수 있고 무엇을 할 수 없는지도 알 수 있다.

우리는 마이크로소프트를 비롯한 글로벌 테크 대기업, 신용카드 회사 디스커버, 방위산업체 플리어, 광산 회사 사우스32와 함께 연구를 진행했다. 데이터 생성과 수집과 연산에 어려움을 겪는 수백 명의 직장인과 인터뷰를 통해, 분석적으로 보고 생각하고 행동하게 해주는 디지털 마인드셋을 개발하는 데 도움이 되는 세 가지 모범 행동을 판별했다.

- 데이터가 어디에서 오는지, 어떻게 그리로 갔는지를 파악하라.
- 데이터를 범주화하고 분석하는 블랙박스를 열라.
- 데이터 시각화data visualization를 청중의 니즈에 매칭하라.

데이터가 어디에서 오는지, 어떻게 그리로 갔는지를 파악하라

데이터는 천연 물질이 아니다. 데이터는 야생에는 존재하지 않는다. 데이터는 창조물도 아니다. 그건 데이터를 이해하려 할 때 유념해야 할 가장 중요한 사실 중 하나이다. 데이터는 어떤 사물이나 상황, 프로세스를 표현하고 제시하는 역할을 할 뿐이다. 이는 결국 데이터가 근본적으로 주관성을 내재한다는 의미이다.

이렇게 생각해보자. 바람이라는 자연 현상은 다양하게 묘사할 수 있다. 바람이 얼마나 차가운지, 얼마나 빠른지, 그리고 얼마나 건조한지 등등. 바람을 이렇게 다양하게 묘사하기 위해 측정 기기를 발명했고, 측정한 결과를 기록하고 저장한다. 오늘날 데이터라고 불리는 이런 측정값은 바람을 다양한 방식으로 표현하고 제시한다. 하지만 이 측정값은 본질적으로는 바람이 아니다. 게다가 이 데이터는 바람이 무엇이고 바람이 어떻게 느껴지는지를 객관적으로 기술하지도 못한다. 측정값은 바람을 설명하는 방법일 뿐이다.

데이터를 '수집한다collect'는 말도 조금은 잘못된 표현이다. 그보다는 데이터를 '생성한다produce'는 것이 훨씬 정확하다.[3] 실제로도 데이터는 조개껍질처럼 수집하는 것이 아니라 기술적으로 얻어내는 '산물'이며, 사회적 범주화social categorization라는 틀은 데이터가 우리의 의사결정에서 차지하는 역할을 좁은 범위로 한정한다. 데이터는 우리가 합의해서 억지로 짜 맞춘 장치이기에 우리와 독립적으로 존재하지 않는다. 바람은 우리가 어떻게 측정하든 무관하게 독립적으로 존재하지만, 측정값은 우리와 무관하게 존재하지 못한다. 우리가 생각하기만 한다면, 이를테면 '모자를 날릴 정도로 강한 바람'이라는 새범주를 만들어 바람을 측정하고 상응하는 데이터를 생성할 수도 있다.

이러한 개념을 이해한다면 데이터를 맹목적으로 신뢰하는 마음이 줄어들 것이다. 우리는 데이터라면 무턱대고 신뢰하거나 사실이라고 믿는다. 특히 데이터가 무엇을 제시하는지 온전히 이해하지 못한다면 맹목적인 신뢰는 더욱 높아진다. 하지만 데이터가 반드시 정확하거나 참이라는 보장은 없다는 사실을 명심해야 한다.

종이 원장에서 바코드까지: 유연성 vs 정확성

가장 오래된 형태의 데이터 생성은 수동 입력이다. 바꿔 말하면 인간이 무언가를 적기 시작했을 때부터 데이터 생성의 역사는 시작되었다. 고대 그리스의 음악 부호도 데이터 생성의 한 형태이고, 고대의 종교의식용 두루마리도 일종의 데이터 생성이다. 오늘날의 더 가까운 예로는, 1800년대 가정용품 상점에서 판매량과 재고 수량을 원장에 기입하는 장부 담당자를 생각해보자. 이 장부 담당자는 사고판 물품의 수량과 가격, 구매일을 비롯해 여러 유용한 정보를 장부에 기록했을 것이다. 어쩌면 상품을 인도한 날의 날씨라든가 인도인이 누구였는지와 같은 데이터도 생성했을 것이다.

장부 담당자는 기록 내용에 전적인 재량권을 가지고 있었기 때문에, 그들이 손으로 기입한 내용은 사람마다 크게 달랐다. 어떤 장부 담당자는 한 달 판매량을 총계를 내서 기록했을 수도 있고, 어떤 담당자는 일별 판매량의 총계치를 기록했을 수도 있다. 정해진 기준이라는 게 없었다.[4]

오늘날 이런 판매 데이터를 손으로 일일이 기입하는 상인은 거의 없다. 상품 바코드를 스캔하면 상품 데이터가 소프트웨어 프로그램에 자동으로 옮겨지고, 프로그램은 판매자가 원하는 대로 설정한 기준(상품의 색, 무게, 크기 등)과 소프트웨어 제공사가 설계한 데이터 포인트(스캔을 한 시간 등)에 따라서 상품을 설명한다. 여기서 그치지 않고 많은 기업이 더 자동화된 프로세스로 옮겨가는 중이거나 옮기는 작업을 다 끝냈다. 무선주파수인식radio frequency identification, RFID 태그, 다른 말로 전자 태그는 상품이 창고에 도착하면 사람이 직접 상품을 스캔하지 않아도 자동으로 상품 데이터가 소프트웨어 프로그램으로 전송된다.[5] 그러나 데이터가 '생성 중'인 것은 변하지 않는다.

디지털 마인드셋을 갖추면 데이터 생성에 사용하는 자동화된 프로세스 밑바탕에 깔린 위험을 알게 된다. 재고와 판매량을 기록할 때는 더 발전된 기술을 이용할수록 데이터 생성 프로세스도 더 정확해진다. 사람이 손으로 기록할 때보다는 바코드 스캐너나 RFID 태그를 이용하는 편이 상품 데이터가 잘못 입력될 가능성이 현저히 줄어든다. 하지만 동시에, 생성하고 싶은 데이터를 사람이 알아서 결정할 수 있는 자유도 줄어든다. 많은 소매 상점과 유통사가 사용 중인 스캐너와 RFID가 프로그램으로 지정한 데이터 필드에 맞추어, 소프트웨어도 스캐너가 생성하는 숫자를 기록한다. 사용자가 소프트웨어나 하드웨어의 설정을 변경할 수 없으면 사용자는 필요한 데이터를 생성하려 할 때마다 판매자에게 일일이 의견을 구해야 한다.

데이터 분석력을 기른다는 것은 이처럼 유연성이 부족할 때에도 미리 파퓰레이트populate(덧붙임)된 데이터 필드에서 용도에 맞는 새로운 데이터 소스를 생성할 기회를 찾아낸다는 뜻이다. 예를 들어 상품 입고에 사용하는 소프트웨어로 인도일과 판매일을 기록하면 그 상품이 판매되기 전까지 얼마나 오래 재고 상태로 있었는지를 비교적 쉽게 계산할 수 있다. 따라서 해당 상품의 수익성을 파악하는 데 도움이 되는 새로운 데이터 포인트가 만들어진다.

쓰레기가 들어가면 쓰레기가 나온다

자동 프로세스로 데이터가 생성되어도 오류나 잘못된 결과로부터 자유롭지 않다. 컴퓨터 과학자와 데이터 분석가들은 IBM 프로그래머 조지 휘셀George Fuechsel의 말을 빌려 이렇게 말한다. "쓰레기가 들어가면 쓰레기가 나온다." 엉터리 데이터는 엉터리 아웃풋, 즉 쓰레기를 생성한다. 디지털 마인드셋을 기르면 '들어오는 데이터'가 쓰레기가 아닌지 주의하게 된다.

게다가 고도로 자동화된 데이터 생성 프로세스에 쓰레기를 투입하면 순식간에 걷잡을 수 없는 사태가 벌어질 수 있다. 이를 잘 보여주는 사건을 보자. 2004년 가을, 인디애나주 포터 카운티의 감정평가 담당 공무원들이 운영하고 관리하는 컴퓨터 시스템에 공무원이 로그인해서 밸퍼레이조시의 주택 가격을 수정했다. 수정된 데이터는 카운티의 공무원들이 입력한 부동산 가격에 기반해 평가 가격을 자동으로 변경하는 표준 알고리즘에 반영되었다. 해당 부동산은 110제곱미터에 침실이 두 개인 작은 주택이었다. 정확히 어떻게 된 경위인지는 아무도 모르지만 (아마도 숫자를 잘못 눌렀을 것으로 짐작된다) 주택의 평가 가격이 12만 달러에서 4억 달러로 바뀌어버렸다.[6]

들어간 것은 쓰레기였고, 결과물로 나온 쓰레기는 상상 이상으로 복잡하고 거대했다. 사태의 시작은 1년 뒤 주택 보유자에게 800만 달러짜리 세금 청구서가 날아간 것이었다. 기절초풍할 정도로 놀란 집주인은 정정 신청을 해서 1500달러라는 적정 금액으로 세금을 조정했다. 사태는 여기서 끝이 아니었다. 오류가 발견되기 전에 카운티의 평가 공무원들은 주택 평가 가치 데이터를 이용하는 평범한 계산법에 따라 카운티의 부동산 세수를 계산했다. 계산 결과는 당연히 한 해 예산에 반영되었다. 그리고 포터 카운티의 자체 예산 편성 프로세스에 포함된 18개 과세 지구가 그 예산을 나눠 썼다. 데이터 입력의 오류가 발견되고 정정되었을 때는 18개 과세 지구가 이미 예산을 가져다 쓰기 시작한 후였다. 그 주택 한 채에서 어마어마한 세수가 나올 것으로 잘못 계산되었으니 그들이 가져다 쓴 예산도 실제 가용 예산보다 훨씬 높았던 것은 물론이다.

공무원들은 징수되지 않은 상태에서 가져다 쓴 300만 달러 넘는 예산을 카운티에 반납해야 했다! 그 결과 밸퍼레이조시는 도로 재포장과 보도 수리와 같은 중요한 기반 시설 복구 사업을 전면 취소할 수밖에 없었다.

데이터를 생성하는 것은 기계이지만 사람들이 작업을 하면서 데이터를 수시로 건드리고 변경한다. 이 사실을 깨닫고 나면, 데이터 수집과 접속 방식이 대단히 중요하다는 사실을 모를래야 모를 수가 없다. 앞서 나온 닉 돌턴도 이 원칙을 깨달았다. 그는 자신이 수집한 고등학교 농구부 선수들의 경기 성적 통계가 시작부터 정확하지 않아서 분석 모델 자체가 무용지물일 수도 있다는 사실을 알게 되었다.

분석력을 기르기 위한 첫 단계는, 데이터를 제공받았을 때 그 데이터가 어떻게 생성되었고, 그 데이터에 누가 접속했고, 그 데이터가 우리가 이해하려는 행동이나 활동을 얼마나 잘 표현하고 있는지 질문을 던져야 한다는 사실을 받아들이는 것이다.

센서가 생성하는 데이터도 날로 늘고 있다. 핏비트나 애플워치는 당신의 걸음 수와 심박수가 얼마인지 날마다 데이터를 생성하고, 거대한 채굴 장비에 빼곡히 부착된 센서들은 시추기가 몇 시간 작동했으며 트랙터 타이어의 고무가 얼마나 닳았는지를 문서로 정리해준다. 프로 스포츠리그 구단들은 선수들의 세부화된 행동 데이터를 수집하려고 센서와 카메라에 막대한 금액을 투자한다.[7] NBA는 선수들의 움직임에 대한 세분화된 데이터를 확보할 목적으로 경기장 모든 구역에 카메라를 설치했다. 사진과 센서를 적극 활용하는 기술을 도입함으로써 NBA는 자유투 시도와 리바운드 데이터를 훨씬 풍부하게 수집할 수 있게 되었고, 선수들이 오른발과 왼발 중 어느 쪽이 앞설 때 연속 득점을 더 많이 하는지 그리고 경기를 뛰는 동안 속도가 얼마나 늘거나 줄었는지도 추적할 수 있게 되었다. 셰인 배티어 같은 선수에게 이런 정교한 데이터가 얼마나 큰 도움이 될지 상상해보라.

우리가 온라인에 접속하는 내내 우리에 대한 데이터도 생성된다. 6장에서 자세히 설명하겠지만, 구글이나 아마존과 같은 기업들은 우리의 온라인 활동과 디지털 잔해를 이용해서 우리의 조회 패턴과 구매 결정에 관한 데이터를 얻는다. 손으로 기장을 할 때보다는 온라인으로 소비자의 행동을 수집하는 방법이 훨씬 정교하고 정확하지만, 이렇게 생성된 데이터도 오래전 장부 담당자들이 그랬던 것처럼 언제든 오류가 나고 잘못 해석될 수 있다. 그리고 앞서 본 인디애나주 사례에서처럼 사고에 대단히, 아주 대단히 취약하다. 더불어 해커 공격도 조심해야 한다.

디지털 마인드셋은 데이터의 무궁한 잠재력과는 별개로 데이터의 오류 가능성도 조심한다. 데이터의 출처가 어디이고 어떻게 찾게 되었는지를 파악한다는 것은 데이터가 결함이 있거나 부정확할 수 있음을 이해하고 데이터라면 무작정 '사실성이 높다 high facticity'고 여긴다는 사실을 이해한다는 뜻이다. 자동으로 생성되어 길게 나열된 숫자는 어쩐지 맞는 것 같고 객관적인 것만 같다. 우리는 데이터의 뉘앙스라든가 세부 사항을 전혀 이해하지 못할 때조차도 데이터가 도출한 결론이라고 하면 덮어놓고 받아들인다. 이런 자세보다는 데이터의 한계와 오류 가능성을 인정하는 디지털 마인드셋을 기르는 편이 낫지 않겠는가.

데이터를 범주화하고 분석하는 블랙박스를 열라

이렇게 디지털 마인드셋을 길러서 분석의 사실성을 높인다면 데이터 그 자체에서 기대할 수 있는 것은 설명description 외에는 많지 않다는 것을 이해할 수 있다. 데이터 설명은 생산성이 가장 높은 직원의 이름이나 특정 제품의 수요에 대한 패턴과 추이를 파악할 때 유용하다.

데이터가 설명을 넘어 예측으로, 그리고 처방으로 진행될 때 데이터의 유용성과 힘은 훨씬 커진다. 오클랜드 애슬레틱스 구단은 데이터로 선수들의 경기 공헌을 예측하고 상대 구단을 이기기 위한 경기 운영 전략을 처방했다. 학교는 미래의 학생 수를 예측하고 학생들에게 필요한 교육을 처방하는 데 도시의 부동산 매매 데이터를 이용할 수 있다. 그러나 데이터 설명은 데이터를 통합해서 패턴과 추이를 만들기가 상대적으로 단순하고 이해하기도 쉬운 편이지만, 예측과 처방에 요구되는 데이터 분류와 조작manip-ulation 및 연산 작업은 밖에서는 보이지 않는다. 한쪽으로 데이터가 들어가면 반대쪽으로는 처방과 예측이 나온다.[8] 분석적 마인드셋을 기르려면 데이터 분석이라는 안이 보이지 않는 블랙박스를 최대한 투명하게 만들어야 한다. 이 조건이 선행되어야 예측에도 자신감이 붙을 수 있다.

우리는 데이터 분석 프로세스를 활용해 주기적으로 예측과 처방을 만들거나 이용하는 사람들과의 대화를 통해 한 가지 사실을 깨달았다. 블랙박스를 들여다본다는 것은 데이터의 범주화 방식과 데이터를 인과 모델로 분류하는 알고리즘 구축 방식을 모두 이해한다는 뜻이다.

데이터 분석에서 우리가 미처 생각하지 못하는 부분이 있는데, 데이터는 그것을 분류하는 시스템과 동떨어진 존재가 아니라는 사실이다. 데이터가 개념화, 측정, 저장, 공론이라는 과정을 거쳐서 만들어진 인간의 발명품이라고 생각하면, 데이터가 정치에 미치는 영향도 이해하기가 어렵지 않다. 이를 설명하기 위해 우리는 제프리 보커Geoffrey Bowker 교수와 수전 리 스타Susan Leigh Star 교수가 『데이터의 분류와 그 영향Sorting Things Out』에서 제시했던 사례를 자주 인용한다. 책에서는 일본의 심장마비 발병률이 세계 최저라는 공개 데이터를 보여준다.[9] 이 통계 수치는 일본의 저지방 식단이 심장병 발병률을 줄이는 데 일조하고 있음을 암시한다고 여겨지지만 여러 역학 전문가들은 일본의 치명적 심장마비 발병률이 그토록 낮은 데는 다른 이유가 있다고 말한다. 일본에서는 심장마비의 상당수가 실제로는 뇌졸중으로 분리되기 때문이라는 것이다. 두 교수는 이렇게 설명한다. "일본 문화에서 심장병은 육체 노동을 하는 일상과 신체적 장애와 연결된다. 그렇기에 미국에서라면 심장마비로 진단되었을 것이 일본에서는 곧잘 뇌졸중으로 진단된다. 뇌의 과로가 더 쉽게 받아들여지기 때문이다." 일본의 뇌졸중 데이터의 일부나 전부를 치명적 심장마비로 재분류한다면 심장마비 발병률이 낮다는 통계도 신뢰성이 사라진다. 또한 일본인들의 식단이 심장마비 감소에 크게 기여할지도 모른다는 믿음도 허사가 된다. 디지털 마인드셋을 개발한다는 것은 데이터의 분류 방식을 깊이 고민한다는 뜻이기도 하다. 기본적인 데이터 문해력은 블랙박스 안의 세부 내용까지 정확히 확인하기 위해 올바른 질문을 던지는 방법을 배우는 것을 의미한다.

셀 수 있다는 것이 중요하다

알베르트 아인슈타인은 "셀 수 있다고 다 중요한 것은 아니고, 중요하다고 해서 다 셀 수 있는 것도 아니다"라고 말했다. 데이터 분류에서는, 이 격언에 셀 수 있는 것은 중요하게 여겨지고 셀 수 없는 것은 중요하지 않게 여겨질 수 있다는 말을 더해야 한다. 셀 수 있느냐 없느냐는 중요한 의미를 지닌다. 농구 분석가들이 동의하듯이, 셰인 배티어처럼 전통적 범주화 방식으로는 분류가 되지 않는 (그리고 실력을 인정받지 못하는) 선수들은 자신들의 경기 기여도를 밑받침하는 데이터를 제시하지 못하기에 선수 생활 내내 연봉 협상에서 낮은 금액을 부르게 된다. 이와 반대로, 박스 스코어 데이터는 좋게 나오지만 현대적 분석에서는 무의미한 데이터가 나온 선수들이 오히려 거액의 연봉 협상을 체결할 수도 있다. 셀 수 있는 것은 원래의 가치보다도 더 중요하게 여겨질 수 있다.

이 문제는 데이터의 사실성이라는 주제를 다시금 환기해준다. 우리는 데이터라고 하면 무작정 객관적이라고 믿는다. 그것 하나만으로도 블랙박스의 내부를 들여다보게 해주는 데이터 마인드셋을 개발해야 하는 이유가 된다. 이러한 사례들이 보여주듯이 우리가 아무리 행동 데이터 포인트를 수집하고 정확하게 측정하려고 노력할지라도, 데이터 분류 방식은 언제나 사회적으로 합의된 결정을 따르게 되기에 주관적일 수밖에 없다. 현재 대부분의 기업은 소프트웨어 개발사에 데이터 분류 프로세스를 전적으로 일임해서 데이터를 트래킹tracking한다. 하지만 이런 식의 분류 방법은 자연스럽지도 않고 중립적이지도 않다. 데이터 과학자들에게 깊은 갈등과 실망을 불러일으키는 원인이 되기도 한다. 이것을 잘 보여주는 최근의 사례는 넷플릭스의 〈나폴레옹 다이너마이트〉가 있다.

데이터 범주화 방식의 이해

넷플릭스는 남들보다 한발 앞서 데이터 분석학을 이용했다. 넷플릭스는 구독자가 영화나 드라마를 한 달에 한두 편만 보고 만다면 월별 구독료 정책을 유지할 수 없다. 그렇기에 고객에게 자신들의 스트리밍 서비스에는 매력적인 옵션이 다양하게 존재한다는 사실을 알려야 했고 성공적으로 해냈다. 거기에는 고객에게 영화나 드라마를 추천해주는 초창기 기계학습 알고리즘인 시네매치CineMatch의 공이 컸다. 시네매치는 고객의 시청 습관을 분석해서 고객이 좋아할 만한 다른 콘텐츠를 추천했다. 당신이 디스토피아적인 액션 영화를 봤다면 넷플릭스는 다른 디스토피아 영화나 액션 영화 또는 두 성격이 합쳐진 영화를 추천할 것이다. 당신이 픽사 애니메이션 영화를 봤다면 넷플릭스는 다른 애니메이션을 추천할 것이다.

시네매치의 데이터 분석 설계에서 핵심은 영화를 특징에 따라 다양한 범주(액션 영화, 디스토피아 영화, 애니메이션, 픽사 영화 등)로 분류하는 알고리즘이었다. 범주별로 분류된 영화는 이른바 특잇값 분해singular value decomposition 기능을 수행하는 기계학습 알고리즘에 제출되었다. 특잇값 분해 알고리즘은 두 영화가 공통으로 속한 범주를 비교하고 그 범주들을 사용자들이 영화에 매긴 점수에 연관시킨다. 그리고 고객의 이력에 따라 같은 범주의 영화를 좋아할 것이라 예측하고 영화를 추천한다. 상당히 훌륭한 분석 알고리즘이었다. 마음에 들었던 영화가 일부 겹치는 다른 사람들의 기호 데이터에 따라 영화를 추천하는 '협업 필터링collaborative filtering'을 사용했을 때보다, 특잇값 분해는 고객이 보고 싶은 마음이 들게 할 만한 영화를 훨씬 훌륭하게 예측해냈다.

하지만 특잇값 분해는 결함이나 약점이 많았다. 2007년 넷플릭스는 시네매치의 범주화 방식을 개선해 예측 정확도를 10% 이상 올리는 개인이나 팀에게 100만 달러의 상금을 약속하는 공모전을 열었다. 피츠버그시 외곽에 사는 컴퓨터 과학자인 렌 버토니Len Bertoni가 문제를 일부 해결했다. 그는 〈나폴레옹 다이너마이트〉의 호불호를 정확하게 예측하면 전체의 예측 정확도를 높일 수 있다고 생각했다. 2004년 개봉한 〈나폴레옹 다이너마이트〉는 반응이 크게 갈렸지만 흥행 수익은 높았던 B급 영화였다. 넷플릭스에는 200만 개의 리뷰가 달렸지만 평점은 대부분 별 5개이거나 별 1개로 양극단을 달렸고 중간은 거의 없었다.[10] 대단히 독특한 영화이고 전통적인 범주에도 들어맞지 않는 탓에 시네매치로서는 그 영화를 좋다고 평가한 시청자들에게 추천할 만한 다른 콘텐츠를 찾아내지 못했다. 버토니가 원한 것은 〈나폴레옹 다이너마이트〉의 이 모든 요소들을 정확하게 범주화할 수 있는 알고리즘이었다.

시네매치 개선 공모전은 2009년에 마감했고 현재 넷플릭스는 더 새롭고 더 발전된 알고리즘을 사용한다. 범주화는 넷플릭스 외에도 데이터를 분석해 고객 행동에 영향을 줄 만한 예측과 처방을 만들려는 기업 모두를 괴롭히는 문제다. 범주화 프로세스는 복잡하지만 디지털 마인드셋을 개발할 때 범주화와 관련해서 유념해야 할 교훈은 명확하다. 데이터 분석이라는 블랙박스의 내부를 들여다보려면 데이터가 어떻게 범주화되고 왜 그렇게 범주화되고 언제 범주화가 쓸모가 없어지는지에 대한 이해가 선행되어야 한다. 예측 모델과 처방 모델 구축에 사용한 범주화 방식을 이해하고 나면, 어떤 통계 방법을 사용해서 활동과 범주의 인과관계와 상관관계를 수립했는지를 이해할 수 있다. 거기에 대해서는 4장에서 설명할 것이다.

편향을 조심하라

쓰레기 규칙의 단짝은 "편향이 들어가면 편향이 나온다"이다. 블랙박스의 안을 들여다보는 것은 예측과 처방을 편향에서 자유롭게 하기 위해서 반드시 필요하다. 어떤 엔지니어가 사회 전체에 이바지할 생각으로 알고리즘 모델을 만든다고 치자. 만약 그가 구조적 불평등을 도외시한 데이터 셋을 이용해서 모델을 구축한다면 사회의 구조적 불평등은 더 커질 것이다. 예를 들어 보스턴시는 만년 골칫거리인 도로의 포트홀 문제를 해결하기 위해 스트리트 범프라는 앱을 이용했다. 운전 중인 시민의 스마트폰으로부터 가속도계 데이터가 수신되면 이 앱은 방금 자동차가 포트홀 위를 지나갔다고 알려주는 데이터를 만들었다. 하지만 스마트폰을 가진 시민은 소득이 높은 축에 속할 것이므로 이 데이터는 잘사는 동네의 포트홀을 찾아내는 데에만 도움이 되었다. 이런 데이터 편향 문제를 발견한 보스턴시의 신도시 정비사무국은 곧바로 부유한 지역만이 아니라 도시 전역의 포트홀을 측정할 수 있는 방식으로 접근법을 바꾸었다.[11]

또 다른 예로, MIT 미디어랩의 연구원 조이 부올람위니Joy Buol-amwini와 당시 스탠퍼드대학교에서 박사 과정 중이었던 팀니트 게브루Timnit Gebru가 공동으로 발표한 논문 「젠더 셰이드Gender Shade」는 백인 남성 위주의 데이터로 만들어진 얼굴 인식 소프트웨어가 가진 근본적인 성·인종 차별의 문제를 고스란히 드러냈다.[12] 두 사람의 설명에 따르면, IBM의 얼굴 인식 소프트웨어는 백인 남자보다 흑인 여자의 성을 판별할 때 정확도가 34% 이상 낮았다. 이 연구 결과는 시스템의 정확도를 자랑하는 IBM의 체면

그림 3-1

얼굴 인식 소프트웨어의 성·인종 차별

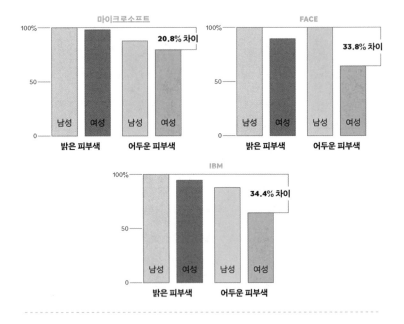

과 마이크로소프트를 비롯해 다른 여러 기업들의 위신을 산산조
각냈다(그림 3-1).

세라 브라인Sarah Brayne 텍사스대학교 사회학과 교수는 LA경
찰국(LAPD)이 범죄 빈발 지역인 '우범 지역'을 찾아내거나 '상습
범'을 찾아내서 그들을 집중 감시하기 위해 선진 데이터 알고리즘
을 어떤 식으로 이용했는지를 거의 10년 동안 연구했다.[13]

레이저 작전Operation LASER, 즉 LA 전략적 명단 추출 및 복원
작전은 요주의 인물을 알리는 '상습범 공고'를 통해 감시가 필요
한 주민 명단을 계속해서 업데이트한다.[14] 이 프로그램을 이용하
는 LAPD 산하 16개 경찰서는 최소 12개의 상습범 공고를 유지해

서 경찰관들이 관할 구역에서 가장 위험한 폭행 상습범을 식별할 수 있도록 도와준다. 누구라도 정확하고 합리적인 전략이라고 생각할 만하다.

그러나 이 식별 과정은 두 단계를 거친다. 첫 번째 심사 단계에서 범죄정보 분석가는 어떤 사람의 검거 보고서와 현장 탐문 카드와 같은 경찰 기록이 '워크업(심도 분석)'을 해야 할 정도로 '유의미'한지를 주관적으로 결정한다. 바로 이 단계에서 인간의 편향이 데이터의 객관성에 영향을 미치기 시작한다. 모든 범죄 분석가가 동일한 주관적 결론을 내리는 것은 아니다. 두 번째인 워크업 단계에서는 데이터 분석 회사인 팔란티어Palantir가 개발한 소프트웨어 프로그램을 사용한다. 이 소프트웨어는 워크업 단계에 포함된 개인의 전과 기록과 연루 기록, 사회관계망 서비스와 같은 여러 출처에서 개인에 대한 데이터를 확보한 후, 데이터를 가지고 그 개인의 '상습범 점수'를 생성한다. 브라인 교수의 주장에 따르면, 데이터 분석 알고리즘이 범죄 행위가 많이 발생할 것으로 예상되는 저소득 지역과 같은 특정 지역으로 경찰관들을 안내할 때 알고리즘은 더 많은 데이터 포인트를 수집하게 된다고 한다. 이렇게 편향이 개입된 모델은 미래에도 다시금 경찰관들을 저소득 지역으로 향하게 만든다.

이 부분에서부터 데이터에 기반한 추론 과정의 악순환이 시작된다. 경찰이 저소득 지역으로 자주 가니 데이터 포인트도 더 많이 나오고, 데이터 포인트가 많아지니 경찰은 저소득 지역 주민을 더 많이 만나게 되고, 더 많이 접촉하니 경찰 기록도 더 많아지고, 경찰 기록이 많아지니 상습범 점수도 더 많이 쌓이게 된다.

예산 부족도 경찰에게는 비용 절감을 강구하게 만들었고 LAPD는 레이저 프로그램을 LA 전역이 아니라 선별적으로 적용했다. LAPD는 비용을 아낀다며 범죄율이 가장 낮은 부유층 지역에는 레이저 프로그램을 사용하지 않았다. 다시 말해 부유층 지역의 주민들은 경찰과 접촉할 일이 거의 없으니 LAPD의 요주의 인물 목록에 오를 일도 거의 없었으며 저소득 지역의 주민들보다 상습범 점수도 낮을 수밖에 없었다. 악순환의 네버엔딩이었다.

브라인 교수의 연구 결과는 인간의 편향이 크게 개입된 주관적 데이터 분석이 미치는 영향을 확연하게 보여준다. 그러나 데이터 분석은 과정도 복잡하고 여러 단계를 거치기에 편향이 개입되어도 간파하기가 힘들 수 있다. 브라인 교수가 그랬던 것처럼 디지털 마인드셋을 개발한다는 것은 분석의 한 부분을 담당하는 사람의 편향과 그 영향이 우리를 어떻게 잘못된 결론으로 이끄는지 세심하게 파악할 줄 아는 인내심을 기른다는 의미다.

기계학습 분석이 인간의 편향을 영구화하기도 한다. LAPD가 이용하는 또 하나의 범죄 예측 데이터 분석 프로그램으로 프레드폴Predpol이 있는데, 이 프로그램은 페이스북이나 아마존이 광고에 사용하는 것과 아주 흡사한 기계학습 알고리즘에 의존한다. 프레드폴의 수학 모델이 고려하는 3개의 변수는 범행 장소, 범행 시간, 범행 유형이다. 모델이 150제곱미터 내의 지역에서 이론상 특정일에 특정 유형의 범행이 발생할 가능성이 큰 우범 지역을 계산하면 경찰은 그 지역의 순찰을 강화한다.

데이터 수집과 분석에 편향이 개입되면 예측에도 크게 영향을 미친다. 프레드폴과 같은 범죄 예측 기술이 인종 편견적인 치안 패턴과 관행을 어떻게 강화하는지를 보면 알 수 있다. 이런 편향을 검증하기 위해 정치학자인 윌리엄 아이작William Isaac과 통계학자인 크리스티안 럼Kristian Lum은 대중에 공개된 프레드폴 알고리즘의 2010년 캘리포니아주 오클랜드시의 범죄 데이터를 이용해 2011년의 범죄 발생 지역을 예측해보았다.[15] 그런 다음 두 사람은 예측 지도를 오클랜드시의 실제 범죄 발생 지도에 비교했다. 데이터에 편향이 개입되지 않았다면 두 지도는 겹치는 부분이 많을 것이다. 하지만 프레드폴을 이용한 테스트가 경찰에게 강조한 지역은 웨스트 오클랜드와 같은 흑인 밀집지였고, 실제 마약 범죄가 발생했던 장소는 전혀 겨냥하지 못했다.

두 학자는 프레드폴의 지도를 오클랜드 경찰이 실제로 마약 범죄자를 체포한 장소를 나타낸 지도와 비교했다. 두 지도는 크게 겹쳤다. 실제 범행 장소와 상관없이, 흑인 최다 밀집 지역에서의 마약 범죄자 체포 건수가 오클랜드의 다른 동네들에서의 체포 건수보다 약 200배가 넘었다. 즉, 오클랜드시의 경찰은 실제 마약 범행이 발생하는 장소를 예의 주시한 것이 아니라 프레드폴 지도가 가리키는 지역을 주시하면서 흑인 밀집 지역에 경찰력을 과도하게 투입했다는 뜻이었다. 럼이 한 인터뷰에서 말했다. "데이터에서 보이는 마약 범행 장소를 주시한다고 해도, 그곳이 실제로 마약 범행이 발생하는 장소인 것은 아닙니다. 마약 범행은 어디에나 있지만 경찰은 단지 그들이 주시하는 곳에서만 마약 범행을 발견할 뿐이죠."

데이터를 읽고 이용할 때 편향은 사회적으로도 정치적으로도 거대한 영향을 미칠 수 있다. 경찰이 프레드폴의 분석 모델과 실제 마약 범행 장소를 그린 지도의 차이를 검토한다면 순찰 패턴도 달라질까? 그럴지도 모른다. 하지만 데이터 생성에 작용하는 인간의 편향은 물론이고, 그런 편향이 깔린 채 생성된 데이터에 의존했을 때의 결과까지 이해할 수 있는 디지털 마인드셋이 필요하다.[16]

데이터 시각화를 청중의 니즈에 매칭하라

미국에서 인구 5만이 넘는 모든 도시들은 종합 지역발전 계획을 세우고 지방정부의 승인을 받는 도시계획 기구Metropolitan Planning Organization, MPO라는 조직을 갖춰야 한다. MPO가 세운 개발 계획은 법적 구속력은 없지만 지방정부가 교통과 토지 개발 계획을 수립할 때 가이드라인 역할을 한다.

우리는 2년 동안 미국 여러 도시의 MPO를 살폈다. 편의상 두 종류로 나누어 하나는 해안도시 MPOOceanside MPO라고 통칭하고 다른 하나는 내륙도시 MPOMountainside MPO라고 부르자. 두 MPO가 새롭게 착수한 데이터 집약적 프로세스는 시뮬레이션 모델을 사용해서 도시개발 계획을 위한 예측 모형을 만들었다. 두 MPO 모두 알고리즘 기반 시뮬레이션 기술인 어반심Urbansim을 채택했다.

어반심은 폴 웨들Paul Waddell UC버클리 교수와 그의 동료들이 개발했다. 정책의 영향을 최대한 투명한 분석 모델로 예측하고, 도시개발 계획을 세울 때마다 너무 복잡해서 어떤 논리로 세운 계획인지 정책 입안자에게도 대중에게도 설명이 불가능한 이른바 '블랙박스' 모델에 불거지는 우려를 종식하기 위해 개발되었다.[17] 두 MPO를 비교한 결과는 디지털 마인드셋을 가진 사람이라면 이해할 수 있는 또 다른 중요한 사실을 보여주는데, 데이터는 아무 말도 하지 않는다는 사실이다. 분석 결과를 제시하는 방법에 따라 사람들이 그 결과를 믿을지 말지, 결과를 기꺼이 신뢰해서 의사결정에 반영할지 하지 않을지가 달라진다.

해안도시 MPO 담당 공무원들은 지역사회 주민들과 의견을 나눌 때 어반심을 주로 이용했고 시뮬레이션 모델의 3D 영상도 제작했다. 클릭 몇 번만 하면 해당 지역의 건물들까지 구체적으로 다 나오는 자세한 개발계획도도 만들었다. 지역의 미래 모습이 계획도에 다 나왔다. 사람들에게는 그 시각화 영상이 가장 크게 작용했다. 공청회에 참석한 지역사회 주민들에게 영상을 틀어주면 "내가 아는 거리야"나 "저거 우리 동네야"라는 말이 곳곳에서 튀어나왔다. 한 주민은 시각화된 시뮬레이션 모델을 본 후 이렇게 말했다. "몰라보게 달라지겠죠! 지금 제가 저 자리에 있는 것만 같아요. 훨씬 살기 좋은 곳이 될 거예요." 어반심 기술의 화려한 시뮬레이션 영상에 주민들은 흠뻑 빠져들었다(그림 3-2). 그리고 영상을 보는 많은 사람들에게 이 모델은 어쩌면 가능할지도 모르는 미래가 (적절한 정책 변화가 이루어지고 모델의 기본 전제가 정확하다는 가정하에) 아니라, 진짜로 가능할 것만 같은 미래를 보여주었다. 여기에서 사람들이 반응한 것은 데이터가 제시한 숫자가 아니라 비주얼이었지만, 데이터의 사실성을 믿으려는 우리의 성향을 잘 보여준다는 것에는 변함이 없다. 데이터에 설득력이 있다고 '생각'되면 우리는 데이터가 진짜라고 믿는다.

그림 3-2

해안도시의 MPO: 어반심 모델이 만든 3D 영상의 한 장면

감각적인 데다가 상세하기까지 한 3D 영상은 보는 사람을 흠뻑 빠져들게 했고 눈앞에서 미래의 도시가 펼쳐지는 것만 같은 느낌마저 들게 했다. 주민들은 프로젝션의 영상 속 건물들이 걱정만큼 ("맨해튼 같은 모습은 질색이야") 빽빽하지 않으면 진정했지만, 고층 건물이 등장하면 부정적인 반응을 보였다. 도시계획 공무원들은 공청회가 열릴 때마다 주민들이 보이는 격한 반응에 대처하느라 쩔쩔맸다. 과밀화를 반대하는 행동가들이 말하는 '겹쳐 쌓아 올린 주택stack-and-pack housing'인 고층 건물들이 들어선 시뮬레이션 영상은 주민대표들에게서 강한 부정적 반응을 이끌어냈다. 여론 수렴 기간에는 과밀 학급과 교통 체증, 식수원 부족을 염려하는 주민들의 목소리가 의견 게시판을 가득 채웠다.

그림 3-3

내륙도시 MPO: 어반심 모델의 데이터로 만든 그래프

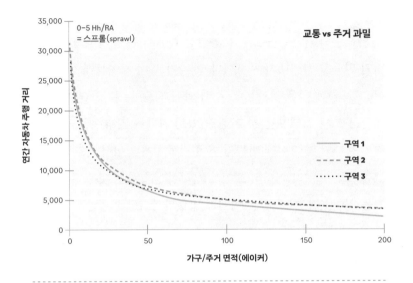

내륙도시의 MPO는 공청회용 3D 영상을 만들지 않았다. 주민 대표들은 **그림 3-3**의 그래프처럼 데이터로 도출한 차트와 그래프, 도표 등만 봤다. 한 교통 모델 담당자는 자신의 업무를 이렇게 설명했다. "내 일은 대부분 차트와 그래프를 만드는 거예요. 차트와 그래프를 싫어하지는 않지만 내 일의 90~95%는 많이 단조롭죠. 스프레드시트만 계속 보면서 내용을 관리하고 정리하는 게 전부거든요."

내륙도시의 개발계획과 공무원들은 '사람을 다루는 요령'이 부족한 것은 아니었지만 그들이 만든 차트와 그래프에는 3D 영상의 화려함이나 감정적 호소나 논리적 연결성 같은 것은 없었다. 작은 지역사회 집단의 주민대표는 "계획과 공무원들이 최선을 다

하긴 했지만 솔직히 솔깃해지지는 않아요. 그 숫자들을 보기만 해도 하품이 날 정도라니까요"라고 평했을 정도였다. 계획과 공무원들도 그런 반응을 모르지 않았다. 내륙도시 개발계획과 공무원인 앨리슨의 말처럼 도표와 그래프는 다른 비주얼 영상처럼 직관적인 반응을 끌어내지는 못했다. 게다가 특정 사안들에 (예를 들어 그림 3-3에 나온 것과 같은 주택 과밀과 운전 거리의 관계처럼) 대한 차트와 그래프는 서로 관련 있는 문제들 상당수를 서로 독립된 문제인 양 보이게 만들었다. 주민들에게 있어서 차트와 그래프를 보면서 여러 데이터 포인트를 직접 통합하는 것은 무척이나 힘든 일이었다. 한 주민은 이렇게 말했다. "그렇게나 많은 그래프를 볼 때면 그것들을 어떻게 이해해야 하는지 하나도 모르겠어요. 그러니 도시가 어떻게 달라질지 전혀 상상이 가지 않아요." 해안도시 MPO 접근법과 다르게 주민들은 어반심 모델이 보여주는 지역사회의 미래가 상상이 가지 않았다.

이런 설명만 들으면 해안도시가 알고리즘 모델을 3D 영상으로 제시한 것이 내륙도시보다는 주민대표들에게서 더 높은 참여를 이끌었으므로 더 성공적이지 않았냐는 결론을 내릴 수도 있다. 그러나 우리가 찾아낸 결과는 반대였다. 해안도시 주민대표들은 참여도가 높기는 했지만 이는 계획과 공무원들에게는 전혀 도움이 되지 않았다. 3D 영상 모델의 높은 디테일과 몰입감은 특정 사안에만 주민들의 관심을 끌어냈을 뿐 진짜로 여론과 숙론이 필요한 큰 그림에서는 그렇지 못했다. 반대로 내륙도시의 모델은 몰입도와 디테일이 떨어지는 탓에 주민대표들은 세세한 사안에 대해서는 찬반 의견을 내기가 힘들었다. 그래서 그들은 더 추상적인 차원의 토론으로 옮겨가 계획 전반과 목표가 무엇인지 생각하는 데 집중했다.

심리학의 '해석수준이론construal level' 연구는 이런 모순이 생기고 지속되는 이유를 설명한다.[18] 사람들은 어떤 사물이나 사건, 인물에 심리적 거리가 멀다고 느낄 때, 그 대상을 더 고차원적이고 더 추상적인 수준에서 이해하려 한다. 이런 모순은 가설을 이해할 때도 발생할 수 있다. 서던캘리포니아대학교의 셰릴 왁슬랙 Cheryl Wakslak 교수와 그녀의 동료들은 피험자들에게 캠핑 여행을 상상하게 했다. 피험자들은 캠핑 여행이 불확실할 때보다 갈 것이 거의 확실하다고 믿을 때 여행 준비물을 훨씬 구체적으로 떠올렸다.[19] 해안도시의 주민들은 도시개발 모델과의 심리적 거리가 내륙도시의 주민들보다 가까웠다. 실제로 그들은 눈앞에서 보이는 것만 같은 미래를 경험했고 계획이 진짜로 실현될 것이라고 믿었다. 그래서 더 고차원적이고 큰 그림을 그려야 하는 공청회에서 세부 사항에 집중하느라 방향을 잃었다. 이들과 대조적으로 내륙도시 주민들은 인구 과밀과 같은 중요한 문제를 자유롭게 상상할 수 있었다. 내륙도시의 주민들은 눈에 보이는 하나의 미래에 일희일비하지 않았다. 그러면서 그들은 가설로 세운 계획에 심리적으로 멀찍이 거리를 두었기에 자신들의 예상도 실현 가능성이 불확실하다고 믿으면서 더 추상적인 토론에 집중할 수 있었다.

위의 사례에서도 알 수 있듯이, 더 자세하고 세부적인 데이터를 제시하는 게 항상 더 좋은 것만은 아니다. 그리고 이것은 디지털 마인드셋 개발의 열쇠이기도 하다. 자세한 데이터는 오히려 토론을 삼천포로 빠지게 하고 중요한 분석에 집중하지 못하게 만들 수 있다.[20] 해안도시의 도시개발 공무원들이 그랬던 것처럼 직관적인 데이터를 방대하게 수집하고 제시하는 것이 기술적으로 점점 쉬워지는 상황에서는 특히나 더더욱 명심해야 할 사항이다.

더 구체적인 연구도 있다. 뉴욕대학교의 바티아 비젠펠트Batia Wiesenfeld 경영학과 교수와 그녀의 동료들은 추상적인 데이터를 먼저 제시하고 구체적인 데이터를 제시하는 게 더 쉬울 것이라고 추측했다.[21] 처음에 3D 입체 영상이 많지 않은 데이터 모델을 제시할 때는 사람들의 참여를 독려할 방법을 찾아낸 후에 사람들이 추상적으로 사고하게 되면, 3D 영상 같은 데이터를 제시하며 구체적인 반응과 토론을 이끌어내는 것이다.

지금 우리는 디지털 마인드셋 개발에서 중요한 단계인 데이터에 대해 생각하는 단계를 밟았다. 너무 기초적인 내용이라 중요하지 않은 주제라고 생각했을지도 모른다. 데이터란 컴퓨터 파일에 저장하는 숫자와 기본 자료에 불과하다고 생각하는가? 전혀 아니다. 데이터는 인공적인 산물이다. 우리가 생성하는 산물이다. 이렇게 발상의 전환을 한 순간 데이터의 힘과 함정이 훨씬 극명하게 보인다. 데이터를 비판적인 시각에서 바라볼 수 있게 되고, 데이터는 숫자일 뿐이니 틀릴 리 없다는 생각도 버리게 된다.

이제는 다음 단계로 넘어갈 차례다. 데이터 뒤에 숨은 수학인 통계학에 대해 알아보자.

데이터와 분석

데이터와 데이터 사용은 우리의 생활 곳곳에 스며들었다. 디지털 마인드셋을 기를 때에는 데이터 분석의 기본 원칙을 이해하는 것이 핵심이다.

- 데이터는 생성되는 것이며, 우리가 포착한 것과 범주화하기로 합의한 것의 산물이다.
- 데이터 오류는 의도치 않은 결과를 불러올 수 있다. 가장 작은 오류도 낭패를 불러올 수 있다.
- 데이터 분류는 사회적으로 인정된 결정을 따른다. 데이터 분류가 서로 일치하지 않으면 틀린 명칭을 붙이거나 잘못된 결정을 내릴 수 있으므로, 데이터 셋을 분류하는 방법은 신중하게 고민해야 한다.
- 넷플릭스의 특잇값 분해처럼, 복잡한 알고리즘에 따라 데이터를 분류하고 행동을 예측하는 것은 고객 행동에 큰 영향을 주지만 완전히 정확한 예측은 어렵다는 단점이 있다. 그렇기에 데이터 과학자들은 예측 정확도를 높이는 데 집중한다.
- 데이터를 비판적으로 분석하는 디지털 마인드셋을 기른다는 것은 인간은 물론이고 데이터를 통해 학습하는 기계에도 편향이 존재해서 사실과 정확성 여부에 대한 우리의 판단을 크게 왜곡할 수 있음을 인정한다는 뜻이다. 데이터는 인종 편견이나 기타 편견을 보완하기는커녕 더 키울 수 있다.
- 데이터 자체는 아무 의미가 없다. 데이터가 명확하고 유의미

해지려면 발견한 데이터에 스토리를 입혀야 한다.

- 기술 발전으로 정교한 데이터 공유 방식 선택이 가능해졌다. 따라서 특정 상황에서 데이터를 어떤 형태로 얼마나 많이 또는 얼마나 적게 제시할 것인지를 고민해야 한다. 데이터 제시 방법에 따라 사람들이 보이는 감정적 반응도 달라진다. 그러므로 청중에 맞게 데이터 제시 방법을 선택해야 한다.

디지털 마인드셋의 다양한 면면을 고루 개발할 때 데이터의 태생적 특징인 주관성을 어떻게 다뤄야 할지 알게 될 것이다. 또한 데이터라면 무작정 객관적인 사실이라고 믿는 함정도 피할 수 있을 것이다.

4장

디지털
시대의
생각법

통계학은 늘 도움이 된다

THE
DIGITAL
MINDSET

당신 앞에 놓인 데이터에 눈부신 성공의 열쇠가 숨어 있다고 상상해보자. 성공의 빗장을 풀기를 원한다면 데이터에 대해 적절한 질문을 던질 수 있어야 하고 데이터가 주는 답을 이해할 수 있어야 한다.

디지털 마인드셋을 습득하면 데이터를 이용해 목표를 진척시킬 수 있고, 당신에게 도움이 되는 데이터의 기본 패턴에 대한 직관적 이해력을 기를 수 있다. 데이터 '확보'는 이제는 고려 사항이 아니다. 과거 세대가 상상하기 힘들 정도로 데이터는 충분하다 못해 넘쳐 흐른다. 당신이 해야 할 일은 데이터 '해석'과 결론 도출이다. 데이터를 증거 삼아 합리적 결정과 전략을 세워야 한다.

그리고 이런 일 대부분에는 통계학이 필요하다. 직접 통계 분석을 하지 않더라도, 팀에게 적절한 지시를 내려서 업무에 필요한 정보를 얻으려면 어떻게 통계 분석이 이루어지는지 정도는 알아야 한다. 이번 4장에서는 디지털 마인드셋을 기르면서 최소한으로 알아야 할 통계학 내용을 설명할 것이다.

역사적으로 통계학은 데이터를 구미에 맞게 조작하는 데 사용하는 수단으로서 혹평이 자자했다. 스코틀랜드의 소설가이며 민속학자인 앤드루 랭Andrew Lang이 했다고 알려진 격언은 통계적 추론의 위험성을 훌륭하게 설명한다. "통계학의 용도는 취객에게 가로등의 용도와 아주 비슷하다. 조명이 아니라 지지대로 쓰인다는 점에서 말이다."[1] 물론, 디지털 마인드셋을 기른다면 통계학을 제대로 이용할 수 있다. 숫자는 왜곡되거나 잘못 이해되어서 틀린 결론을 유도하기도 하고 근거 없는 주장을 뒷받침하기 위해 조작되기도 하지만, 바로 이런 이유에서 기본적인 통계학 지식이 중요하다. 지식을 알아야 왜곡과 실수를 간파할 수 있으니까. 통계학 전문가가 될 필요까지는 없지만, 수집한 데이터를 유용하게 사용하려면 통계 분석이 필요하다. 많은 사람이 통계학 공부는 어렵고 지루하다고 생각하지만 걱정하지 않아도 된다고 말하고 싶다. 통계학이란 그저 숫자와 정량 데이터를 분석하는 데 사용하는 수학일 뿐이다. 상황에 맞는 통계 방법이 무엇인지 이해한다면 관심을 가지고 지켜보던 현실에 대입할 수도 있을 것이다. 심지어 재미까지 느낄지도 모른다.

통계 분석이 수행되는 방법을 직접 배우든 아니든, 통계를 이해하는 디지털 마인드셋을 개발하는 데에는 한 가지 중요한 선행 조건이 있다. 바로 데이터 탐정처럼 생각해야 한다는 것이다. 유능한 탐정은 필요한 답을 얻기 위해 적절한 질문을 던질 줄 안다. 좋은 탐정은 눈앞에 보이는 것을 명민하게 관찰하고 작은 것도 소홀히 하지 않는다. 가설을 세우고 추론을 통해 결론을 내려야 할 때에는, 거기에 걸맞은 데이터 수집 유형이 무엇인지 알아내야 한다. 데이터부터 관찰해서 얻은 다음에 역으로 괜찮은 가설을 세워야 할 수도 있다.

통계학에서 필수적인 30% 지식을 얻어가려면 통계학의 두 형태부터 이해해야 한다. 바로 기술 통계학descriptive statistics과 추론 통계학inferential statistics이다.

기술 통계학: 이 데이터의 기본 패턴은 무엇인가?

스트리밍 플랫폼을 운영한다고 가정해보자. 고객이 스트리밍 서비스를 어떻게 이용하는지 파악하는 방법이 뭘까? 아마도 고객이 언제 그리고 얼마나 오래 로그인하는지와 같은 사용 취향에 대한 데이터 수집이 출발일 것이다. 이런 정보는 서비스 성과를 측정하는 수단이 된다. 음원 스트리밍과 미디어 서비스를 제공하는 스웨덴 회사인 스포티파이도 이런 식으로 서비스 성과를 측정한다. 그러나 스포티파이에게 고객의 서비스 이용 방식을 알려주는 것은 통계학이다. 매달 고객의 서비스 이용은 늘었는가, 줄었는가, 그리고 얼마나 증감했는가? 예년 동월과는 얼마나 차이가 나는가? 스포티파이는 통계학으로 데이터를 분석해서 2017년에 사용자들이 매달 평균 630곡의 음원을 들었다는 사실을 발견했다(2015년에는 매달 438곡이었다).[2] 2019년에 ARPU(사용자당 평균 수익)은 5.32달러였다(2018년의 5.51달러보다 낮았다).³ 이런 정보를 알아내기 위해 스포티파이는 '기술 통계학'을 사용해야 했다.

기술 통계학은 데이터 셋의 특징을 요약해서 설명하고, 자료의 특성을 정리하고 해석하고 기술한다.

로 데이터raw data(미가공 데이터)의 패턴을 읽을 수 있게 되면 기술 통계학이 이 데이터를 유의미하게 제시할 수 있다. 기술 통계학은 조직의 과거 성과를 측정할 때 많이 사용되므로 접해본 경험이 있을지도 모른다. 핵심 성과 지표key performance indicators, KPI는 영업에서 인적자원에 이르기까지 기업이 모든 영역의 성과 측정에 활용하는 대표적인 기술 통계학이다.

아마존은 기술 통계학을 사용해 고객의 인구통계 특성을 파악해서 고객의 평균 연령과 평균 소득을 결정한다. 이렇게 나온 결과로 아마존은 대표적인 사용자의 프로필을 계속 구축해 나가면서 그 프로필이 어떻게 달라지고 다른 집단과는 어떻게 대비되는지를 파악할 수 있다. 2019년 11월 보고서에 따르면, 아마존의 기술 통계학 데이터는 아마존 고객 연령층이 어려지는 추세이고 미국 평균 소비자보다 소득도 낮은 편이라는 사실을 보여주었다.⁴

스포티파이와 아마존은 고객들의 과거 행동 데이터에 대한 기술 통계학 분석으로 그들의 특징과 니즈를 이해할 수 있었다. 이렇게 분석한 통계 결과는 두 회사가 사업 결정을 내리고 프로젝트를 시작할 때 귀중한 정보가 되었다.

기술 통계학에서 까다로운 부분은 무엇이 중요한지를 아는 것이다. 만들고 분석해야 할 데이터도 많고, 겉보기에는 반드시 알아야 할 것 같은 데이터도 넘쳐나지만 다 중요한 것은 아니다. 통계 분석에서 무엇이 중요한지를 알기 위해 스포티파이 같은 기업들은 통계 요약에서 데이터 셋의 두 가지 중요한 성격에 초점을 맞춘다. 하나는 중심 경향치central tendency고 다른 하나는 산포도dispersion다.

중심경향치

중심경향치는 데이터 셋의 값들이 주로 어디를 중심으로 모여 있는지를 보여준다. 중심 경향치로서 가장 흔하게 사용되는 척도는 데이터의 평균으로, 모든 데이터 값을 더하고 그것을 데이터 수로 나눈 수치이다. 또 많이 사용되는 중심경향치는 모든 데이터의 정 가운데 위치한 값인 중앙값과, 전체 데이터에서 가장 흔하게 나타나는 값인 최빈값이다. 위의 예에서 스포티파이도 아마존도 통계 분석으로 중심경향치를 구했다. 아마존의 경우는 일정 기간에 이루어진 구매의 평균값과 중앙값을 구했고, 스포티파이는 스트리밍이 가장 많았던 장르를 구했다(최빈값).

산포도

산포도란 데이터가 흩어진 정도를 보여주는 통계치다. 산포도는 데이터의 범위(최댓값과 최솟값의 차이)를 재는 것이므로 측정이 비교적 간단하다. 이보다는 각 데이터의 값과 평균의 거리를 계산하는 분산과 데이터 값들이 평균으로부터 얼마나 흩어져 있는가를 계산하는 표준편차가 계산이 더 복잡하고 어려울 수 있다.

직장인들의 업무 몰입도를 파악해야 한다고 가정해보자. 2018년 갤럽 조사는 직장인들의 업무 참여 수준, 업무에 대한 열정 수준, 업무 헌신도 수준을 직접 질문해서 그들의 업무 몰입도를 파악했다.[5] 갤럽 조사에 따르면, 지난 20년 동안 업무에 몰입한 미국 근로자의 비율은 연간 최저 26%에서 최대 34%(2018년)였으며(산포도), 평균은 30%였다(중심경향치). 갤럽 조사는 산포도와 중심경향치라는 통계 수치로 직원들의 높은 업무 몰입도가 조직의 높은 사업 성과와 연관이 있음을 보여주었다.

디지털 마인드셋을 가지고 통계학을 바라보는 눈을 기를 때에는 기술 통계학이 데이터의 기본 패턴을 발견하는 방법일 뿐이라는 사실을 명심해야 한다. 무엇을 알고 싶은지에 따라서 똑같은 데이터로도 여러 질문의 답을 얻을 수 있다. 예를 들어 스포티파이는 가장 많이 다운로드된 노래와 계절 별로 가장 자주 다운로드되는 노래를 알아내기 위해 기술 통계학을 이용했다. 반면에 아마존은 기술 통계학 분석을 이용해 고객의 소득 범위를 파악하거나, 그런 소득 범위를 지리적 데이터와 비교해서 고객이 가장 많이 거주하는 지역을 알아냈다. 사용법은 무궁무진하다.

추론 통계학:
데이터에서 어떤 결론을 도출할 수 있는가?

기술 통계학이 수집된 데이터의 기본 패턴을 요약한다면, 추론 통계학은 전체 모집단이 아니라 상대적으로 적은 크기의 집단에서 수집한 데이터(표본)에서 얻은 결과를 바탕으로 모집단의 특성을 추론한다. 위에서 나온 갤럽의 직장인 업무 몰입도 조사는 미국 근로자 전체가 아니라 극히 일부에 해당하는 근로자의 몰입도를 조사하고, 그들의 응답 내용을 바탕으로 미국 직장인 전체의 몰입도를 추론한 것이다.

수집된 표본이 더 큰 모집단을 대변한다고 신뢰할 수 있으려면 데이터에 포함되는 사람들이 무작위로 선택되어야 한다. 다시 말해 모집단 전체에서 뽑아야 하며 선택 기준에 어떤 선입관이 개입되어서 안 된다. 예를 들어 애플 스토어에서의 고객들의 쇼핑 만족도를 알아내려 한다면 매장 방문객 500명을 표본으로 선택하면 된다. 그중 250명이 "만족한다"고 대답했고 250명이 "만족하지 않았다"고 대답했다면 애플 매장에 방문한 모든 고객(모집단)의 50%가 쇼핑에 만족했다고 추론할 수 있을 것이다.

추론 통계학은 당신이 전체를 이해하고 싶지만 전체 데이터를 수집하지 않아도 전체에 대한 통계적 결론을 내리고 예측하게 해주는 방법이라고 생각하면 된다. 한 예로, 자동차 보험 회사인 가이코Geico는 잠재 고객의 리스크 수준을 결정해야 했다. 회사 웹사이트에 들어갔을 때 리스크 계산기가 고객에게 처음으로 던지는 질문 중 하나는 기혼 여부였다.[6] 기혼인 운전자는 리스크가 더 낮다는 판단하에 보험료도 더 낮게 책정된다. 가이코가 이런 결론에 이른 이유는 무엇인가? 그들은 추론 통계학에 따라 이런 약정을 적용한 것이다. 가용 데이터에 따르면, 기혼자들은 미혼자보다 평균적으로 사고율이 더 낮다고 나오기 때문이다. 가이코는 이 표본 데이터가 모집단 전체의 교통사고 평균을 반영한다고 추론했다.[7]

고객의 구매 가능성을 예측해야 한다면 어떻게 해야 할까? 이때도 추론 통계학이 자주 사용된다. 스타트업인 엠브 랩스Embr Labs도 여기에 해당한다. 이 회사는 손목에 착용해 체온을 조절하는 혁신적인 웨어러블 기기를 생산한다.[8] 처음에 회사는 UC버클리에서 개인이 쾌적하다고 느끼는 온도와 실내 온도의 관계를 분석한 통계 수치를 근거로 제품 수요를 예측했다. 엠브 랩스는 UC버클리 연구의 표본 데이터에서 얻은 통계 수치에 의지해서 UC버클리의 연구가 보여주는 소비자 집단보다 더 넓은 소비자 집단에서 체온 조절 기기 수요가 높을 것 같다고 추론했다.[9]

우리는 언제 어디서나 추론을 한다. 비가 온다는 일기 예보가 뜨면 우리는 외출할 때 우산을 가져가야 할 것이라고 추론한다. 통계 수치를 통찰하는 디지털 마인드셋을 기른다는 것은 이런 자연스러운 사고방식을 미세하게 조정한다는 뜻이다. 표본으로 추론을 도출하는 접근법은 이론적으로는 신뢰구간confidence intervals과 가설검정hypothesis testing으로 나눠진다.

신뢰구간: 내 추론은 얼마나 신뢰할 수 있는가?

설문 조사에 응답한 직장인의 30%가 업무에 몰입한다는 결과가 나왔으니 전체 직장인의 30%가 일에 몰입한다고 말할 수 있을 것이다. 하지만, 그 얼마 안 되는 응답자들이 과연 모든 직장인을 대변한다고 얼마나 자신할 수 있는가?

그런 확신을 부여하기 위해 사용하는 것이 신뢰구간이다. 다시 말해 신뢰구간이란 통계적으로 도출한 추론이 얼마나 신뢰할 수 있는지를 판단하게 해준다. 신뢰구간은 시장 조사, 리스크 평가, 예산 예측 등 여러 용도로 사용된다. 선거철이면 흔히 보는 선거 결과 예측 설문 조사에서도 선거권자들 표본에서 추론을 도출하면서 항상 신뢰구간도 같이 표시해야 한다.

신뢰구간은 모평균(모집단의 평균)과 같은 통계 요약 수치의 범위가 얼마나 타당한지를 보여준다고도 생각할 수 있다. 추론이 모집단의 특성을 잘 드러낸다고 완전히 확신한다면 신뢰구간은 100%이다. 반대로 추론이 틀린 것 같다고 생각하면 신뢰구간은 0%가 된다. 50% 신뢰구간은 막연한 추측일 뿐이라는 뜻이다.

현실에서 0%, 50%, 100% 신뢰구간은 본 적이 없을 것이다. 가장 흔하게 쓰는 표현은 '95% 신뢰구간'인데, 95%라는 숫자는 예측의 정밀함과 신뢰성이 절묘하게 균형을 이루는 숫자이기 때문이다. 99% 신뢰구간이 신뢰성이 더 높게 보일 수는 있지만 그러면 가능한 결괏값의 범위가 훨씬 넓어지기 때문에 추론의 유용성은 크게 줄 수밖에 없다.

예를 들어 MBA 학생들의 평균 연령이 8~80세라는 결과를 내놓고 99% 신뢰구간이라고 말한다고 치자. 연령대가 이렇게 넓게 분산된 결과를 내놓는 게 무슨 도움이 될까? 반대로, 90% 신뢰구간에서 계산한 MBA 학생들의 평균 연령대가 27~30세라면 결괏값의 범위가 너무 좁으므로 정확성이 크게 떨어진다. 25세나 32세, 또는 35세인 학생들도 상당수일 것이기 때문이다. 신뢰구간의 범위를 좌우하는 것은 데이터의 분산이다. 데이터의 분산이 높을수록 (MBA 학생들의 연령을 8~80세로 계산했던 것처럼) 더 큰 모집단에 대한 추론이 제한되므로 그 신뢰구간에서는 가능한 결괏값의 범위도 넓어지게 된다. 데이터의 분산이 너무 낮을 때에도 유의미한 추론을 도출하기가 힘들다.

　회사가 여러 업종에 진출하는 다각화의 사업 가치를 분석한 맥킨지 연구를 예로 들 수 있다. 4500여 기업 표본을 선정해 연구한 결과에 따르면, 선진 시장에서보다는 신흥 시장에서의 사업 다각화 가치가 평균적으로 더 높게 나왔다. 그런데 여기서 두 평균값의 신뢰구간에 주목해야 한다. 선진 시장에서의 다각화 시 평균 0.2%의 사업 가치 하락은 상대적으로 좁은 95% 신뢰구간이었지만, 신흥 시장에서의 다각화 시 사업 가치가 평균 3.6% 올라간 것은 비교적 넓은 95%의 신뢰구간이었다. 다시 말해, 선진 시장에서 사업을 다각화하면 사업 가치가 0.2% 하락한다는 통계 결과가 전 세계 모든 기업에 적용된다는 추론은 신뢰도가 '더 높고', 반대로 신흥 시장에서의 다각화는 사업 가치를 크게 높인다는 (3.6%) 통계적 추론은 신뢰도가 '더 낮은' 편이다.[10]

　자연스럽게 발휘되는 통계적 인사이트를 길러서 디지털 마인드셋에 적용하려면 기본적인 통계 용어 정도는 알고 있어야 한다. 그래야만 퍼센트포인트나 특정 숫자를 암기하는 수준을 넘어 숫자들 사이의 여러 관계를 이해할 수 있다. 통계 용어의 기본 개념을 파악하게 된다면 표본에서 도출한 통계적 추론에 대해서도 신뢰구간이 너무 넓거나 좁지는 않은지 따지면서 비판적인 시각으로 바라볼 수 있을 것이다.

가설검정: 통계적 증거는 어떻게 비교해야 할까?

　숫자 이면의 정보를 파악하는 디지털 마인드셋으로는 두 가지 이상의 통계 증거를 비교하면서 올바른 질문을 던질 수 있다.

고객은 당신의 제품을 겨울과 여름 중 언제 더 많이 구매할 것인가? 남녀의 수가 같은 팀이 일을 더 잘할까, 아니면 성비가 다른 팀이 일을 더 잘할까? 통계로 이런 질문에 답을 얻으려면 가설검정이라는 과정을 거쳐야 한다. 가설검정의 기본 형태는 하나의 데이터 셋이나 복수의 데이터 셋에서 나온 두 개의 요약 통계(또는 모수parameter)를 비교하는 것이다. 가설검정은 우선 새로울 게 없는 가장 보수적인 상태를 가정하는 귀무가설부터 내세운다. 그런 다음에 대립가설을 제기한다. 대립가설을 지지하는 통계적 증거가 충분히 나오면 귀무가설은 기각되고 대립가설이 채택된다. 하지만 통계치가 충분하지 않을 때는 귀무가설이 유지된다.

예를 들어, 하버드 MBA 재학생들의 평균 연령을 구하기 위해 학생 30명을 표본으로 해서 가설검정을 한다고 치자. 표본 집단의 평균 연령이 26세로 나왔는데, 우연히 보게 된 온라인 기사에서는 최상위 MBA 재학생들의 평균 연령이 28세라고 한다. 그렇다면 하버드 MBA 재학생 전체의 평균 연령이 실제로도 최상위권 MBA 전체 재학생들의 평균 연령과 차이가 난다는 뜻인가? 반드시 그렇지는 않을 것이다. 위의 표본은 단지 하버드 MBA 재학생들의 극히 일부에 불과하다는 것을 기억하자. 하버드 MBA 전체 재학생의 평균 연령은 어쩌면 26세가 아닐 수도 있다.

온라인 기사에서 말하는 것처럼 하버드 MBA 전체 재학생의 평균 연령도 28세에 근접할 가능성이 농후하다. 이 평균 연령은 훨씬 큰 표본 데이터(하버드 MBA 재학생 30명이 아니라 여러 대학 MBA의 재학생들)에서 계산한 수치이므로, 일단은 28세를 기본 가정으로 세워야 한다. 가설검정을 통해 하버드 MBA 재학생 평균 연령이 28세인지 아니면 앞의 표본집단의 결과처럼 28세가 아닌지를 확인할 수 있다.

첫째로, "하버드 MBA 재학생의 평균 연령은 28세이다"를 귀무가설로 세운다. 그런 다음 대립가설로 "하버드 MBA 재학생의 평균 연령은 28세가 '아니다'"를 세운다. 이제 '가설검정이 맞을 것이라는 전제하에' 표본 데이터 셋의 평균 연령이 26세가 나올 확률을 계산하라. 다시 말해서 하버드 MBA 재학생 전체의 평균 연령이 실제로 28세라면 당신의 표본 집단(하버드 MBA 재학생 30명)에서 평균 연령이 26세로 나올 확률이 얼마인지를 계산해야 한다. 26세로 나올 확률이 지극히 낮으면 귀무가설을 기각하고 대립가설을 채택할 수 있다. 하지만 모집단(전체 재학생)의 평균 연령이 실제로 28세이기는 하지만 표본 집단에 속한 30명 재학생들의 평균 연령이 26세로 나올 확률이 의미 있을 정도로 높게 나온다면 귀무가설을 채택할 수 있다. 그러므로 더 큰 표본 집단을 모은다면 하버드 MBA 재학생들의 평균 연령 통계는 28세가 될 수도 있다는 결론을 내려도 좋을 것이다. 다시 말하지만 가설검정은 대단히 구체적인 통계 분석 방식이다. 가설검정이 숫자를 꿰뚫어 보는 통찰력을 어떻게 길러주는지를 이해한다면 디지털 마인드셋을 개발하는 일도 한 걸음 더 나아가게 된다.

가설검정을 사용하는 전형적인 방법은 실험군을 두 집단으로 나누어 더 좋은 게 무엇인지를 밝히는 A/B 테스트로, 앱이나 웹사이트와 같은 디지털 상품의 마케팅과 개발에 많이 사용된다.[11]

자세한 내용은 6장에서 다루겠다. A/B 테스트는 특정 제품을 A버전과 B버전으로 나누어서 사용자가 어떤 버전에 더 좋은 반응을 보이는지를 비교한다. 표준적인 A/B 테스트에서 귀무가설은 A안과 B안의 사용자 이용률이 같을 것이라고 가정한다. 대립가설은 B안(실험 중인 안)이 A안(현재 안)보다 사용자를 더 많이 모을 것이라고 가정한다. 다음 단계로, 귀무가설이 참이라는 전제하에 B안의 사용자 이용률이 더 높을 확률을 계산한다. 아래 두 가지 사례는 A/B 테스트가 제품 개발과 마케팅 캠페인을 얼마나 성공적으로 이끌 수 있는지를 잘 보여준다.

EA로 불리는 일렉트로닉 아츠Electronic Arts는 세계 최대 비디오게임 회사 중 하나이다. EA의 심시티 게임에 접속한 플레이어들은 맨땅에 도시를 건설한다. 2013년에 EA는 새로운 게임 심시티5 배포를 앞두고 효과적인 마케팅 캠페인 방법을 알아내기 위해 A/B 테스트를 이용했다. 회사는 두 가지 방식으로 사전 판매를 진행했다. A안은 심시티 5의 구매자 모두에게 앞으로 출시될 EA의 다른 게임을 20달러 싸게 살 수 있는 할인 쿠폰을 제공했다. B안은 다른 게임에 대한 할인 쿠폰이 없이 오로지 심시티5만 사전 판매했다. 그런데 놀랍게도 아무 할인 쿠폰도 '없는' B안이 A안보다 판매량이 40%나 높았다. A/B 테스트 결과, 대립가설과 정반대로 심시티 고객들은 다른 게임 옵션에는 아무런 흥미가 없다는 사실이 드러났다. EA의 기대와는 다르게 대다수 고객들은 오로지 심시티만을 위해 웹사이트에 접속하고 있었다.[12] 귀무가설이 기각된 것이다. 테스트 책임자들은 A/B 테스트 결과에 대한 고객 반응을 비교하면서 디지털 마인드셋을 기르게 되었다.

마케터들 역시 A/B 테스트 결과에 기반해 판매 전략을 세우면서 디지털 마인드셋을 기를 수 있었다.

마케팅, 세일즈, 고객서비스 소프트웨어 전문 개발사인 허브스팟HubSpot에도 주목할 만한 사례가 있다. 허브스팟은 자사 웹페이지 상단에 띄울 검색창 디자인을 결정하기 위해 A/B 테스트를 진행했다. A안에는 검색창에 '주제별 검색'이라는 문구를 집어넣고 허브스팟 사이트 전체에서 가져온 결과를 제공했다. B안의 검색창에도 같은 문구가 있었지만 자사 사이트 전체가 아니라 블로그에서 가져온 내용만 검색 결과로 제공했다. C안의 검색창은 '블로그 검색하기'라는 문구를 넣고 블로그에서 가져온 검색 결과만 제공했다. 테스트 결과 사용자 이용량이 제일 높은 것은 C안이었다.[13]

심시티와 허브스팟의 예에서도 볼 수 있듯이 수집과 분석이 완료된 데이터는 선택지 안에서 최상의 선택을 내리도록 도와준다. EA는 심시티 신작을 발표하면서 고객에게 자사의 다른 게임 할인 쿠폰을 제시해봤자 판매에는 도움이 되지 않는다는 결론을 내렸다. 허브스팟은 검색창에 '블로그 검색하기'라는 텍스트를 기본으로 넣을 때 다른 2개의 안보다 사용자 이용량이 더 높다는 결론을 내릴 수 있었다. 다만 이러한 결론을 검토하며 귀무가설 또는 대립가설을 기각하거나 선택할 때, 데이터 결과의 수치 차이가 얼마나 나야 하는지 그 허용 범위를 알고 싶을 것이다. 이때 알아야 하는 것이 유의확률이라고도 불리는 'p-값'이다. p-값은 귀무가설을 참으로 가정했을 때 표본 데이터의 통계치가 관측될 확률을 의미한다. p-값이 작을수록 대립가설을 강하게 밑받침하는 증거가 된다. 반면에 p-값이 높으므로 귀무가설을 유지하고 대립 가설을 채택하지 않는다고 말할 때는 '유의수준'을 기준으로 삼 는다. 유의수준이란 귀무가설을 기각하는 것이 오류가 되는 사태 를 방지하기 위해 연구자가 임의로 정하는 p-값의 최대 허용치이 다. 일반적으로 많이 사용되는 유의수준은 0.05로, p-값이 0.05보 다 낮으면 귀무가설을 기각하고 대립가설을 선택하고 p-값이 0.05보다 높으면 대립가설을 기각하고 귀무가설을 유지한다.

틀릴 가능성

래리 고닉Larry Gonick과 울코트 스미스Woolcott Smith는 통계 추론이 틀릴 가능성을 아주 매력적으로 설명한다. 데 이터 표본이 전체 모집단의 특성치를 대신한다고 '100% 확신'할 수는 없다. 틀릴 수도 있다는 사실을 인정해야 한다. 고닉과 스미 스는 화재탐지기에 빗대서, 가설검정과 유의수준을 검증할 때는 두 종류의 오류를 예상할 수 있다고 설명한다. 첫 번째 오류는 불 이 나지 않았는데도 경보가 울리는 1종 오류이다. 다른 말로는 거 짓 양성이라고도 한다. 두 번째는 화재가 나도 경보가 울리지 않는 2종 오류이다. 거짓 음성이라고 부르기도 한다.

요리사라면 1종 오류를 어떻게 피해야 하는지 잘 안다. 화재탐 지기의 배터리만 제거하면 되는 것이다. 하지만 안타깝게도 이 런 행동을 하는 순간 2종 오류를 저지를 가능성이 올라간다! 마찬가지로 2종 오류를 줄이기 위해 탐지기 센서가 지나치게

민감하게 반응하도록 설정한다면 가짜 경보만 수도 없이 울릴 것이다.[14]

1종 오류: 화재가 발생하지 않았는데 경보가 울림

1종 오류는 귀무가설이 참인데도 귀무가설을 기각하게 되는 것을 의미한다. EA의 사전 판매 웹페이지 사례를 가지고 1종 오류를 저질렀을 때의 결과를 생각해보자. 사전 판매와 함께 20달러 할인 쿠폰을 주기로 하는 A안이 실제로는 참이었는데도 기각했다면 어떤 결과가 빚어졌을까? 그러면 EA는 가용(그리고 잘못된 선택을 하게 만드는) 데이터를 기반으로 더 결과가 좋을 것 같은 B안을 선택했으니 잠재적 매출도 크게 줄었을 것이다. 1종 오류를 조금이나마 방지하기를 원한다면 유의수준을 낮추어서(이를테면 0.01까지) 귀무가설을 기각하는 것을 훨씬 어렵게 만들면 된다. 하지만 너무 조심스럽게 굴다가 자칫 2종 오류를 저지를 가능성이 올라간다.

2종 오류: 화재가 발생했지만 경보가 울리지 않음

2종 오류는 대립가설이 참인데도 귀무가설을 기각하지 않는 오류이다. 허브스팟이 웹페이지 검색창에 대한 A/B 테스트를 진행하면서 원래 디자인과 기능성이 가장 효과적이라는 잘못된 결론을 내리게 되었다고 상상해보자. 그렇게 되면 허브스팟은 사용자 이용량이 더 높은 새로운 검색창 디자인을 채택하지 않을 것이다. 이러한 오류를 최대한 줄이려면 유의수준을 높여서(예를 들어 0.10까지) 귀무가설을 기각하기 쉽게 만들면 된다. 하지만 유연한

표 4-1

4개의 가설을 세웠을 때의 결과

	H$_0$ 유지	H0를 기각하고 H$_A$ 채택
H$_0$가 **참**	옳은 결정	1종 오류
H$_A$가 **참**	2종 오류	옳은 결정

H$_0$: 귀무가설
H$_A$: 대립가설

접근법을 취한다고 좋은 것만은 아니다. 1종 오류를 저지르기 쉬워지고 사실상 무의미하고 오도하는 데이터에 치중하게 되기 때문이다. 표 4-1은 두 오류에 따른 결과를 한눈에 보여준다.

추론이든 숫자 계산이든 두 오류가 발생하기 쉽다는 것, 두 오류의 발생 가능성을 염두에 두고 결정을 내려야 한다는 것은 "거짓말, 새빨간 거짓말, 그리고 통계"*라는 말에 신빙성을 더해준다. 디지털 마인드셋을 기른다면 숫자는 거짓말을 하지 않지만 숫자를 해석하는 인간은 얼마든 실수할 수 있다는 사실을 인정할 수 있다. 어쩌면 진짜 오류는 100% 정확한 통계 분석을 기대하는 것일지도 모른다. 무언가 결정을 내릴 때는 유의수준을 얼마로 정하느냐에 따라 두 종류의 오류가 발생할 가능성도 달라진다는 사실을 이해하고 있어야 한다. 유의수준을 높이면 1종 오류를 저지를 가능성이 올라가고, 유의수준을 내리면 2종 오류가 발생하기 쉽다.

---

* 마크 트웨인이 자서전에서 벤저민 디즈레일리Benjamin Disraeli가 했다는 말을 인용해서 쓴 표현으로, 전체 문장은 "세상에는 세 가지 거짓말이 있다. 거짓말, 새빨간 거짓말, 그리고 통계다"이다.

회귀분석으로 결과 예측하기

통계를 이해하는 디지털 마인드셋을 갖추려면 통계 모델을 세워서 결과를 예측하는 이른바 예측 모델링 전반를 이해해야 한다. 가장 많이 사용되는 예측 모델은 '선형회귀 linear regression' 모델이다.[15]

직접 분석하지는 않더라도 선형회귀분석이 어떻게 기능하고 언제 중요하게 쓰이는지는 알고 있어야 한다. 여기서 기억해야 할 것은 회귀분석이 두 개 이상의 변수, 즉 요인들 사이의 관계를 보여준다는 사실이다. 회귀분석은 잠재적 결과와 기회, 리스크를 예측할 때 아주 요긴하게 사용되는 분석 기법이다. 또한 제품 개발에서 채용에 이르기까지 회사 운영의 효율성을 올리려 할 때도 회귀분석이 많이 사용된다.

맥킨지는 "대기업 경영진에서 여성 비율이 늘어나고 더 다양한 인종·민족으로 구성되는" 인구통계학적 다양성을 이루는 것이 조직의 재무적 성과에 영향을 주는지를 조사했다.[16] 맥킨지는 수백 개 기업과 수천 명의 경영자들로부터 얻은 재무 자료와 인구통계학적 다양성을 토대로 분석 모델을 만들었다. 조직의 재무 성과를 Y축으로(종속변수) 삼고 경영진의 인구통계학적 다양성을 X축으로(독립변수) 삼은 후, X값이(경영진은 인구통계학적으로 얼마나 다양한가) 올라가면 Y값도(회사의 재무적 성과는 어느 정도인가) 올라갔는지 관찰했다.[17] 분석 모델에 따르면, 경영진의 다양성과 재무적 성과의 관계는 긍정적이었다. 다시 말해 경영진이 인구통계학적으로 다양한 조직일수록 재무적으로 더 좋은 성과를 냈다. 높은 곳에 찍힌 점들은 전체 추세에서 더 오른쪽에 위치했다. 다양성과 재무적 성과는 동반 상승했다.

선형회귀분석은 매출과 제품 수요를 예측하는 강력한 도구이기도 하다. 예를 들어, 판매 담당 매니저가 고객의 연봉대별 제품 수요를 보여주는 맵을 그릴 수 있다면, 소비자 개개인의 소득 수준에 따른 신제품의 수요도 예측할 수 있을 것이다. 특정 제품의 경우에는 소득이 일정 수준 이하인 고객은 구매가 힘들 것이다. 또한 제품 가격이 너무 높아도 고객 수요가 낮아질 것이다.

또는 특정 해의 아동복 티셔츠 가격을 이용해서 미래의 판매와 고객 수요를 예측하려 할 때도 선형회귀분석을 이용할 수 있다. 이런 수요공급 개념 및 가격과의 관계를 그린 그래프는 아주 직관적이어서 컴퓨터가 이용되기 오래전부터 존재했다. 하지만 디지털 마인드셋을 갖춘다면 컴퓨터의 연산력과 방대한 데이터셋에 접속해서 분석 모델을 세울 수 있기에 더 정확하고 더 세밀하게 미래를 예측할 수 있다.

회귀분석은 영업활동에서 인적자원 관리에 이르기까지 조직 운영 전반의 사업 프로세스를 개선하는 데에도 중요한 역할을 한다. 예를 들어 소프트웨어 개발 회사는 분석 모델을 이용해서 소프트웨어 개발팀의 인원과 제품의 효과적 성능 사이의 관계를 가늠할 수 있다. 이때는 이런 질문들이 포함될 수 있다. 최적의 인원 수는 몇 명인가? 소프트웨어 개발자가 너무 많지는 않은가? 몇 명이 모자라는가? 답을 얻으려면 한 축에는 팀원 수를 놓고 다른 축에는 제품의 효과적 성능 척도를 놓고 둘의 관계를 구하면 된다. 이 모델을 이용해서 성과를 최대화하는 팀 구축 방법을 알아낼 수 있다. 아니면 채용 담당 매니저가 회귀분석 모델로 후보자의 배경과 직무 자격 사이의 관계를 알아볼 수도 있다. 그러면 후보자 목록을 적절히 추려 면접을 보는 데 도움이 된다.

다만 이때는 X축과 Y축에 놓는 변수에 신중을 기해야 한다. 한 예로 가장 적합한 직원을 알아내기 위해 분석 모델의 X축에 이름이 S자로 시작하는 직원들을 전부 올린다면, 이건 후보자를 파악하는 유의미한 데이터를 최적화하는 데 아무 도움이 되지 못할 것이다. 설령 최적화된 데이터가 만들어질지라도 미래를 예측하는 쓸모 있는 정보를 주지는 못한다. 다시 말하지만 어떤 질문을 던져야 하고 무엇을 알아야 하는지가 중요하다. 디지털 마인드셋을 이용할 때도 마찬가지이다. 중요한 것은 숫자 연산이 아니라 숫자가 알려주는 스토리를 이해하는 것이다.

회귀분석에서의 p-값

위에서 인용한 맥킨지의 성·인종·민족 다양성 연구에 포함된 기업체는 366곳이었다. 맥킨지 분석에 따르면, 표본 데이터에 포함된 기업들의 다양성과 재무적 성과의 관계에는 통계적 유의성이 존재했다. 366개 기업 경영진들의 성 다양성이 10% 증가할 때마다 EBIT(이자 및 법인세 차감 전 순이익)는 1.6% 늘어나는 것으로 예측되었다. 혹시나 재무적 성과와 경영진의 성 다양성 사이에 아무 관계가 없다는 가설이 맞을지라도(귀무가설) p-값이 0.01이라는 것은 그런 결과가 나올 확률이 1%에 불과하다는 뜻이다.[*] 다

---

[*] 2014년 연구를 제외하고 맥킨지 다양성 연구의 p-값은 늘 0.05 아래였다.

시 말해, 100에 99의 확률로 다양성과 성과 향상이 상관관계가 높다는 결과가 나온다는 뜻이다. 똑같은 모델을 (경영진과는 대립 구도인) 이사회의 다양성에도 적용했더니 훨씬 강한 상관관계가 나왔다. 이사회의 성 다양성이 10% 올라갈 때마다 EBIT는 3.5%가 올라갔다.

그러나 이사회 성 다양성에서의 p-값은 0.11로, 이는 이사회의 성 다양성과 재무적 성과 사이에 상관관계가 없다는 결과가 나올 확률이 11%라는 뜻이다.

p-값이 낮을수록 통계적 결과의 신뢰성이 높아진다는 사실을 기억하자. 즉, 경영진의 성 다양성보다는 이사회의 성 다양성이 늘어날 때 재무적 성과도 훨씬 늘어날 것으로 예상되기는 하지만, 이 통계적 결과는 신뢰성이 훨씬 떨어진다.

상관관계 vs 인과관계

맥킨지는 다양성 연구 보고서를 발표하면서 한 가지 중요한 단서를 달았다. "이번 연구가 조명한 다양성과 재무적 성과의 관계는 인과관계가 아니라 상관관계이다."[18] 더 간단히 말하면 맥킨지 보고서의 분석 모델은 경영진의 다양성 수준이 일정 수준 올라갈 때마다 재무적 성과가 올라간다는 것을 보여주었을 뿐, 경영진의 다양성 증가가 재무적 성과 상승의 '원인'이라고는 말하지 않는다. 재무적 성과가 상승한 데에는 여러 다른 요소들도 함께 고려해야 한다. 통계학에서는 이러한 요소를 '교란 변수'라고 한다. 어쩌면 다양성 수준이 높은 기업들은 선진 시장에 속한 기업들이라 더 높은 EBIT를 창출하는 것이 가능했을지도 모른다.

기업은 두 변수의 관계를 분석하는 모델을 구축하면서 상관관계를 인과관계로 착각하는 실수를 저질러서는 안 된다. 다행히도 두 변수 사이에 인과관계가 있는지 매번 분석해야 할 필요는 없다. 대부분은 강한 상관관계를 밝혀내기만 해도 기업이 귀중한 인사이트를 얻어서 행동을 추진하기에 충분한 증거가 된다.

디지털 마인드셋으로 통계 데이터를 통합하라

이 정도면 통계학도 꽤 괜찮게 느껴지지 않는가? 이번 4장을 읽으면서 당신은 디지털 마인드셋을 통계학의 기본 개념을 이해하게 되었고 통계 분석에 필요한 기본 어휘를 익혔다. 연례보고서에도 의사결정을 요구하는 서류에도 신문 기사에도 수도 없이 통계 결과가 나온다. 사람들은 자기 주장을 뒷받침하거나 전략을 제시하면서 신빙성을 높이려 할 때 통계학적 증거를 들이민다. 통계치를 융합할 줄 아는 디지털 마인드셋을 기른다는 것은 통계 용어를 충분히 잘 알며 데이터로 도출한 결론을 이해하고 자신만의 결론을 만들 수 있다는 의미다. 탐정이 되어 통계 데이터를 증거 삼아 질문을 던진다면 필요한 단서들을 조합해서 제품 마케팅과 판매 예측 같은 수수께끼를 일부나마 풀 수 있을 것이다. 합리적이고 비판적인 추론은 숫자가 말하는 스토리의 신뢰성 여부를 구분할 때에도 중요한 역할을 한다. 그렇기에 상관관계를 인과관계로 착각하지 않게 되고, p-값을 유의해서 봐야 한다는 것도 유념하게 된다. 우리 주위에 흘러넘치는 많고 많은 데이터를 적절히 이해하고 사용하려면 통계 분석이 꼭 필요하다. 마지막으로 숫자는 거짓말을 하지 않지만 인간은 숫자를 입력할 때나 해석할 때나 툭하면 실수를 저지른다는 사실을 기억해야 한다. 당신의 디지털 마인드셋이 발전할수록 통계 분석이 당신의 성공에 무궁무진한 방법으로 도움이 된다는 것도 알게 될 것이다.

디지털 시대의 생각법

통계학은 데이터의 기본 패턴을 분석하는 도구다. 디지털 마인드셋을 기른다는 것은 호기심 많은 탐정이 되어 적절한 질문을 던지고 통계학이 알려주는 스토리를 파악한다는 뜻이다. 몇 가지 기본 개념과 용어를 이해하기만 해도 큰 도움이 된다.

'기술 통계학'은 데이터의 패턴을 식별해준다.

- 중심경향치는 데이터 셋의 값이 주로 어디에 몰리는지를 기술한다(평균, 중앙값, 최빈값).
- 산포도는 데이터가 얼마나 넓게 퍼져 있는지를 보여준다(범위, 분산, 표준편차).

'추론 통계학'은 표본 데이터를 수집해서 모집단의 특성을 추론한다.

- '신뢰구간'은 표본 데이터에 기반해 도출한 모집단에 대한 통계치가 얼마나 정확하고 신뢰할 수 있는지를 보여주는 범위이다.
- '가설검정'은 두 가설을 비교해 표본 데이터가 전체 모집단의 특성을 실제로 반영하고 있는지를 평가하는 것이다.
  - 귀무가설은 현 상태 그대로를 가정한다(표본 데이터 셋과 전체 모집단 사이에 아무런 차이가 없다).
  - 대립가설은 귀무가설에 반박하기 위해 세우는 가설이다(표본 데이터 셋과 전체 모집단 사이에 실제로 차이가 존재한다).

두 가설을 기각할지 채택할지를 결정할 때는 p-값을 기준으로 삼는다.

- p-값이 낮을수록 대립가설이 강하게 지지된다.
- 유의수준은 대립가설이 틀리고 귀무가설이 맞을 경우에 대비해 연구자가 임의로 설정할 수 있는 p-값의 최대 허용치이다.

'예측 통계학predictive statistics'은 결과를 예측하기 위한 통계 분석 모델이다.

'회귀분석 모델'은 두 개 이상의 변수를 X축과 Y축에 놓고 두 변수의 관계를 분석한다.

'상관관계'와 '인과관계'는 다르다는 것을 알아야 하지만, 사업적 분석에서는 강력한 상관관계만 존재해도 귀중한 인사이트를 도출해서 행동을 추진하기에 충분하다.

통계 전문가가 될 필요는 없다. 그러나 통계 분석은 데이터를 이해하게 해주는 강력한 필수 도구라는 사실을 명심해야 한다. 이해하지 못하는 데이터는 혼란만 더하는 무용지물의 쓰레기에 불과할 수 있다. 통계를 이해하는 순간 직관적인 통계적 추론이 가능해질 것이다.

3부

변화

5장

어떻게
지킬 것인가

보안은 성 쌓기와는 다르다

THE
DIGITAL
MINDSET

2012년 사우디아라비아 다란의 어느 따뜻한 봄날이었다. 공식 명칭은 사우디아라비아 국영 석유 회사, 사람들에게는 사우디 아람코Saudi Aramco로 잘 알려진 회사의 IT 팀 테크니션이 이메일을 열고 링크를 클릭했다. 아무 일도 일어나지 않았고 그는 하던 일을 계속했다. 몇 달 후 이슬람 종교 축일인 라마단 기간이 되었고 대부분의 사우디 아람코 직원들도 출근하지 않았다. 그런데 당직자들 몇 명이 회사 컴퓨터가 이상하다는 것을 발견했다. 파일이 사라지고 있었고 어떤 컴퓨터는 아무 이유도 없이 먹통이 되었다. 몇 시간 후, 사내 컴퓨터 중 3만 5000대가 부분 파손되었다. 피해를 수습하러 달려간 사우디 아람코 테크니션들은 컴퓨터 플러그를 뽑고 세계 각지 데이터센터에 있는 서버들의 전원도 차단했다. 바이러스 확산을 막기 위해 모든 지사의 모든 컴퓨터 전원 플러그가 뽑혔다. 매출액 세계 7위의 기업이 연결망을 중단하면서 재무적 손실액도 순식간에 눈덩이처럼 쌓이기 시작했다. 석유 생산은 멈추지 않았지만, 사우디 국내의 트럭들은 급유가 되는 주유소를 찾아 전전해야 했고 세계 석유의 10%를 대는 사우디 아람코의 공급 능력에도 위기가 찾아왔다. 회사는 몇 주나 아날로그 통신—타자기, 우편, 팩스—에 의존했고 급기야 사우디 내의 원활한 석유 수급을 위해 석유를 공짜로 뿌리기까지 했다. 사우디 아람코가 안전하다고 자신하는 새 시스템을 구축해 오픈하기까지는 무려 5개월이 걸렸다. 그 5개월 동안 사우디 아람코는 세계 각지로 직원들을 급파해 공장에서 막 생산된 컴퓨터 하드 드라이브를 닥치는 대로 사들였다. 다른 구매자들을 제치고 웃돈까지 지급하면서 새치기를 하는 통에 세계 하드 드라이브 공급이 일시적으로 막히면서 하드 드라이브 가격도 치솟았다.[1]

사우디 아람코에 위기를 불러온 것은 정례화된 보안 과정의 빈틈을 파고 들어가 컴퓨터를 파괴하는 '샤문Shamoon'이라는 컴퓨터 바이러스였다. 이 바이러스에 대해서는 뒤에서 더 자세히 설명할 것이다. 모든 보안 문제가 세계 석유 공급의 10%를 위험에 처하게 할 정도로 심각한 파괴력을 가진 것은 아니지만, 여러 기업들을 연구하고 조사하면서 우리는 디지털 마인드셋을 가진 사람은 디지털 시대의 보안 문제에 대한 심각성을 인지해야 함을 배웠다. "당신에게도 보안 문제가 발생할 수 있다." 더 이상의 교훈은 없다. 컴퓨터 바이러스가 시스템에 침투하고, 제3자가 회사 또는 고객 데이터를 탈취하고, 거래 기록이 조작되는 사태를 막기 위해 세울 수 있는 방안은 여러 가지가 있지만 보안에 실패하여 사태를 해결해야 하는 일은 언제라도 생길 수 있다. 디지털 마인드셋을 가진 사람은 그런 사실을 이해하고 불시에 발생할 보안 위기를 다룰 만반의 준비를 해야 한다. 디지털 보안과 관련해서 던져야 할 중요한 질문은 두 가지이다. "보안 문제는 언제 발생할까?" "보안 문제 해결하기 위해 어떤 준비를 해야 할까?"

귀중한 무언가를 안전하게 보관하는 방법을 궁리할 때 사람들이 흔히 생각하는 방법은 일종의 성을 짓는 것이다. 귀금속이나 중요 서류를 성에 안전하게 보관하려고 성벽을 높게 올리고 성 주위를 요새화한다. 해자와 도개교도 만든다. 성문에는 튼튼한 철문을 설치하고 무장 경비원도 배치한다. 보안상 위협이 있을 것 같으면 해자를 더 깊이 파고 경비원을 두 배로 늘린다. 간단히 말해, 당신이나 대부분의 사람들이 성의 방어를 강화하려고 구상하는 방법은 다 거기서 거기일 것이다. 더 중요하게는, 당신은 몇 개밖에 안 되는 성문 경비를 강화하고 계획을 잘 세우기만 하면 공격 위협으로부터 안전할 것이라고 자신한다.

그러나 성의 경비와 사이버 보안이 비슷하다고 생각하는 것은 도움이 되지도 않고 안전한 계획이 될 수도 없다. 무엇보다도, 데이터가 저장되는 디지털 네트워크의 출입구 수는 성의 출입문 수처럼 적지 않다.

둘째로, 성처럼 방어하는 것은 성의 건설주가 모든 것을 좌우할 수 있었던 아날로그 시대에나 유용한 방법이다. 디지털 생태계는 건설주 마음대로 되지 않는다. 당신 혼자서도 자재를 올리며 성벽을 쌓을 수는 있겠지만 외부에서 주문해서 제작한 토대에 외부에서 사온 조립식 패널을 쌓아 올려야 할 것이다. 일부 경비원은 자체적으로 고용할 수 있지만, 보안업체에서 훈련을 받은 외부 경비원도 고용해야 할 것이다. 해자의 물도 마음대로 통제되지 않는다. 물이 차오르고 빠지기를 반복하다가 시간이 흐르면서 물가의 윤곽이 바뀌고 심지어는 성의 토대 아래에 있는 흙도 침식된다. 다시 말해, 디지털 성은 대단히 복잡하고 기반 시설도 순식간에 변하기 때문에 오늘의 이상적인 방어 계획도 내일이면 무용지물이 돼버린다.

디지털 마인드셋을 가진다는 것은 요새화된 성을 만드는 식의 방어 계획을 버리고 디지털 생태계의 역동성과 탈중앙화decentralization를 배워야 한다는 의미다. 또한 아무리 최고의 보안 계획을 세워도 보안의 모든 영역을 전부 통제하기란 생각만큼 쉽지 않다는 사실을 인정해야 한다는 의미이기도 하다. 이러한 문제를 이해하고 적절히 대응하기 위해 우리는 보안의 세 가지 핵심 영역이 무엇이며, 이 3개의 영역에서 데이터 보안 능력을 끌어올리려면 어떻게 접근해야 하는지를 설명할 것이다. 세 가지 핵심적인 사이버 보안 영역과 그 접근법은 아래와 같다.

- 디지털 시스템의 상호의존성을 포용하라.
- 개인 정보 보호 방침을 설계하라.
- 블록체인으로 데이터 무결성data integrity*을 보장하라.

보안 전문가가 될 필요는 없겠지만, 데이터는 온갖 방식으로 외부 위협에 취약해질 수 있다는 사실을 이해해야 한다. 그래야

---

* 데이터가 우연하게 또는 의도적으로 변경되거나 파괴되는 상황에 노출되지 않고 보존되는 특성.

보안상 허점이 생길 가능성을 조금이나마 줄이고 혹여 빈틈이 생겼을 때는 신속하고 효과적인 대응이 가능하도록 현명한 결정을 내릴 수 있다. 이번 5장에서는 데이터 무결성과 블록체인을 주로 설명할 것이다. 그나마 가장 통제권을 틀어쥐고 선제적 변화를 불러올 수 있는 영역이 데이터 무결성과 블록체인이지만 많은 사람이 이해하기 힘들어하는 디지털 기술의 영역이기 때문이다.

디지털 시스템의 상호의존성을 포용하라

2장에서 설명했듯이 당신이 쌓아 올린 기술 스택 대부분과 더 넓은 생태계에 있는 모든 기술이 당신의 데이터에 접속한다. 당신의 성에 각자 다른 방식으로 경비원을 배치하고 감시해야 하는 입구가 수십, 수백 개라고 생각하면 된다. 게다가 기술은 언제나 변하기 때문에 (그리고 관련 기술도 같이 변하기 때문에) 전혀 예상하지 못했고 아무도 눈치채지 못하는 사이에 새로운 문이 우발적으로 열리기도 한다. 심지어 이런 문제로도 모자라서, 모든 보안 취약성의 대략 20%는 사내 직원이 파급효과를 예상하지 못한 채 소프트웨어나 기술 스택에서 뭔가를 바꾸다가 발생한다.

보안을 이해하려면 디지털 시스템은 완제품으로 나와 사용하기만 하면 되는 물리적 제품이 아니라는 흔하지만 잘못된 인식을 바로 잡아야 한다. 이른바 컴맹이라고 하는 사람들은 디지털 시스템을 책상과 비슷하다고 생각한다. 완제품으로 나온 책상은 아주 오래 쓸모가 있을 것이고, 어떤 방에 놓든 어떤 용도로 쓰든

10년에서 15년은 끄떡없이 사용할 수 있을 것이다. 디지털 기술은 다르다. 책상다리 하나의 자재를 매년 바꿔야 한다고 가정해보자. 목재 다리를 플라스틱으로 바꾼다면 처음의 목재 다리를 상판에 고정했던 나사는 들어맞지 않을 것이다. 게다가 새 플라스틱 다리는 목재 다리만큼 견고하지 않을 것이므로 책상이 흔들리지 않으려면 새 버팀대를 달아야 할지도 모른다. 이래저래 다 귀찮아서 계속 목재 다리를 쓰려고 한다면 어떻게 될까? 가지고 있는 목재 다리가 없으니 선택의 여지도 없을 것이다. 책상다리를 제작하는 회사를 찾았지만 거기서는 당신이 원하는 사이즈의 다리는 만들어주지 않으려 할지도 모른다. 책상에 맞는 다른 사이즈의 다리를 찾아다니는 수밖에 없다. 이제 이해가 갈 것이다.

모든 디지털 시스템은 끊임없이, 당신이 통제할 수 없는 방식으로 진화한다.[2] 바로 이런 이유로 인해, 디지털 시스템을 수시로 변화하는 기술 스택으로 이뤄진 생태계로서 이해해야 한다. 그리고 그 기술 스택을 관리하는 사람들도 계속해서 변화한다. 당신의 기술 스택이 다른 기술 스택이나 다른 기술에 의존하고 이 기술의 각 부분을 각기 다른 기업이나 조직이 관리한다면, 그 회사들이 제공하는 기술은 계속 바뀌고 발전할 것이다. 실제로도 계속 바뀌고 발전해야 중요한 기술의 자리를 유지하고 경쟁에서 살아남을 수 있다. 이 말인즉 당신이 그런 기술에 기반해 만들고 연결한 모든 것도 달라지고 발전해야 한다는 뜻이다.

그러한 상호의존성이 어떻게 전개되는지를 이해하고 싶다면 트위터를 생각하자. 트위터는 회사 데이터와 사용자 데이터의 보안 유지가 손에 꼽힐 정도로 철두철미했지만, 그럼에도 불구하고 기술 생태계의 복잡성으로 인해 여러 번이나 보안 문제가 발생했다.

스마트폰으로 사진을 찍으면 사진에는 찍힌 장소를 알려주는 위치정보 데이터가 태그된다. 트위터는 보안상의 이유로 사진에 위치정보 데이터를 붙이지 않거나 타인에게 그 데이터를 공유하지 않는다. 하지만 트위터 소프트웨어상의 다른 문제를 고치려던 프로그래머들이 iOS 앱을 깔았다가 버그가 발생했지만 곧바로 알아채지 못했고, 트위터 사진의 정확한 위치정보 데이터가 제3자에게 전송되는 불상사가 발생했다.[3] 버그 문제는 발견 즉시 해결되었다. 두 번째 보안 취약성은 안드로이드 모바일 플랫폼에서 작업을 하던 엔지니어들이 윤년으로 조정하기 위해 코드를 업데이트하던 중에 발생했다. 어떤 이유에서인지는 모르지만 윤년 설정을 위한 문서화 작업이 제대로 이루어지지 않았고 업데이트한 코드에도 설정 오류가 발생했다. 트위터 자체의 보안 정책에 따르면, 서버에 요청되는 날짜와 시간이 부적절하다고 판단할 때 트위터는 시스템 해킹을 우려해 요청을 거부하게 된다. 결국 안드로이드용 업데이트가 시작되었지만 트위터는 안드로이드로 접속한 모든 이용자의 로그인을 거부했다. 16시간 동안 트위터 사용자의 3분의 2에 달하는 안드로이드 기반 사용자들이 강제로 로그아웃되고 로그인을 차단당했다.

트위터가 방비를 철저히 하지 못한 탓이라고 생각할 수 있지만, 트위터라는 생태계에서 얼마나 많은 상황과 사람이 보안에 영향을 미치는지를 생각해야 한다. 트위터의 기술과 개발자들, 애플이 관리하는 iOS, 구글이 관리하는 안드로이드, 윤년 설정의 문서화를 담당하는 사람들, 사진 앱을 만드는 회사, 사진 태그용

GPS 기술을 개발하는 엔지니어들까지, 아주 많은 사람이 보안에 영향을 미칠 수 있다.

현실을 냉정히 봐야 한다. 트위터와 같은 디지털 기업의 출입구는 수시로 움직이기 때문에 모든 출입구를 완벽히 지키는 것은 애초에 불가능하다. 다시 말하지만 디지털 마인드셋을 가진다는 것은 지금 아무리 데이터 보안을 위해 노력해도 보안이 취약해지는 순간은 오고야 만다는 사실을 인정한다는 것이다. 그런 일이 일어날 것인가의 문제가 아니라 언제가 될 것인가의 문제이다. 그 사실을 인정하는 순간 보안은 리스크 평가 문제로 변하게 된다. 제품 개발을 시작한다면 감수해야 할 리스크는 얼마인가? 부품을(하드웨어든 소프트웨어든) 자체 제작하는 게 아니라 외부에서 구매하기로 할 때 감수해야 할 리스크는 얼마인가? 특정 소프트웨어 구성을 업데이트하면서 우선순위를 정하지 않고 새 기능을 추가하기로 할 때 감당해야 하는 리스크는 얼마인가?

각각의 단계에서 리스크를 계산해 결정을 내리는 것은 물론이고, 주기적으로 리스크를 평가해 어디서 사이버 공격이 발생했거나 발생할 것 같은지도 판단해야 한다. 여기서 리스크 계산은 절반에 불과하다. 나머지 절반은 사이버 공격을 받았을 때의 대응 방안을 마련하는 것이다. 문제를 해결하기 위해 자원을 어떻게 배분할지, 사이버 공격을 받은 사실을 고객과 주주에게 어떻게 알릴지, 문제를 얼마나 투명하게 다룰지 미리 계획을 짜두어야 한다. 성공적인 디지털 기업들은 언제고 발생할 보안 문제에 책임 있게 대응하기 위한 모범 관행을 마련해둔다. 이 모든 대처 방안과 연관된 기술 부채technical debt라는 개념을 살펴보자.

기술 부채 예산을 준비하라

　　　　　디지털 마인드셋을 가진 사람은 소프트웨어를 수시로 업데이트해야 하고 생태계의 여러 부분에서 발생하는 변화를 수용해야 한다는 사실을 잘 안다. 소프트웨어 엔지니어들은 이렇게 생태계의 다양한 부분들을 유지관리하는 것을 '기술 부채'라고 부른다.[4] 기술 부채라는 말을 만든 사람은 소프트웨어 개발자이고 논문 「애자일 매니페스토Agile Manifesto」의 17명 저자 중 하나이며 위키wiki*의 창시자로도 알려진 워드 커닝햄Ward Cunningham이다.[5] 커닝햄은 노후화된 기술을 고치기 위한 예산을 별도로 책정해야 하는 이유를 기술에 문외한인 주주들에게 설명하면서 이 말을 처음 사용했다.

　　기업 입장에서는 기술 부채 예산 편성이 달가울 리 없다. 그들은 현재 제품의 성능 향상이나 미래성을 보장하는 것보다는 신상품 개발과 출시에 돈을 투자하고 싶어 한다. 이를 주택 수리에 비유해보자. 우리는 배관이나 전선에 돈을 쓰기보다는 새 싱크대를 놓고 새 가전을 사는 데 돈을 쓰기를 원한다. 그러나 집을 번지르르해 보이게 만드는 물건에만 돈을 쓰고 유지관리에는 돈을 쓰지 않는다면, 언젠가는 수도 파이프가 줄줄 새거나 전기회로가 나가서 배관과 전선을 바꾸느라 막대한 돈을 쓰게 될지도 모른다. 기술 부채는 주택으로 치면 배관과 전선이다. 좋은 소프트웨어 제품과 유능한 엔지니어링 매니저는 제품의 핵심 구성요소들을 주기적으

---

*　불특정 다수가 서로 협업하며 문서의 내용과 전체 구조를 변경할 수 있는 공동체적인 웹사이트 형태.

로 점검하고 개선하기 위한 비용과 시간을 별도로 편성해 둔다. 그래야만 각 구성요소들이 문제없이 작동하고, 회사도 감당하지 못할 기술 부채 문제가 터져서 제품의 시스템 전체를 중단하고 해묵은 문제들을 고쳐야 하는 사태에 처하지 않을 것이기 때문이다.

부동산 관리용 서비스형소프트웨어SaaS를 제공하는 앱폴리오AppFolio는 기술 부채 문제의 현황을 놓치지 않기 위해 제품 엔지니어들이 자신들의 기술 스택 일부를 (예방하는 차원에서) 업데이트하고 핵심 제품의 문제 해결 방식을 발표하는 이른바 '데몰리션 더비demolition derbies' 토론회를 정기적으로 개최한다. 길 때는 2주간 계속되기도 하는 데몰리션 더비는 건강한 시스템 구축에 꼭 필요한 최신 정보를 파악하도록 도와주는 요긴한 수단이다. 그러나 앱폴리오의 엔지니어링 부사장인 에릭 호킨스Eric Hawkins는 이렇게 말한다. "데몰리션 더비를 열 때면 이미 기술 부채 문제를 언제나 주시하고 있다면서 참가할 필요를 못 느낀다고 말하는 팀이 여럿 있어요. 정말 들을 때마다 안타깝죠. 변화의 필요성을 느끼기 전에 먼저 변화하고자 별도로 시간을 쏟아야 해요. 가끔은 그런 변화를 위해 소프트웨어 신제품 개발 속도가 늦춰지는 것도 마다하지 않아요."[6]

기술 부채가 순식간에 불어나는 속도가 궁금하다면 애플의 앱스토어를 보면 된다. 몇 년 동안 있었지만 실패하여 플랫폼에서 사라지는 앱이 매년 수천 개는 된다. 그렇기에 앱을 만들어서 올리기만 하면 영원히 존재할 것이라고 기대해서는 안 된다. 플랫폼 제공자인 애플은 툭하면 앱 퍼포먼스에 대한 요구 조건을 바꾼다. 앱이 구동되는 모바일 운영시스템도 자주 바뀐다. 운영시스템이 깔리는 스마트폰이나 컴퓨터의 하드웨어도 마찬가지다. 앱이 살아남으려면 시스템을 계속해서 리팩터링(소프트웨어 개발자가 사용자 인터페이스의 결과나 성능의 향상 없이 코드의 내부 논리와 구조를 변경하는 것)하고 리디자인해야 한다는 뜻이다.[7] 대다수 앱 개발자들은 그러한 변경의 필요성을 인지하지 못하고 변화를 지속해서 따라잡기 위한 예산을 책정하지도 않는다. 그러다가 결국에는 기술 부채가 눈덩이처럼 불어나고 앱을 포기하는 사태까지 간다. 파이프가 터지고 전기가 연결되지 않는 집을 버리는 것처럼 말이다.

샤문 컴퓨터 바이러스가 그토록 어마어마한 속도로 사우디 아람코의 시스템을 파괴할 수 있었던 것은 기술 부채의 문제가 해결되지 않았던 데에도 일부 원인이 있었다. 바이러스를 만든 해커들은 컴퓨터들의 상호운용성을 통제하는 코드에 존재하는 약점을 찾아내 파고들었다. 해커들은 사우디 아람코가 난공불락의 요새라고 생각한 성에 그들만의 입구를 만들었다. 이 사이버 공격 이후로 해커들은 훨씬 영리해지고 교묘해졌다. 2017년에는 똑같은 바이러스가 사우디아라비아의 석유화학 플랜트 여러 곳의 가동을 중단시켰다. 샤문 바이러스는 여러 석유화학 기업들이 이용하는 상호 운용시스템이 동시에 업데이트되지 않는다는 취약점을 노렸다. 한 회사가 시스템을 바꾸면 다른 회사의 시스템이 영향을 받으면서 회사들도 알아차리지 못한 보안상의 빈틈이 발생했고 해커들은 그 빈틈으로 침투했다. 해커들은 다양한 시설의 전압, 압력, 온도 등을 조절하는 컨트롤러의 작동을 중단시키려 했다. 보안 전문가들은 이 사이버 공격으로 자칫 대규모 폭발 사태

가 발생할 수도 있었다고 말한다.[8]

기술 스택의 문제가 고난도일수록 기술 부채가 제품이나 사업 성과에 미칠 만한 악영향을 가늠하기가 오히려 더 쉬운 편이다. 그러나 기술 스택의 문제가 저난도라면 변화가 생겨도 그 영향이 곧바로 드러나지 않기 때문에 기술 부채의 파급 효과를 개념적으로 이해하기가 더 힘들어진다. 직관에 반하고 답답해 보이겠지만, 심지어 오늘 아무 문제가 없는 제품이나 플랫폼일지라도 미래의 성공을 준비하기 위해서는 별도로 예산을 투자해 바꿔나가야 한다. 대부분의 디지털 기업에서 미래를 위해 준비할 수 있는 시간이 갈수록 줄고 있다. 디지털 생태계 변화를 앞지르고 싶다면 예산과 시간을 할당해 선제적으로 기술 스택을 업데이트해야 한다. 기술 인프라를 대대적으로 손봐야 할 때까지 기다리기만 하는 자세는 지나치게 많이 기다리는 것이다.[9]

개인 정보 보호 방침을 설계하라

2013년, 영국의 정치연구소 케임브리지 애널리티카Cambridge Analytica는 데이터 과학자 알렉산드르 코간Aleksandr Kogan과 그의 회사 글로벌 사이언스 리서치Global Science Research와 공동으로 개발한 '디스 이즈 유어 디지털 라이프This is Your Digital Life' 앱의 출시를 발표했다.[10] 앱 사용자들은 그들의 행동과 디지털 기술 사용 방식에 대해서 여러 질문을 받았다. 케임브리지 애널리티카는 앱 데이터로 투표 예측에 사용할 수 있는 심리 프로파일링을 구축했다. 심리 프로파일링 구축에 필요한 데이터를 얻기 위해 회사는 페이스북과 계약을 맺었고, 페이스북은 회사가 사용자에게 내용을 정확히 고지하고 동의 절차를 밟을 것을 요구했다. 페이스북 사용자는 소정의 대가를 받고 질문에 응해주며 데이터는 학술 목적으로만 사용된다고 계약 내용에 명기돼 있었다. 실제로 디스이즈유어디지털라이프 앱은 동의 절차를 밟은 사용자의 데이터를 수집하는 것보다 훨씬 많은 짓을 저질렀다. 앱은 사용자나 그 친구들의 동의 없이 설문 응답자의 네트워크에 포함된(즉, 페이스북 친구 그룹) 다른 사용자들의 개인 정보까지도 수집했다. 케임브리지 애널리티카는 그렇게 수집한 데이터로 특정 유권자층을 겨냥한 정치 광고에 사용할 수 있는 방대한 심리 프로파일링 데이터베이스를 구축했다. 개인 정보 유출 뉴스가 보도되면서 페이스북 주가는 열흘 만에 24%나 떨어졌고 시가총액은 1340억 달러가 줄었다. 2019년에 미국 연방거래위원회UTC는 페이스북에 개인 정보 보호법 위반의 책임을 물어 50억 달러의 벌금을 부과했다.[11] 영국의 정보보호위원회ICO도 페이스북이 사용자에게 '심각한 위해'를 끼쳤다며 거액의 벌금을 부과했다.

개인 정보는 보안상 민감한 문제이다. 기업에게 데이터가 귀중한 이유는 여러 가지이지만, 가장 중요한 이유는 개인 데이터에는 기밀이나 사적인 정보가 담겨 있다는 것이다. 회사가 직접 그런 정보를 생성하거나 조합할 때도 있고, 고객이 서비스를 대가로 정보를 제공해주기도 한다. 어느 쪽이건 간에 디지털 기업은 고객 보호만이 아니라 회사의 경쟁 자산을 지키기 위해서라도 개인 정보 유지에 만전을 기해야 한다. 개개인의 데이터는 그 중요도가 날이 갈수록 커지고 있다. 구글, 페이스북, 링크드인과 같은 빅테크 기업들이 버는 이익에서 상당 부분은 우리 개개인의 행동 데이터를 수집하고, 우리가 구매할 만한 물건을 AI로 예측하고, 타깃 광고로 그런 상품을 우리 소비자에게 팔려고 하는 제3자에게 예측 결과를 판매하는 데서 나온다.[12] 그러므로 우리의 귀중한 데이터를 안전하게 지키는 것이야말로 무엇보다도 중요한 일이다.

데이터 보호는 디지타이제이션digitization*이 불러온 가장 근원적인 변화 중 하나인, 행동의 가시성이 강화되었다는 것과 연관이 있다. 당신이 디지털 기술로 하는 모든 행동은 흔적을 남기면서 뜻밖의 사람들에게도 가시화된다. 디지털 시대에 가시성은 정보를 찾으려 치러야 하는 노력의 양과 관련이 있다. 존 실리 브라운John Seely Brown 전 제록스 팰로앨토 연구소장의 말마따나, 사람들은 정보에 접속하기 어렵다고 생각하거나 어떤 정보에 접속할 수 있는지도 모르는 상태에서는 정보를 찾으려고 노력조차 잘하지 않는다. 이런 점에서 개개인의 업무 행동이나 작업, 지식 등에 대한 정보는 이론적으로는 찾아낼 수 있을지라도 사실상 비가시적인 정보이다.[13] 하지만 디지타이제이션은 우리의 행동을 가시화하거나 타인의 행동을 가시적인 것으로 바꾸는 데 들어가는 노력을 반감한다. 디지털 기술 때문에 행동의 가시성이 생겨난 것은 절대로 아니지만, 방대하게 쌓이는 개개인의 행동 데이터는 시대의 변화를 암시한다. 과거에는 볼 수 없었던 존재로 머물렀던 사람들의 행동을 보기 위해 별도의 노력을 들여야 했던 시대는

---

* 사진을 스캔하거나 문서를 pdf화하는 등 데이터 형태를 디지털 포맷으로 바꾸는 것. 데이터 자체의 내용은 달라지지 않는다. 비즈니스 프로세스 전반의 디지털화를 의미하는 디지털라이제이션digitalization과는 다른 개념이다.

이제 지나갔다. 우리가 데이터에 남기는 흔적은 언제라도 우리를 가시적인 존재로 바꾼다. 그러니 개인 정보 보호와 정보 제공 동의에 대해서도 생각이 바뀌어야 한다. 얼마나 그리고 어떤 방식으로 우리를 가시화할 것인지가 중요하다.

페이스북은 사용자 데이터를 페이스북 내에서만 안전하게 보호할 것이라고 약속했음에도 케임브리지 애널리티카에 사용자 행동 데이터를 가시화해주었다. 디지털 세상에서 개인 정보 보호는 상당히 까다로운 문제이다. 페이스북 사용자든 다른 소셜미디어 사용자든 당신의 온라인 행동이 친구들에게만 드러날 것이라는 기대는 금물이다. 친구의 클릭 한 번으로도 당신이 올린 글과 반응과 사진과 밈이 생판 모르는 새로운 네트워크로 퍼질 것이다.[14] 페이스북 같은 플랫폼에 그런 위험이 상존한다는 것은 당신도 잘 알고 있다. 그러나 페이스북과 같은 기업들이 당신의 데이터를 수확해서 다른 회사에 넘길 것이라고는 생각하지 못했을 것이다.

기업이 우리의 행동을 가시화하려 할 때 주로 쓰는 방법은 '알고리즘 오더링algorithmic ordering'이다.[15] 간단히 말해 알고리즘은 정보의 이해와 쓸모를 높이기 위해 정보를 정렬하고 순위를 매기고 추천하고 범주화한다. 더불어 알고리즘은 정보를 가시화한다. 마이크로소프트의 연구원 탈턴 길레스피는 알고리즘이 모든 행동 데이터를 가시화하는 것은 아니며 행동의 종류마다 가시화하는 방법도 다르다고 말한다.[16] 무엇보다도, 모든 데이터가 알고리즘이 기술적으로 처리할 수 있는 인풋 정보가 되는 것은 아니다. 또한 정보의 유의미성은 알고리즘을 개발하는 인간 프로그래머들이 결정한다. 그 결과로 알고리즘은 어떤 행동은 가시화하지만 어떤 행동은 가시화하지 않는다. 알고리즘은 평등한 대우를 하지 않는다. 다시 말해, 알고리즘으로 가시화된 행동은 사용자에게 획일적으로 제공되지 않는다는 뜻이다. 구글과 같은 검색엔진 기업은 사용자를 유형별로 분류해서 그들에게 각기 다른 순위로 정보를 제공하고 그들의 클릭 수를 파악해 어떤 콘텐츠에 가장 호의적으로 반응하는지를 알아낸다. 그런 다음 비교 평가 과정을 거쳐서 다음 핵심 알고리즘을 어떻게 수정해야 할지를 판단한다.

알고리즘 오더링은 사용자가 개인 정보를 제공하고 그 정보의 용도에 동의하는 행동에 영향을 미친다. 예를 들어서, 근로 계약서나 설문조사 등으로 당신이 개인 정보 제공에 능동적으로 동의한다면 회사가 정보를 보유하고 사용하리란 사실도 알 수 있다. 하지만 당신이 사용하는 디지털 툴이 단순히 당신의 온라인 활동 내역을 기록해서 행동 프로파일을 만드는 목적만 있다고 명시할지라도, 그 디지털 툴이 당신의 데이터를 수집하고 가시화한다는 사실은 몰랐을 것이다. 심지어 근로 계약서나 제3자 정보 제공 동의서에 서명함으로써 정보 수집에 동의했을지라도 말이다.

디지털 데이터를 수집하고 분석하는 기업들과 같이 일하면서 우리는 디지털 툴을 이용하는 직원이나 고객의 개인 정보 보호 권리를 존중하기 위한 모범 사례 몇 가지를 알아냈다. 개인 정보 수집이 가능하거나 그렇지 않은 시간과 방법을 이해하는 것은 디지털 마인드셋 개발의 일부이다. 매니저나 개인 정보 보호 규약을 만드는 책임자에게 모범 사례는 전반적인 가이드라인 역할을 한다. 당신이 일개 직원이고 회사가 '당신을 감시'하거나 사적 영역을 침해할 것이 염려된다면, 회사에 알려줘도 되는 당신의 디지털 행동 영역이 어디까지인지를 정해주는 현실적인 잣대를 살펴보자.

개인 정보 보호의 모범 사례를 따르라

절대적인 모범은 투명성이다. 디지털 데이터를 수집할 때는 직원과 고객에게 그들이 해당 디지털 툴에서 보이는 상호 행동 패턴이 행동 분석을 위해 수집되고 저장될 것임을 알리고 양해를 구하는 동의 서명을 받아야 한다. 완전하게 고지하고 직원과 고객의 동의를 얻는 것에는 다른 대안이 없다. 개인 정보 유출의 우려를 없애기 위해 아래의 정책을 쓰는 회사들도 있었다.

- **직원이 그간 수집된 그들의 모든 디지털 데이터에 접속해서 확인하게 한다.** 적어도 1년에 한 차례 정도 이런 확인 작업을 거치면 좋다. 데이터에는 직원 개인의 연락망이 담겼을 수도 있고, 거래 내역 요약이나 핵심 행동 패턴이 정리됐을 수도 있다. 가령, 수집된 데이터를 통해 직원은 자신이 소프트웨어 앱의 어떤 기능에 시간을 더 많이 쓰고 어떤 기능에 시간을 덜 쓰는지를 확인할 수 있을 것이다.
- **데이터 수집의 수준을 명확히 알린다.** 가장 기본적인—그리고 개인 정보 유출의 우려가 가장 적은—수준의 수집은 총괄적 패턴 분석generic pattern analysis이다. 이 분석은 이를테면 어떤

개인이 온라인에서는 아웃사이더이지만 왜 아웃사이더인지에는 구체적으로 밝히지 않는다. 아니면 조직에서 혁신적인 팀이 얼마나 되는지를 알려주지만 그 팀이 어떤 팀인지는 말하지 않는 식이다.

조금 더 강화한 데이터 수집 수준에서는 개개인이 가진 구체적인 취향을 식별한다. 개인의 행동에 점수를 매겨서 그들이 인플루언서가 될 가능성이 있는지 또는 그들이 회사를 떠나면 조직이 타격을 받을지 등을 예측할 수 있을 것이다. 더 귀중한 정보를 얻는 데는 도움이 되겠지만 특정 개인들이 부각된다는 단점이 있다.

가장 강화된 수준의 데이터 수집은 기계학습과 결부하는 것이다. 이때는 직원이 온라인에서 누구와 상호 행동을 하며 어떤 주제를 즐겨 말하는지에 대한 데이터를 수집한다. 회사는 사내 소셜미디어 사이트에 올라온 직원들의 포스트 내용을 분석해서 누가 어떤 분야에 전문 능력을 가지고 있는지를 알아볼 수도 있다. 여기서 얻은 분석 정보로 리더는 대단히 구체적인 지침을 마련할 수 있는데, 예를 들면 특정 분야에서 누가 좋은 아이디어를 낼 것 같은지를 미리 파악할 수 있다. 가장 발전된 수준의 데이터 수집이지만 개인 정보 유출의 우려가 가장 큰 방법이기도 하므로, 경영자는 정보 유출이 없도록 신중하게 수집 전략을 짜야 한다.

디지털 기술을 개발하는 회사라면 훌륭한 개인 정보 유출 방지책이 전부가 아니라는 사실을 잘 알 것이다. 강력한 디지털 마인드셋을 가진 사람은 디지털 툴의 설계 방식에서부터 시작해 모든 것에서 개인 정보 유출 방지책을 마련한다. 사용자 개인 정보를 보호하기 위해 많이 쓰이는 방법은 캐나다 온타리오주의 개인 정보보호위원회 위원을 세 번 연임한 앤 카부키안Ann Cavoukian 박사가 개발한 '개인 정보 보호 중심 설계Privacy by Design, PbD'이다. PbD는 개인 정보를 감독기관의 요구 수준에 맞춰 사후 대응으로서만 보호하려 노력하는 것이 아니라 "기술 개발의 초기 단계에서부터 개인 정보 보호 방침을 선제적으로 세우고 수시로 점검해야 한다"는 개념이다.[17] PbD의 7대 원칙은 아래와 같다.

1. 사후 조치가 아닌 사전 대비를 하라.—치료가 아니라 예방에 중점을 두어라.

2. 설계 초기 단계부터 개인 정보를 보호하는 조치를 취하라.

3. 개인 정보 보호를 제품 설계에 내재화하라.

4. 개인 정보를 보호하면서 제품의 기능성도 잃지 마라.—"개인 정보 보호도 보안도 중요하므로, 어느 하나를 포기하지 않고 둘 다를 이루기 위해 노력해야 한다."

5. 처음부터 끝까지 보안을 유지하라.—"개인 정보의 생애주기 전체 단계에 걸쳐 보안을 행한다. 다시 말해, 모든 개인 정보는 유지해야 할 때는 안전하게 유지하고, 필요가 없어지면 파기한다."

6. 개인 정보 처리의 가시성과 투명성을 유지하라.

7. 사용자 개인 정보를 존중하라.—사용자 중심의 개인 정보 보호 방침을 마련하라.[18]

PbD는 현재로서 가장 적절한 개인 정보 보호 기법이다. 새로운 디지털 기술을 설치하면서 PbD를 적용한 기업들은 심각한 개인 정보 데이터 침해가 줄었고 사용자 만족도도 늘어났다는 조사 결과도 나왔다. UC버클리의 데어드르 멀리건Deirdre Mulligan 교수와 스탠퍼드대학교 인터넷사회연구소의 제니퍼 킹Jennifer King은 디지털 시대에서 심사숙고해야 할 본질적인 개인 정보 보호 문제를 이렇게 정의한다.

인적 프로세스로서의 개인 정보 보호를 이해하려는 회사는 개개의 사용자들이 전후 맥락에 맞게 개인 정보 보호 수준을 기대하게 만들고 그 기대 수준을 파악해야 한다. 그러려면 개인 정보 보호의 의미를 개념적이며 경험적으로 탐구해야 한다. 이러한 형태의 PbD는 처음부터 가치중심적이고 인간중심적인 프로세스를 밟는다. 따라서 새로운 유형의 개인 정보 보호 전문가가 필요하다. 서비스 이용 고객을 위해 회사가 어떤 개인 정보 보호 노력을 기울이고 있는지 정확히 기술하거나 고객이 회사의 그런 노력을 수긍하게끔 이끄는 적절한 메커니즘을 마련하는 것은 자문 변호사가 해야 할 일이다. 특정 상황에서 어떤 가치가 영향을 미치며 어떤 개인 정보 보호 요건이 적용되는지를 파악하는 데에는 별도의 능력이 필요하다. 개개인이 은연중에 드러내는 말과 행동, 그들이 기술에 대해 모르고 있거나 잘못 알았던 내용, 그들이 물리적 상호 행동에 기반해서 만든 멘탈 모델, 그들의 인지 편향 등등 사람들이 제공한 데이터를 이해하고 문서화하는 연구 작업이 행해져야 한다. 세심히 주의를 기울여 전후 관계와 사람들의 경험을 파악해야 한다. 회사가 개인 정보 보호 정책을 고지하면서 전후 관계와 경험을 무시하고 중요하게 여기지 않는 것은 큰 문제다.[19]

자동차 GPS 시스템으로 지도와 위치정보 데이터를 만들어서 기업들에 제공하는 네덜란드 소재 AI 회사인 히어 테크놀로지HERE Technologies는 고객의 정보 제공 동의 관리에 PbD를 활용한다. 히어 테크놀로지의 데이터사이언스 연구소장인 미카엘 콥Michael Kopp 박사는 4개의 위치정보 데이터 포인트만 있어도 한 개인의 정체성을 80%가량 파악할 수 있다고 말한다.[20] 이것은 대단히 민감한 개인 정보이므로 히어는 문제 예방책으로써 광범위한 산업 전반에서 사람들이 위치 관련 데이터를 교환하고 그 데이터를 기계학습 모델이 활용하는 중립 서버(데이터에는 보안 접근만 가능하고 제3자의 접속은 허락하지 않는 원격 보안 서버) 플랫폼을 구축했다. 서버의 중립성을 좌우하는 것은 고객 동의 관리 시스템이다. 따라서 서버 사용자들은 정확히 무슨 데이터를 어떻게 공유할 것인지 스스로 결정할 수 있다. 사용자들은 본인의 개인 정보는 전혀 드러내지 않으면서 다른 사용자들과 위치 정보 데이터를 교환할 수 있다.

PbD와 히어 테크놀로지의 훌륭한 장점은 선제적 예방이다. 전통적 개념에 따르면 기술은 태생적으로 침투성을 가지고 있고 또 그래야 마땅하기에 규제를 통해서 그런 침투성을 억눌러야 한다. 그러나 PbD는 그렇지 않다.

PbD를 프로세스에 통합하려면 단순히 최고 개인 정보 보호 관리자chief privacy officer나 규제 준수 담당자를 채용하는 것으로는 크게 부족하다. 엔지니어링 팀이 '개인 정보 보호'의 개념을 잘 숙지했으니 다 되었다고 생각해서도 안 된다. 개인 정보 보호 중심 설계라는 명칭에서도 알 수 있듯이, 당신도 당신의 동료도 그리고 당신의 직원들도 개인 정보 보호에 대한 사용자들의 기대 수준과 걱정을 충분히 이해해야 하고, 사용자의 니즈와 회사의 목표가 충돌할 때 당신을 옹호해줄 권한이 누구에게 있는지도 알아야 한다. 디지털 마인드셋을 기를 때는 모든 것의 핵심에 개인 정보 보호가 존재한다는 사실을 반드시 기억해야 한다. 사후 조치만 잘하면 된다고 생각해서는 안 된다. 디지털 시스템의 모든 단계마다 개인 정보 보호 정책을 설계해야 하며 행동 데이터를 수집하고 저장하고 분석하고 사용할 때마다 개인 정보를 보호할 수 있는 강력한 정책을 마련해야 한다.

블록체인으로 데이터 무결성을 보장하라

연간 세계 다이아몬드 시장 규모는 900억 달러가 넘는다. 전문가들은 매년 사기 행위로 인한 피해 금액이 시장 규모의 15%에 달하는 135억 달러라고 말한다. 다이아몬드가 광산에서 채굴되어서 소비자에게 팔리기까지 중간에 15~20개의 단계를 거치니 그럴 만도 하다. 여러 손을 거치며 다이아몬드가 중간에 사라지기도 하고 바꿔치기 되기도 하고 등급이 잘못 매겨지기도 한다. 2000년 이전까지 다이아몬드 시장의 4분의 1이 불법 거래였다. 2003년 UN 총회에서 "다이아몬드 구매가 합법적 규제를 약화시키려는 반란 단체와 그 동맹들의 폭력 행위에 자금을 대는 결과로 이어지지 않게 할" 목적으로 킴벌리 프로세스Kimberly Process가 결의되기 전까지는 다이아몬드의 채굴에서 소매상까지 이르는 유통 경로도 불분명했다.[21] 81개 국가가 킴벌리 프로세스에 가입했지만 지금껏 효과는 미미하다. 다이아몬드 인증서는 어느 곳이라도 디지털 원장의 형태로 송달되기에 유통 경로를 추적하기가 어렵다는 것이 큰 이유이다. 실력 있는 보석감정사라면 원석의 채굴지와 품질을 알아볼 수 있을지 몰라도, 다이아몬드는 가치 사슬을 거치면서 수차례 가공되기에 아무리 노련한 전문가일지라도 인증서에 명시된 채굴지에서 캐낸 다이아몬드와 소비자에게 판매되는 다이아몬드가 같은 것인지를 판별하기는 힘들 수밖에 없다. 미국 보석감정연구소GIA의 우이 왕Wuyi Wang 연구개발소장의 말마따나 "대중의 우려와 시장의 염려에도 불구하고 커팅이 된 다이아몬드의 원산지를 알아낼 수 있는 과학적이거나 기술적인 방법은 없다."[22]

다이아몬드 공급 사슬에 빗대 생각하면 데이터 무결성의 중요성을 이해하기 쉽다. 데이터 무결성이 없으면 여러 사람이 상대에게 일언반구도 없이 계약이나 사업 관계, 자산과 관련된 데이터에 개입하거나 조작해서 많은 문제가 발생할 수 있다. 데이터 무결성은 명품이나 의류, 식품, 제약 등 전방위적인 산업 부문에 영향을 미치는 세계적인 문제이다. 전통적인 공급 사슬은 길고 복잡한 데다 투명성도 부족하기 때문에 자산의 진위와 품질을 입증하는 것도 만만치 않다.

이 유서 깊고 끈질긴 문제의 잠재적 해결책으로서 등장한 것이 블록체인이다.

시장에 유통되는 다이아몬드의 등급을 매기고 인증하는 미국과 이스라엘, 인도, 벨기에의 기업들과 협업하는 에버레저Everledger라는 회사가 있다.[23] 에버레저는 다이아몬드 인증과 품질 관련 데이터를 수집해서 4C(다이아몬드의 색, 커팅, 선명도, 캐럿), 14개의 메타데이터*, 참조 포인트, 해당 다이아몬드 고유의 식별 코드로 구성된 디지털 'DNA' 기록을 생성한다. 이 정보로 에버레저는 다이아몬드의 현재 소유자와 소재를 알 수 있다. 심지어 각각의 다이아몬드가 소매상으로 넘어가거나 전자상거래 플랫폼에 올라가기까지의 경로도 추적할 수 있다. 간단히 말해 에버레저는 다이아몬드 사기 사건이 단 한 건도 발생하지 않도록 다이아몬드 데이터의 보안을 철저히 유지하는 일을 한다. 디지털 마인드셋을 가진 사람은 보안과 개인 정보 보호만이 아니라 데이터 무결성을 위한 노력도 게을리하지 않는다. 디지털 시스템이 안전하게 유지되려면 시스템의 데이터가 손상되거나 변질되어 누구에게는 득이 되고 누구에게는 해가 되는 일이 생기게 해서는 안 된다.

블록체인 기술의 현주소는 아직은 걸음마일 뿐이지만 이 기술의 등장은 우리가 데이터 무결성으로 나아가는 중요한 걸음을 내디뎠음을 방증한다. 그러므로 강력한 디지털 마인드셋을 기르고자 한다면 블록체인이 어떻게 작동하는가를 이해해야 한다. 우리는 블록체인이 무엇인지 간단히 설명하고, 데이터 무결성을 증진하기 위한 블록체인 활용 사례를 제시할 것이다. 블록체인은 데이터 무결성을 입증해주는 대단히 우수한 보안 기술이다. 또한 데

---

* 다른 데이터를 설명해주는 데이터

이터 무결성 유지가 대단히 중요하지만 그렇게 무결한 보안 프로세스를 세우는 데에 몇 주 또는 몇 개월이 걸렸던 분야에서도(부동산 거래, 의료기록 증빙, 공급 사슬 추적 등) 블록체인은 그 과정을 단 몇 초 만에 끝낸다.

블록체인은 무엇이고 어디에 쓰이는가?

블록체인이라는 말은 다들 들어봤을 것이다. 너무 복잡해서 이해할 수 없는 개념이므로 프로그래머들이나 알면 된다고 생각했을지도 모른다. 전혀 그렇지 않다. 당신도 블록체인의 기본적인 지식 정도는 알고 있어야 한다. 블록체인은 앞으로 더더욱 중요해질 것이기 때문이다.

블록체인은 그 자체로는 원장元帳이다. 대단히 안전하고 번복이 불가능한 원장이라는 점이 다를 뿐이다. 블록체인도 전통적인 원장처럼 거래 데이터를 기록한다. 누가 무엇을 소유했는지, 누가 누구에게서 무엇을 샀는지, 누구에게 의사결정권이 있는지 등을 기록한다는 점은 같다. 전통적인 원장은 안전하게 보관된다. 과거에는 금고에 넣어두고 담당자들만 원장을 열람할 수 있었다. 오늘날로 치면 접근이 제한된 소프트웨어 시스템과 흡사하다. 바로 이 부분이 블록체인의 영리한 차별화 지점이다. 디지털 원장은 네트워크에 올라간다. 이 말인즉 블록체인은 접근 권한을 가진 사람이라면 조직 내외부의 누구든 들어가서 거래의 세부 사항이나 계약 조건을 확인할 수 있는 일종의 데이터베이스 공유 네트워크로서 기능한다는 의미이다.

더 쉽게 설명하자면, 마법 세계에서 원장에 무언가를 기록한다고 상상해보자. 당신이 원장에 기록한 내용은 마법으로 전 세계 1000개의 원장에 동시에 올라가는데 이 1000개의 원장 모두에 대한 통제권을 가진 사람은 아무도 없다. 마법 세계에서는 암호를 아는 사람은 누구라도 원장에 접속해 내용을 확인할 수 있다. 암호가 없으면 원장은 절대로 열리지 않는다. 암호가 있는 사람은 모든 원장의 열람이 가능하고 자신이 했던 거래도 기록할 수 있으며, 그 내용은 다른 마법 원장에도 동시에 올라간다.

결국 원장에 추가한 거래 내용은 누구도 임의로 위변조할 수 없고 절대로 삭제되지도 않는다. 당연히 원장의 내용도 한없이 계속 늘어난다.

이것이 블록체인의 작동 방식이다. 블록체인의 진정한 핵심은 거래 이력의 불가역성과 탈중앙화이다.

데이터가 일목요연하게 표로 저장되는 전통적인 데이터베이스와 다르게 블록체인에서는 그 이름에서도 알 수 있듯이 데이터 조각들(블록)이 다른 블록과 사슬처럼 연결돼 있다. 사용자가 블록체인에서 보유한 디지털 데이터는 거미줄처럼 상호연결된 거래 기록들 전체로 흩어져서 트래킹되고, 새 거래는(즉 대금 결제는) 이전의 거래에 덧붙여서 기록된다. 사슬 구조라는 특성상 하나의 데이터 블록을 수정하려면 그것과 연결된 다른 블록도 전부 수정해야 하는데 현실적으로는 거의 불가능한 수준의 연산력이 요구된다. 즉 블록체인 기술로 행해진 거래는 새 거래를 행하지 않는 이상 번복할 수 없다. 블록체인의 영구성이 데이터 보안을 보장해주면서 시스템의 임의 변경도 사실상 불가능해진다.

탈중앙화란 한 사람이나 하나의 조직이 블록체인 원장을 통제하지 못한다는 의미이다. 이 부분에서 전통적인 원장 처리와 차이가 나는데, 예전에는 은행과 같은 제3자가 양쪽 거래 주체의 신용에 문제가 없음을 확인한 다음에야 판매자로부터 물건을 구매할 수 있었다. 블록체인은 이 기술 설계 자체가 보증인이 되므로 거래 당사자들끼리 직접 서비스나 물품을 제공하고 결제할 수 있으며 제3자인 중개인의 보증은 필요 없다. 그런 이유로 블록체인에서 거래를 할 때는 모든 사용자가 고유하게 가진 블록체인 주소들 사이에서 곧바로 결제가 이루어진다. 그래서 가상화폐는 은행이 아니라 개인화된 디지털 지갑에 보관될 수 있다.

더욱이 모두가 블록체인 주소를 볼 수 있지만 열지는 못한다. 이것은 공개키 암호화public-key cryptography 시스템의 장점 중 하나이며 데이터 보안에서 블록체인을 매력적이게 하는 요소이기도 하다. 사용자마다 가진 고유의 주소가 블록체인 전체에 공유되므로, 사용자는 거래 상대방이 자신이 아는 그 상대가 맞다고 확신하면서 거래할 수 있다. 또한 블록체인의 모든 사용자에게는 개인 디지털 지갑의 내용물에 접근할 수 있는 고유의 개인 접속 암호가 부여된다. 이런 식으로 블록체인 사용자는 중앙의 통제를 받지 않아도 결제가 치러질 것이며 디지털 지갑이 외부로부터 안전하게 지켜질 것이라고 신뢰할 수 있게 된다.

블록체인에서는 고유의 계정끼리 직접 거래를 하고 중앙에서 안전성을 확인받지 않아도 되므로 거래 속도도 대단히 빠르다. 또한 거래와 관련된 정보가 업데이트되어 쌍방에게 정보가 공개되는 것도 순식간에 이루어진다. 이런 특징이 거래의 투명성과 안전성을 제고하고, 사슬에 블록이 추가되면서 거래의 비가역성도 강화된다. 즉시성, 투명성, 보안을 두루 갖춘 블록체인은 신속함과 안전이 생명인 대규모 자산 거래라든가 외환 거래에서 특히나 빛을 발휘한다.

블록체인은 시스템 간에 데이터를 트래킹하는 기능과 중요 데이터의 위변조 방지 기능이 대단히 뛰어나기 때문에 조직들도 블록체인 기술을 활용해 IT 설비에서 조세 및 투표 기록에 이르기까지 간편한 사내 기록 보관 시스템을 만들고 있다.[24] MIT 미디어랩의 메드렉은Med Rec 여러 의료기관에 흩어진 자료를 하나로 통합해 환자에게 투명하면서도 이해하기 쉬운 의료기록을 볼 수 있게 해준다는 데 목표를 둔 블록체인 기반 의료기록 시스템이다.[25] 다른 여러 산업에서도 블록체인 기술을 이용한 상품의 배치와 추적, 기록 시스템을 개발 중이다. 예를 들어 IBM이 개발한 블록체인 기반의 식품 추적 플랫폼인 푸드 트러스트Food Trust는 식자재의 재배부터 소비자의 식탁에 오르기까지 모든 경로를 추적함으로써 공급망의 효율성 제고와 음식물 쓰레기의 최소화, 그리고 잠재적 오염지를 배제하는 데 초점을 맞춘다.[26] 2017년에 테스트를 시작하고 2019년부터 서비스를 개시한 푸드 프러스트 프로젝트는 월마트, 까르푸, 타이슨을 비롯해 여러 식품 및 유통 대기업들과 협업을 맺었다.[27]

블록체인은 더욱 혁신적인 활용을 약속하면서 굴지의 사업모델과 조직이 설 자리를 잃게 만들고 있다. 예를 들어, 새로운 형태의 P2Ppeer-to-peer(동등 계층 통신망) 시장은 아마존과 같은 중앙집중식 허브를 구시대적인 것으로 만들 수 있다. 이런 새로운 기술이 기존 모델을 대신할 날이 언젠가는 올지도 모르지만, 그 전에 아주 높은 수준의 협의가 선행되어야 한다.[28] 미디어가 가장 집중하는 블록체인 기술인 비트코인, 이더리움, 리플 같은 암호화폐도 이런 협의의 범주에 해당한다. 암호화폐가 기술적으로는 물리적 통화를 대신할 수 있을지라도, 전 세계 금융기관들이 암호화폐를 채택하기로 동의하고 그것이 보편적 가치로서 인정받을 수 있으려면 전체의 협의라는 높은 관문부터 통과해야 한다.

현 단계에서 가장 혁신적인 기술 중 하나는 디지털 콘텐츠의 저작권료 지급 조건 등과 같은 계약 내용을 세부 내역 별로 실시간으로 상세하게 기술하고 집행하는 '스마트 콘트랙트smart contract' 기술이다. 스마트 콘트랙트가 활발하게 사용되는 대표 분야가 음악 산업으로, 이 기술이 없었다면 음원료 정산은 불투명하게 이루어지고 비용도 많이 드는 일이 되었을 것이다. 2018년에 영국의 뮤지션인 이머전 힙Imogen Heap은 뮤지션들이 직접 자신들의 곡과 메타데이터를 관리할 수 있게 하는 블록체인 기반 프로젝트인 마이셀리아Mycelia를 발표했다. 또한 청취자가 곡을 들으면 스마트 콘트랙트를 통해 창작에 참여한 사람들에게 음원료가 자동으로 결제되는 노래도 음원 사이트에 올렸다.[29] 신속하면서도 투명하게 그리고 실시간으로 음원료를 자동 지급해주는 스마트 콘트랙트의 목표는 시간과 돈을 잡아먹는 길고 긴 중간 협상 단계를 없앤다는 것이다. 콘텐츠의 저작권료 정산 외에도 유언장이나 권리증서 행사, 임대차계약, 주차권에 이르기까지 스마트 콘트랙트의 용도는 무궁무진하다.[30] 스마트 콘트랙트와 같은 블록체인 앱이 혁명적인 이유는 변호사, 브로커, 또는 제3의 중개인의 개입을 없애거나 최소화하면서 기존의 계약 관행을 근본적으로 바꿀 것이라는 데 있다. 하지만 그전에 단단히 고착된 절차에 대한 재고가 필요하다는 점에서 현실적으로 실현되기가 가장 어려운 변화 중 하나이기도 하다.[31]

그러는 한편 금융서비스 기업들을 비롯해 몇몇 회사들은 중요 제휴사들의 신속하고 안전한 거래를 도와주는 프라이빗 블록체인private blockchain*과 같은 '로컬화'한 앱을 선보이고 있다.[32] 예를 들어 블록체인 기업 인터스텔라Interstellar는 나스닥, 비자, 시티그룹 등의 대기업들의 자산 배분 및 추적을 도와주는 전사적 차원의 블록체인 기반 앱을 개발해주기로 하는 제휴 관계를 맺었다.[33] 또한 IBM은 통화와 금융 자산의 유형 및 종류가 다를지라도 거래 당사자들이 복잡한 중개 절차를 거치지 않고 실시간으로 직접 동일 가치를 송금할 수 있는 블록체인 기반 결제 시스템인 블록체인 월드 와이어Blockchain World Wire를 개발하기 위해 블록체인 기업 스텔라Stellar와 기술 제휴를 맺었다.[34] 보스턴 소재의 산탄데르Santander 은행은 이 시스템을 이용하면 대규모 자산을 교환해도 정산하고 결제하는 데 따로 시간이 걸리지 않으므로 은행들이 연간 최대 200억 달러의 비용을 절감할 수 있을 것이라고 말했다.[35]

블록체인에 의지할 미래를 준비하라

우리의 동료인 하버드비즈니스스쿨의 마르코 이안시티Marco Iansiti와 카림 라카니Karim Lakhani는 블록체인이 우리의 일과 생활을 뿌리부터 뒤흔들 것이며 그 변화의 크기는 기반 기술인 인터

---

* 공개형 블록체인과 다르게 허가받은 사람만이 거래 기록을 열람하고 작성할 권한이 있는 블록체인.

넷에 못지않을 것이라고 말한다. 디지털 시대인 지금의 관점에서 보면 인터넷이 얼마나 혁명적인 기술인지 훤히 알 수 있지만, 태생기 시절의 인터넷에는 온갖 회의적인 눈길이 쏟아졌다. 가령 1960년대와 1970년대의 통신 회사들은 인터넷의 기반이 된 초창기의 아키텍처로 음성이나 영상 연결은 고사하고 데이터를 전송할 수 있을지에 대해서도 회의적이었다. 사실 통신 회사들의 사업 분야가 (그 당시에는) 디지털 영역이 아니지만 수익을 꽤 많이 내고 있다는 것도 그들의 회의적 시각에 한몫했다.

이러한 회의적 시각에 적절한 기술 개발에는 오랜 시간이 걸릴 것이라는 사실까지 더해져 초창기 인터넷은 그 가치가 크게 폄하되었다. 모든 네트워크가 다 그렇듯이 인터넷의 효용성도 사용자 범위의 크기와 직결된다. 다시 말해 모든 네트워크는 사용자가 많을수록 기능도 더 좋아진다.[36] 사용자 기반이 서서히 증가한 탓에 인터넷의 엄청난 가치가 드러나는 데에 꽤 오랜 시간이 걸렸다. 그렇긴 해도 초창기 인터넷의 이메일과 같은 간단한 앱은 인터넷에 대한 관심과 사용을 올리는 원동력이 되어 더 혁신적인 앱이 등장하는 토대를 닦아 주었다. 이런 관점에서 보면 비트코인도 이메일과 비슷하다. 특별히 새로운 것도 아니고 협의를 얻는 데에 특별히 많은 기반 시설이 필요한 것도 아니지만 더 효과적이고 더 효율적인 방식으로 사용자에게 곧바로 효용성을 안겨준다는 점에서 말이다. 결국 비트코인을 시작으로 더 많은 조직들이 블록체인의 사용자가 될 것이고 언젠가는 블록체인의 잠재력이 완전히 실현될 날이 올 것이다.

블록체인이 혁명적인 시스템을 만들고 있고 새로운 솔루션의 등장을 앞당기는 상황에서, 라카니와 그의 논문 공동저자인 옥스퍼드 사이드비즈니스스쿨의 테포 펠린Teppo Felin은 기업들이 수동적인 레이트 어답터*에 머물지 말고 블록체인 기술의 적극적인 활용법을 고심해야 한다고 촉구한다.[37] 두 저자는 기업들이 세 가지 영역에서 블록체인 기술의 활용을 고민해야 한다고 제안한다. 기업의 전략과 역량, 주주들을 위한 문제 해결이다. 가장 간단한 방법은, 일상에서 부딪힐 법한 문제들을 식별해서 사안별로 정리하고 데이터 기록, 추적, 검증, 집계에 최적화된 블록체인의 근본적 특징을 가장 잘 활용할 방법은 무엇인지 머리를 맞대고 고민하는 것이다. 지금 단계에서야 대규모 사용자 기반이 필요 없는 사내 기록 시스템과 같은 단순하고 복잡하지 않은 앱 정도일 것이다. 미래에는 더 혁신적이고 파괴적인 솔루션의 등장을 기대해도 되지만, 지금의 급선무는 다가올 변화를 예상하면서 블록체인 기술을 일상의 업무에 통합할 방법을 찾는 것이다. 당신이 어떤 위치에 있는지는 모르겠지만, 어쩌면 당신은 사업 모델을 바꿔야 할지도 모르고 미래를 변화시킬 이 기술에 투자해야 할지도 모른다. 너무 늦기 전에 말이다.

보안 문제를 없애는 것이 아니라 최소화하는 데 주력하라

사우디 아람코의 컴퓨터 바이러스 공격, 페이스북의 개인 정보 유출, 광산에서 소매상까지의 다이아몬드의 이동 경로. 이 모두가 오늘날 디지털 환경에서 흔히 맞닥뜨릴 수 있는 사이버 공격들이다. 보안 문제는 피하고 싶다고 피할 수 있는 것이 아니기에 탄탄한 디지털 마인드셋을 가진 사람은 두 가지 질문을 던져야 한다. "보안 문제는 언제 발생할까?" "보안 문제를 해결하기 위해 어떤 준비를 해야 할까?" 보안 전문가가 될 필요는 없지만, 디지털 시스템의 상호의존성을 포용하고, 기술 부채에 대한 예산을 책정하고, 개인 정보 보호 중심의 보안을 설계하고, 블록체인 기술로 데이터 무결성을 높일 수 있음을 이해한다면 크고 작은 보안 문제들을 완전히 제거하지는 못해도 줄이는 일만큼은 무탈히 해낼 것이다.

---

* 신기술과 신제품에 느리게 반응하는 성향의 소비자들. '남들보다 신제품을 먼저 사서 사용해보는 사람'을 가리키는 얼리 어답터와 상대적인 용어.

어떻게 지킬 것인가

디지털 마인드셋을 발전시키려면 데이터 보안을 성을 지키듯 정해진 출입구 몇 곳의 보안만 강화하면 된다고 생각하는 관점을 버려야 한다. 역동적인 디지털 환경은 태생적으로 상호의존적이고 복잡하며 다변하기 때문이다. 데이터가 공격받는 것은 '만약'의 문제가 아니라 '언제'의 문제라는 사실을 인정하라. 보안에서 또 다른 중요한 문제는 개인 정보 보호이다. 보안과 개인 정보 보호를 최우선에 두는 사전 예방 계획을 수립해야 한다.

- 낙후된 기반 시설을 갱신하거나 기존 기반 시설을 미래에 맞게 고치는 등 주기적으로 기술 부채 예산을 편성하라.
- 당신의 모든 온라인 활동은 흔적을 남긴다. 이 디지털 잔해는 생각지도 않았던 사람들에게까지 당신의 행동을 가시화한다. 디지털 잔해가 조합되어 행동 프로파일링을 만드는 단서가 되기도 한다.
- 개인 정보 수집을 수락할지 말지는 사용자 본인이 결정할 수 있어야 한다.
- 기업은 초기 설정에서부터 개인 정보 보호 중심의 설계를 해야 하며, 모든 설계 단계에 개인 정보 보호 조치를 내재해야 하고, 데이터 수집의 모든 과정에서 투명해야 한다.
- 블록체인은 네트워크에 공유되는 일종의 원장 배열 기술이다.
- 블록체인 기술은 복잡한 거래 데이터를 신속하고 안전하게 기록한다. 블록체인 플랫폼에서 행해진 거래는 영구적이고 비가

역적이며, 거래의 정산과 결제에 있어서도 제3자의 도움이 필요 없다.

- 블록체인은 속도, 보안, P2P 직접 거래가 가능하므로 암호화폐 거래나 효율적인 기록유지 시스템, 제품의 공급 사슬 추적에 이상적인 기술이다.

- 블록체인도 다른 네트워크처럼 사용자가 늘어날수록 블록체인의 가치도 올라간다. 사회와 산업을 근본적으로 뒤바꿀 혁명적인 기술이다.

디지털 마인드셋을 개발할 때는 언제 그리고 어떻게 데이터 수집이 가능하거나 불가능한지도 이해해야 한다. 디지털 시스템은 항상 진화하면서 기대에 부응하는 좋은 결과를 만들기도 하지만 예상 못 한 취약점을 드러내기도 한다는 사실을 잊지 말자.

6장

우리에게는 실험 정신이 필요하다

될지 안 될지는 시도해봐야 안다

자동차의 안전성을 보여주기 위해 마네킹을 태운 차를 벽에 돌진시키는 TV 광고를 다들 한두 번쯤은 봤을 것이다. 자동차 엔지니어들이 실제로 행하는 자동차 충돌 테스트를 본떠 만든 광고였다.[1] 2000년 대 초, 이런 충돌 테스트를 오랫동안 해왔던 미국의 한 자동차 회사가 물리적 실험의 횟수를 줄이고자 디지털 플랫폼 테스트라는 전략적 변화를 감행했다.

경제적으로 상당히 괜찮은 시도였다. 연구소에서 차량을 선제작해서 충돌 테스트를 하는 비용만 75만 달러 이상 들었다. 그러나 (소프트웨어 기능과 연산력을 높이기 위한 기반 시설 투자가 다 끝나면) 디지털로 테스트하는 비용은 몇 푼에 불과했다. 게다가 물리적인 차량 충돌 테스트를 한 번 할 시간이면 디지털로는 여러 번의 테스트가 가능했다. 2010년 초에 나온 결과에 따르면 이 회사는 디지털 실험으로 전환하면서 매년 1억 달러에 가까운 비용을 절감한 것으로 드러났다.

자동차 안전 테스트에 있어서 천지개벽에 가까운 변화였다. 하지만 물리적 실험에서 디지털 실험으로 전환한다고 조직에 일하는 '사람들'이 자연스럽게 진정한 디지털 마인드셋을—그리고 디지털 마인드셋을 개발했을 때의 장점을—가지게 되는 것은 아니다. 발라지와 데이비드는 위의 자동차 회사에서 일하는 엔지니어었다. 2014년에 두 엔지니어는 자사 베스트셀러인 소형 SUV 차량이 충돌 안전성 등급에서 5점 만점을 받는 것을 목표로 차량의 앞면을 재디자인하는 법을 찾아 디지털 실험을 진행 중이었다. 두 사람은 1247개의 디지털 자동차 모델을 디지털 벽에 충돌시키는 테스트를 진행했다. 시뮬레이션을 돌리면 매번 먼젓번 시뮬레이션과 아주 미묘하게 다른 결과가 나왔다. 데이비드는 그때를 이렇게 기억한다. "디지털로 하면 실험을 아주 여러 번 할 수 있으니 어떤 추이가 보인다는 게 큰 장점이지요. 그러니 실험을 조금만 뒤틀어도 내가 원하는 방향으로 추이가 이어지는지 확인할 수 있어요. 이렇게 또 한 번, 그리고 또 한 번 실험을 하면서 모든 실험 내용이 차곡차곡 쌓이게 되죠."

하루는 동료들과 같이 점심을 먹다가 발라지와 데이비드는 각자 실험 중인 차량의 디자인에 대해 말을 꺼내게 되었다. 발라지는 동료들의 말을 들으며 엔진실 아래에 있는 중요한 구조체, 앞 범퍼 레일 디자인이 모든 차량에서 다 비슷하다는 생각이 들었다. 그는 동료 한 명에게 최종 디자인을 얻기까지 실험을 몇 차례나 진행하는지 물었다. 동료가 곧바로 대답했다. "2300번은 했을걸?"

자리로 돌아와서 발라지가 데이비드에게 말했다. "너무 비합리적이야. 두 팀으로 나뉘어서 각자 차량 실험을 하는데 결론은 다 똑같잖아. 각자 맡은 프로젝트 실험으로 뭔가를 배우기는 하지만, 모두에게 도움이 되는 디자인 솔루션이 있을지 또 누가 알아." 모든 실험을 디지털로 진행해서 회사 서버에 저장하고 있으므로, '모든' 실험 결과가 —성공이든 실패든—다 조사되기만을 기다리고 있다는 소리였다. 발라지가 데이비드에게 또 말했다. "몇 가지 실험을 해서 진정한 솔루션이 무엇인지를 알아내야 해. 그게 우리가 할 일이야."

데이비드는 발라지의 말뜻을 이해했다. 그러나 두 사람은 이 반짝이는 아이디어가 회사의 일상적인 업무와는 다르다는 것도 모르지 않았기에, 안 된다는 말을 들을까 걱정스러웠다. 하지만 데이터를 가지고 실험한다는 아이디어로 대화를 나누면 나눌수록 걱정보다는 흥분감이 더 커졌다. 두 사람은 팀장에게 건의했고 팀장은 단호했다. "안 돼." 팀장은 두 사람의 제안을 왜 거절했을까? 팀장은 두 사람이 '담당한 차량'을 디자인하면 되지 '모든 차량'에서 최적의 디자인을 고민할 필요는 없다고 말했다. 그들의 일이 아니라는 이유였다. "디자인의 모범 사례를 알아내줄 해당 분야 전문가팀이 따로 있잖아. 그건 그 사람들 일이지 자네들 일은 아니야. 나한테 그런 건의를 했다는 게 오히려 놀라울 지경이야. 그러다 잘 안 되면 어쩔 건데? 시간 낭비도 낭비지만 팀의 사기도 떨어뜨리는 짓이야. 그런 데 쓸 시간 없어." 두 엔지니어는 낙담한 채 자리로 돌아갔다.

우리는 실험 정신을 포용하려고 노력하는 거의 30곳에 달하는 기업과 공동 연구를 하고 그들에게 컨설팅을 제공하면서 위와 같은 시나리오를 수도 없이 목격했다. 디지털 마인드셋을 적절히 기르지 않는 한, 디지털 실험의 장점을 잘 아는 사람들마저도―위 자동차 회사의 팀장처럼―실험 정신이라는 틀로 세상을 보지 못 한다. 우리는 어떤 실험이든 직관적으로 포용하는 발라지와 데이비드 같은 직원이나 경영자도 적절한 어휘나 참고 사례를 알지 못해서 좋은 아이디어를 효과적으로 설명하지 못하는 모습을 목격했다. 이런 이유에서라도 건강한 디지털 실험 정신의 문화가 조성되려면 팀은 물론 조직의 모두가 디지털 마인드셋을 길러야 한다.

실험 정신이 핵심적인 모범 관행으로 자리를 잡아야 한다는 개념은 새롭지 않지만, 복합적이고 데이터 집약적인 실험 정신을 길러야 한다는 것은 새로운 개념이다.[2] 소프트웨어, 하드웨어, 조직의 여러 부분에서 통합을 요구하는 디지털 혁명의 등장으로 기업의 제품과 서비스도 갈수록 통합되고 있으며 계산적으로 운영되는 중이다. 이렇게 복잡한 현실로 인해 실험 절차는 더욱 복잡하고 까다로워졌지만 동시에 디지털 시대에서 실험 정신은 필수요소가 되었다. 조사에 따르면, 건강한 디지털 실험 정신 문화를 만드는 기업은 세계 GDP보다 8배나 빠르게 성장한다고 한다.[3] 마이크로소프트의 연간 10~25% 매출 성장에는 이 회사의 검색엔진 빙Bing이 끊임없이 실험을 진행하며 매달 성능을 개선하는 것이 큰 역할을 한다. 우리가 자문을 주었던 한 대형 은행도 디지털 실험으로 연마한 새로운 금융상품을 출시한 후 2년 동안 매출이 30%나 늘었다.

신속하게 프로토타입을 만들고 데이터 분석을 진행해 사내 업무 프로세스와 제품, 서비스를 개선하는 능력이 있는 조직의 밑바탕에는 실험 정신을 포용하는 문화가 깔려 있다. 실험 정신을 포용하는 디지털 마인드셋을 기르려면 네 가지 핵심 접근법을 이해해야 한다.

1. 실험의 기본 분위기를 정하고 실험 이해의 기본 관점이 되는 학습 어젠다를 만든다.
2. 사용자 행동과 시스템 로그로 생성된 디지털 잔해를 체계적으로 분석 가능한 디지털 발자국digital footprint으로 바꿔서 앞으로의 실험 계획을 설계한다.
3. 직원들이나 부서간 업무 분담 방식 등과 같은 현재 조직 구조가 실험 활동을 저해하는 일이 없도록 조심한다.
4. 실험 정신을(비록 실험 정신을 실험하는 것일지라도) 적극적으로 장려하는 차원을 넘어 기대하게 만드는 심리적 안전감이 있는 문화를 구축한다.

조직이 실제로 디지털 실험을 진행하고 있지 않을지라도 위의 네 가지 접근법은 대단히 중요하다. 우리의 생활과 일에 영향을 미치는 핵심적인 기술 프로세스를 개발하려 할 때는 이 네 가지 접근법의 기본 개념을 이해하느냐에 따라 그 결과가 크게 달라진다.

학습 어젠다를 만들라

우리의 동료이며 실험 정신 분야 세계 최고 권위자 중 하나인 하버드비즈니스스쿨 스테판 톰키Stefan Thomke

교수는 변화의 속도도 규모도 엄청난 오늘날의 디지털 시대에는 '실험 정신 기풍'이 절대적으로 필요한 것이 되었다고 말한다.[4] 디지털 제품과 서비스의 급속한 발달, 점점 변덕스러워지는 소비자 습관, 컴퓨터 처리 능력과 데이터 저장 능력의 거대한 도약으로 말미암아 고객도 기업도 시장도 끝없이 변화해야 하는 상태가 되었다. 변화가 거듭될 때는 직감이나(직감이 드는 데도 시간이 걸린다) 이론으로는(직감보다도 시간이 훨씬 오래 걸린다) 최상의 행동 방침을 계획하기가 힘들다.

하지만 무작정 실험을 시작해서는 안 된다. 학습 어젠다는 되는 대로가 아니라 계획과 의도를 세우고 실험을 전개하도록 도와준다. 실험을 문서화하게 해주고 실패에도 좌절하지 않을 수 있다.

계획과 의도를 세우고 실험을 하라

디지털 실험 정신을 성공적으로 이용해서 중요한 의사결정에 도움이 되게 해야 한다는 것은 실험 설계에서부터 답을 구하려는 잠재적 질문을 의도적으로 정해놓고 실험 평가 기준도 여기에 맞춰 결정해야 한다는 뜻이다.

드롭박스Dropbox의 창업자인 드루 휴스턴Drew Houston의 디지털 실험 정신은 회사가 극적으로 성장하는 밑거름이 되었다. 회사 초창기에 휴스턴은 드롭박스의 인터페이스와 기능 셋을 요약한 3분짜리 데모 버전을 만들어서 개발자들이 자주 가는 인기 온라인 포럼에 올렸다. 그의 목표는 개발자들이 어떤 특정 기능에 가장 크게 반응하는지 알아내는 것이었으므로, 잠재적 사용자들이 이 새로운 툴에서 좋아하거나 싫어하는 기능이 무엇인지 구체적

이고 측정 가능한 피드백을 얻기 위해 데모 버전을 설계했다.[5]

이런 과정을 밟을 때는 발견한 사실이 상식이나 설계 초기의 직감에 어긋날지라도 열린 마음으로 받아들여야 한다. 예를 들어 드롭박스의 데이터 분석가들은 무료 저장 공간의 최적 크기를 알아내기 위해, A/B 테스트를 진행하고 현재 사용자들이 사용하는 저장 공간의 크기를 분석했다. 이 세 종류의 데이터 포인트를 통해, 드롭박스 사용자들은 몇 기가바이트의 무료 저장 사용 여부를 중요 기준으로 여기지 않는다는 사실이 드러났다. 덕분에 드롭박스는 광고에 내걸었던 무료 저장 공간의 크기를 줄이면서 비용을 대폭 아낄 수 있었다.

휴스턴은 회사가 성장할수록 디지털 실험 정신의 기풍을 회사의 문화로 만들려 노력했다. 회사의 팀들은 사용자들이 무엇을 좋아하고 좋아하지 않는지 알아내기 위해 디스플레이 광고와 제휴 사업, 기능 배치, 무료 제공 상품의 규모 등 여러 가지에 대해 실험을 했다. A/B 테스트 결과에 따라 웹페이지 레이아웃을 미세하게 변경했다. 실험에서 얻은 측정 가능한 결과에 기반해 내린 중요한 사업 결정으로 고객이 늘어났고 비용이 감소했다.

계획도 체계도 없는 실험이거나, 그렇게 보인다. 앞에 나온 발리지와 데이비드가 충돌 시뮬레이션 데이터로 실험을 진행하지 못한 이유이기도 하다. 아이디어 자체는 훌륭했을지 몰라도 두 사람은 실험의 당위성을 제시하지 못했고 회사가 그 실험에서 학습하려면 어떻게 해야 하는지 명확한 계획을 세우지도 않았다. 우리가 만났던 기업들만 봐도, 가장 성공적인 실험은 학습 어젠다가 동반된 실험이었다.

학습 어젠다를 문서화하라

이 짧은 문서는 다음의 내용을 담아야 한다.

• 답을 얻으려는 질문
• 질문에 답을 얻기 위해 밟아야 할 실험 단계
• 실험이 답을 얻는 데 도움이 될 것이라고 생각하는 근거
• 실험으로 원하는 결과를 얻어냈는지 평가할 기준

디지털 실험에서 언제나 무언가를 배우는 사람들은 실험을 시작하기 '전에' 위의 내용들을 정리할 수 있다. 실험을 시작하기 전에 학습 어젠다를 정리해야 한다. 그래야만 디지털 실험에 시간과 노력과 자원을 쏟을 가치가 있는지를 판단할 수 있기 때문이다. 하지만 더 중요한 이유는, 학습 어젠다가 디지털 실험으로 학습하는 디지털 마인드셋을 길러준다는 것이다.

로레알의 미디어, 전략 투자, 크리에이티브 솔루션 수석 부사장인 네이딘 맥휴Nadine McHugh는 디지털 광고와 마케팅의 성공적인 실험을 어떻게 진행하는가를 아래와 같이 설명한다.

우리가 하는 실험은 어떤 것이든 진정으로 거대한 변화를 만들 수 있을 만한 실험이어야 한다. 궤도를 이탈하지 않고 들인 비용을 최대한 뽑아내기 위해서라도 모든 실험에는 이른바 '학습 어젠다'가 있어야 한다. 답을 얻으려는 질문이 무엇이고, 발견하기를 원하는 새로운 인사이트가 무엇이고, 취해야 할 단계가 무엇인지를 학습 어젠다에 정리한다. 학습 어젠다를 정한 후에

는 앞으로의 광고 캠페인을 고민하고 가설검정에 가장 어울릴 만한 브랜드나 제품을 고른다. 그 후로는 테스트가 무한으로 반복된다. 테스트하는 내내 몇 가지 주요 지표가 어떤 영향을 받는지를 관찰한다. 가령 유튜브 광고에서는 뷰어빌리티(유효 노출), 도달률, 규모, 브랜드 적합성, 세일즈 리프트*등이 이런 주요 지표에 해당한다.[6]

1909년에 설립되었고 여전히 세계 최대 화장품 회사로 군림 중인 로레알의 사례는 드롭박스처럼 21세기형 소프트웨어 회사가 아니어도 실험 정신을 포용하는 디지털 마인드셋을 기를 수 있다는 사실을 잘 보여준다. 로레알은 언제나 실험 정신을 포용했으며 작은 실험에서 학습을 한 후에 중요 제품을 출시하거나 대규모 프로모션을 진행했다. 로레알의 디지털 실험은 30개가 넘는 브랜드 전체의 매출을 높여준 스냅챗 필터와 유튜브 제휴 같은 혁신을 탄생시켰다. 2016년에 로레알 자회사인 NYX 프로페셔널 메이크업의 매출액은 2년 동안 4배가 되었고, 또 다른 자회사인 로레알 파리는 3년 연속으로 세계에서 가장 가치 있고 강력한 화장품 브랜드에 선정되었다.

실패에 절망하지 말라
대부분의 경우 실험은 원하는 최적의 결과를 만들지 못한다. 성공에서 배울 수 있다면야 기분은 좋겠지만 실패에서도 배

---

* 프로모션 기간 동안의 매출 증가 정도.

우는 것이 훨씬 중요하다. 브리검영대학교 피터 마드센Peter Mad-sen 교수와 콜로라도대학교 비니트 데사이Vinit Desai 교수는 조직이 어떤 때에 성공과 실패에서 배우고 어떤 때에 그러지 못하는지를 알고자 1957~2004년까지의 기업 데이터를 분석했다.[7] 분석 결과, 일정 기간 실험에서 실패했던 조직들은 추후 더 성공적인 성과를 내는 것으로 나왔다. 더 놀라운 사실이 있었다. '초기'의 실험에 실패했던 조직들이 초기에 성공했던 조직들보다 미래의 성공 가능성을 높였다는 사실이었다. "실패의 경험은 조직으로 하여금 기준선을 미리 세우고 그것보다 높은 성과를 내게 해주지만, 성공의 경험은 그만큼의 성과 향상을 만들어내지는 못한다." 이것이 두 교수가 내린 결론이었다. 더욱이 두 교수는 초기에 성공을 거둔 조직들이 미래에도 같은 수준으로 성공할 수 있을 것이라고 보여주는 증거는 하나도 찾아내지 못했다. 다시 말해 실패해도 낙담하지 않고 교훈을 배우는 것이 무엇보다도 중요하다. 우리가 만난 기업에서도 실패 후 배운 사람들은 명확하게 학습 어젠다를 세운 다음, 실험을 시작한 사람들이었다.[8] 학습 어젠다는 실험 결과를 이해하고 그 결과를 바탕으로 새로운 방식의 디지털 실험을 설계해 이전 실험들에서 드러난 문제를 극복하는 데 도움을 주었다.

디지털 잔해를 디지털 발자국으로 전환하라

아웃룩으로 이메일을 보내고, 클라우드 기반 협업 툴인 슬랙에 메시지를 올리고, 줌으로 화상 회의를 하고,

자이브에 올라온 글에 '좋아요'를 누르고, 마이크로소프트 팀즈에서 팀을 만들고, 웹 기반 프로젝트 관리 소프트웨어인 트렐로에서 각 업무를 배분할 때마다 디지털 기술은 이 모든 행동을 메타데이터로 기록한다. 여느 출퇴근하는 직장인들도 의사소통의 절반 남짓은 디지털로 하고, 회의의 4분의 1을 디지털로 기록하고, 맡은 업무를 처리하는 방식을 문서화하는 데 업무 시간의 10분의 1을 쓴다. 코로나19 팬데믹 여파로 재택근무를 하게 된 사람이라면 텍스트, 오디오, 영상 파일 등을 전송하고 실시간으로 데이터와 문서를 공유하고 편집할 수 있게 해주는 디지털 기술 덕분에 재택근무가 가능하다는 사실을 모르지 않는다. 실제로도 미국에서 코로나19 팬데믹이 시작되고 한 달도 지나지 않아 줌의 일별 적극 사용자 수는 67%가 늘어났으며, 2000만 명이었던 마이크로소프트 팀즈의 일별 적극 사용자 수는 4400만 명으로 증가했고, 슬랙의 신규 유료 고객은 이전 두 분기의 유입 수준보다 대략 40% 늘어난 7000명이었다. 사용자 활동이 늘어나면서 당연히 수집되는 메타데이터도 같이 늘었다.

이것은 디지털 툴로 소통하는 사람들의 증가 수치만을 집계한 것이다. 인터넷 활동과 전자상거래에서의 물품 구입 증가(2019년에 19억 2천만 명이 온라인에서 상품이나 서비스를 구입했다[9]), 소셜미디어에서 활동하는 사람들의 수(2020년 1월 기준 38억 명[10]), 모바일 서비스 사용자(2019년 말 기준 51억 9천만 명[11])까지 다 계산에 넣으면, 우리의 생활이 메타데이터로 얼마나 많이 기록되고 저장되는지도 금세 이해가 간다.

이런 메타데이터를 '디지털 잔해'라고도 하는데, 이 데이터들은 웹상에서 회의하고 계산하고 검색하고 물건을 사고 친구와 수다를 떠는 등 다른 활동을 하면서 만들어진 부산물이기 때문이다. 예를 들어 초과 근무를 하고 (VPN 로그인 타임으로 기록된다), 포털에서 정보를 알아보는 시간이 유독 짧고(서버 타임스탬프로 기록된다), 회의에서 유독 말이 없어도(줌 회의에서 당신이 말한 시간이 초 단위로 기록된다) 이런 디지털 잔해 조각은 그 자체로는 중요한 정보가 되지 않는다. 그러나 누적된 디지털 잔해 조각을 결합해서 분석하고 다른 직원들의 행동 패턴에 비교하면 중요한 결론을 유추하게 될 수도 있다. 어쩌면 조직에서 단절되어 어려움을 겪는 직원일지도 모른다.

디지털 잔해는 무궁한 쓸모가 있다. 그러므로 디지털 잔해가 가진 효과와 실험적 가치를 이해하는 것은 디지털 마인드셋 개발에 큰 도움이 된다. 우리는 직원들이 업무 중복을 줄이고 혁신을 늘리며, 조직이 더 정확한 메타지식('누가 무엇을 아는지'와 '누가 누구를 아는지' 등의 지식)을 개발하게끔 하고, 업무를 더 효과적으로 배분하기 위한 디지털 잔해 사용법을 정리했다. 직원들이 만든 디지털 잔해를 수집하고 분석하는 리더는 효율적인 지식 이전 체계를 수립할 수 있고, 전략을 더 효과적으로 이행할 수 있으며, 특정 업무에 가장 적합한 네트워크를 가진 직원을 찾아낼 수 있다.[12]

당신과 다른 사람들의 디지털 발자국을 의식하라

실험 정신을 포용하는 디지털 마인드셋을 개발한다는 것은 디지털 잔해 조각들을 조합해 직원, 팀, 서브유닛subunit, 제품, 사내 혁신 프로세스의 '디지털 발자국'을 만들려 고민하는 태도를 갖춘다는 뜻이기도 하다. 디지털 발자국은 팀 또는 사람과 같은 어떤 '대상'과 관련해 수집한 데이터이다. 디지털 발자국은 기업이 그 대상에 대해 파악한 모든 데이터를 수학적으로 표현한 것이며 행동 예측에 사용된다. 디지털 잔해가 늘어날수록 디지털 발자국도 발맞춰서 계속 갱신된다. 디지털 마인드셋이 발전할수록 디지털 발자국을 점점 더 의식하게 되면서 당신의 디지털 잔해가 남긴 작디작은 정보가 무엇이며 쓰임새는 무엇일지를 더 고민하게 될 것이다.

AI와 기계학습이 디지털 발자국에 기반해 쓸 만한 예측을 내릴 수 있을 만큼 충분히 발전했는지 궁금할 것이다. 그런 흐름이 시작되었다는 것만은 분명하게 말할 수 있다. 과거에도 대규모 데이터 분석 능력을 가진 기업은 많았지만, 직원들의 행동을 기록하고 저장하지 못한 탓에 분석에 필요한 데이터가 충분하지 않았다. 현재는 데이터가 충분하다 못해 넘친다. 기업은 직원과 고객과 제휴사들이 구매를 하고 소통을 하고 일을 하면서 남긴 디지털 잔해에서 디지털 발자국을 수집해 알고리즘으로 면밀히 분석한다. 당연한 말이지만, 디지털 잔해의 심층 분석이 가능해진 만큼 개인 정보를 보호하기 위한 신중한 규제 장치도 필요하다.[13]

디지털 발자국 분석 기술의 발전이 가장 앞선 기업들은 AI로 이런 행동 패턴과 새로운 데이터 셋(직원 이직률이나 성과 데이터 등)을 결합해 특정 인간관계에 대한 가설을 실험해서 행동 예측을 시도하고 있다. AI와 기계학습으로 디지털 잔해를 디지털 발자국으로 바꿔 미래의 행동을 예측하는 것은 디지털 시대의 핵심 실험 중 하나이다.[14] 지금 당장 그런 실험을 하지는 않을지라도 당신은—더 정확하게는 당신의 디지털 잔해는—그 실험의 재료가 되고 있다.

디지털 잔해를 설명할 적절한 어휘를 찾으라

발라지와 데이비드는 팀장에게 가서 수천 번의 차량 시뮬레이션 테스트가 남긴 디지털 잔해를 가지고 실험을 하고 싶다며 아이디어를 제안했지만, 그들은 실험 방법과 기대하는 결과를 적절한 말로 설명하지 못했다. 만약에 그들이 적절한 말로 설명했다면, 팀장도 이런 디지털 발자국을 가지고 실험하고 싶다는 두 사람의 아이디어가 회사 모든 차종의 성능을 개선할 근본적인 차량 디자인 원칙을 발견하는 결과로 이어질 수도 있음을 이해해주었을지도 모른다.

두 사람은 이 아이디어를 다른 방식으로 설명했어야 했다. 이렇게 말했다면 어땠을까? "디지털 모델을 알고리즘—가정을 세우고 그 가정에 맞춰 인풋 정보를 가져오고 조작하기 위해 주의 깊게 정해놓은 일련의 절차—에 넣고 돌려야 합니다. 복잡한 환경의 역동성을 시뮬레이션하는 방식으로요." 서비스형 소프트웨어에서 인풋 정보는 사용자의 디지털 활동에서 취합한 사용자 행동 패턴을 의미한다. 자동차 회사처럼 하드웨어를 생산하거나 환경 시스템을 모델링하는 조직에서는 가속도계, 기압계, 공기질 측정기와 같은 센서로 수집한 아날로그 데이터를 디지털 데이터로 변환해서 분류하고 분석하고 방정식에 대입한다. 여기서 방정식이란 다양한 환경 조건에서 결과가 어떻게 달라질 것인지를 생각하면서 세운 가정을 말한다.

제품과 서비스에 여러 기능이 복합적으로 장착될수록 비선형적이고 복잡한 시스템의 역동성을 시뮬레이션해주는 디지털 모델 실험이야말로 성공적인 혁신으로 이끌어주는 핵심적인 실험 유형이 될 것이다. 이른바 '자동차 엔진실'의 작동 원리를 수학적으로 완벽하게 이해해야 할 필요는 없지만, 디지털 모델의 기본 재료는 무엇이고 인풋 정보는 무엇이고 아웃풋을 어떻게 분석해야 하는지 정도는 이해하면 도움이 된다.

디지털 데이터와 그 잔해로 만들어지는 디지털 발자국의 시각적 표현은 복잡한 매트릭스를 일반 대중에게 쉽게 전달해주는 기초 어휘 역할을 하기도 한다. 코로나19 대유행 기간에 여러 매체가 감염률이나 바이러스 전파 속도, 이용 가능한 ICU 병상 수 등을 시각 자료로 정리해서 발표하는 것을 누구나 한두 번 이상은 보았을 것이다. 물론, 의료기관과 정부가 수집한 데이터에서 가져온 수백만 개의 데이터 포인트를 분석해서 만든 시각 자료였다. 미국인들을 세 개 집단으로 구분해서 각 집단의 코로나 정부지원금 실사용 여부를 조사할 때도 데이터가 필요했다. 소비자 지출, 고용률, 구인 공고를 비롯해 여러 경제 지표에 대한 정보는 급여 총액, 금융서비스 기업 등에서 얻은 데이터로 결합한 익명의 디지털 잔해를 분석해 얻었다. 여기에서 키워드는 '익명'이다. 수백만 명이 만들어낸 디지털 잔해를 가지고 하는 실험이었지만 개인의 신분이나 계좌 정보는 포함되지 않았다. 이 복잡한 지표들을 비경제학자들에게 쉽게 전달하고자 인터랙티브 시각화 툴*이 사용되었다.[15]

---

* 읽는 사람이 시각화된 자료를 직접 조사하고 분석할 수 있게 해주는 디지털 툴.

개인 정보 보호의 안전장치

조직이 알고리즘을 이용해 디지털 잔해를 수집하고 분류하는 일이 늘어날수록 직원과 고객의 행동을 예측한다는 명목으로 그들의 개인 정보를 악용하거나 도용하는 사태가 빚어질 수 있다는 점을 유념해야 한다. 재택근무와 원격근무로 생성되는 방대한 디지털 잔해는 조직의 행동을 여러모로 개선해주지만, 조직을 공정하고 평등한 곳이 되게 해준 시스템과 프로세스와 제도의 일부를 침해하는 위협이 되기도 한다.

디지털 데이터를 실험에 사용하는 수확을 거두면서 개인 정보도 안전하게 보호하는 방법은 꾸준한 토론이다. 조직의 개인 정보 사용 범위를 규제하기 위한 논의가 법과 공공정책의 영역에서 진행되고 있다. 기업의 개인 정보 보호 전문가들과 사내 법규 준수 담당 직원들은 직원들의 사생활 보호권과 생산적인 디지털 잔해 실험 사이에서 적절한 균형점을 찾아내려 머리를 붙잡고 고심하고 있다. 당신의 조직에도 개인 정보 보호와 직원의 권리, 윤리 규정을 검토하고 조언해줄 법무 전문가와 인사 부서가 있을 것이다. 디지털 마인드셋을 가진다는 것은 이런 조언을 최소한 검토라도 해봐야 한다는 의미다. 디지털 마인드셋을 기른다는 것은 개인 정보 데이터 수집이 지니는 의미를 고민하고 인사 및 법무 전문가들과 적극적으로 협력해 개인 정보 보호책을 마련한다는 뜻이다.

조직이 원격근무나 재택근무에 사용하기 위해 설치하는 디지털 툴 대부분은 클라우드 기반 앱이다. 그리고 이 소프트웨어를 제공하는 벤더들은 해당 소프트웨어가 만드는 디지털 잔해의 일부나 전체에 접근할 권리가 계약으로 보장돼 있다. 벤더들은 알고리즘으로 개인 행동과 조직, 시스템을 분석할 매크로 수준의 디지털 발자국을 만들 수 있으며, AI를 사용해 개인과 조직의 미래 행동을 예측할 수 있다. 이 회사들은 예측 결과를 소비자 마케팅을 원하거나 기업 컨설팅을 원하는 다른 기업에게 팔기도 하고, 아니면 기술을 개선해 훨씬 많은 디지털 잔해를 수집하도록 자체적으로 디지털 발자국을 활용하기도 한다. 쇼샤나 주보프Shoshana Zuboff 전 하버드비즈니스스쿨 교수는 벤더들이 디지털 잔해를 어떻게 현금화하고 있으며, 어떻게 활용해서 디지털 발자국을 만들어 우리의 행동을 예측하고 형성하는지 그의 책에서 설명했다.[16]

부서간 이기심이 실험 정신을 해치게 하지 말라

디지털 세상이 오기 전에는 실험을 조직하고, 실험을 수행하고, 실험 결과를 분석하는 전담 부서가 다 다른 것이 정상이었다. 디지털 기술로 데이터가 풍성해지고 접근이 쉬운 세상이 오기 전에는 실험을 하고 결과를 기록하는 것만도 보통 큰일이 아니니 당연한 일이었다. 지금은 디지털 플랫폼에서 A/B 테스트를 하거나 디지털 모델을 사용할 수 있으므로 데이터도 디지털 잔해도 풍성하고 실험 비용도 과거에 비하면 무시해도 좋을 만큼 낮은 편이다.[17] 제품을 설계할 때도 광고를 기획할 때도 고객에게 자문을 제공할 때도 빠르게 실험을 계획해서 수행할 수 있다.

지금은 제품과 데이터에 가장 가까이 있는 사람들이 직접 실험을 하는 것이 이치에 맞는다. 하지만 대다수 기업들은 중앙의 분석 부서나 R&D 연구소가 아닌 디자이너, 마케터, 엔지니어, 관리자의 손에 실험을 맡길 생각이 없어 보인다. 기업에 디지털 마인드셋이 장착하지 못했기 때문이다. 다른 식으로 표현하자면 실험의 민주화를 실현하지 못하고 있는 것이다. H. 제임스 윌슨H. James Wilson 뱁슨대학교 교수와 케빈 지소자Kevin Desouza 워싱턴대학교 교수의 말마따나 "실험을 민주화하지 않으면 연구부서에 속하지 않고 조직 전체의 85~90%에 해당하는 직원들의 지식과 능력을 사장시키는 것이다."[18]

기존의 조직 체계는 실험의 민주화를 어렵게 만들고 실험 정신을 죽음으로 이끌기도 한다.[19] 디지털 실험의 부서화가 가져올 몰락이 잘 상상이 되지 않는다면, 자동차 회사의 엔지니어인 발라지와 데이비드가 사내 충돌 테스트 데이터로 실험해보고 싶다고 건의했을 때 팀장이 내놓았던 답변을 떠올리기 바란다.

안전한 범위 내에서 직접 실험을 해보라

실험 아이디어를 제기했다가 단칼에 거절당하고 3개월이나 지났지만 데이비드는 해볼 만한 실험이라는 생각이 가시지 않았다. 그는 발라지를 설득했고, 두 사람은 몰래 밤과 주말에 실험을 했다. 데이비드는 그때를 이렇게 기억한다. "이러다가 둘 다 곤란에 처하면 어쩌나 걱정되기는 했죠. 하지만 꼭 해야 할 일이라 생각했고, 둘 다 개인 시간을 썼으니 큰 잘못이라고는 생각하지 않았어요."

데이비드와 발라지는 회사의 부서들이 각자 진행했던 모든 실험의 방대한 데이터 셋을 조합했다. 그들은 온라인 강좌로 통계 분석, 기계학습을 배웠다. 그런 다음에 실험에 대한 실험을 시작했다.

한 달이 지나고(데이비드는 그들 둘이 프로젝트에 대략 30시간 정도를 들였다고 기억한다) 분석 결과 정말로 최적의 자동차 앞 범퍼 레일 디자인이 존재했다. 만약 처음부터 그런 실험 결과가 있는 상태에서 앞 범퍼 레일을 디자인했다면 1만 2000시간 이상을 단축했을 것이고, 그 시간은 고스란히 다른 부품의 성능을 개선하는 데 쓰였을 것이다.

긍정적 결과에 의기양양해진 발라지와 데이비드는 팀장에게 다시금 면담을 요청했다. 팀장은 명백히 안 된다고 했음에도 두 사람이 실험을 추진했다는 사실에 심기가 불편했지만 실험 결과를 들어봐주기로 했다. 팀장은 그때를 떠올리며 이렇게 말했다. "결과를 듣고 무척이나 놀랐습니다. 그들이 개발한 최적의 디자인은 직관적으로 한눈에 이해가 되었지만 우리 회사 차량 대부분에는 적용되지 않은 디자인이었죠. 게다가 그런 인사이트를 개발하기에 충분한 데이터가 사내에 이미 존재했다는 사실도 믿기지 않았어요. 두 사람의 실험은 데이터를 잠가둔 문을 딴 셈이죠. 제가 잘못 판단한 거예요." 발라지와 데이비드가 발견한 새로운 인사이트에 잔뜩 흥분한 팀장은 엔지니어링 수석 부사장과의 면담 일정을 잡았다. 드디어 팀장이 발라지와 데이비드의 실험을 인정하고 그 가치를 알아봐주자 두 사람은 우쭐한 기분이 들었다.

그러나 안타깝게도 수석 부사장과의 회의는 기대만큼 좋지 못했죠. "된통 깨졌죠. 부사장은 우리가 그런 제품 개발 실험을 해서는 안 된다고 말하더라고요. 그건 우리 둘의 업무가 아니라는 게 이유였어요. 회사의 전 차량을 검토하고 최적의 디자인을 위한 인사이트를 만들어내는 건 분석팀과 경쟁사 벤치마킹 팀이 할 일이라고요. 그들은 그들의 일을 해야 하고 우리는 우리의 일을 해야 한다면서요." 발라지와 데이비드의 팀장처럼 엔지니어링 부사장도 실험 정신을 한 부서에만 국한하는 구식 사고방식에 얽매여 있었다. 디지털 마인드셋을 개발하지 못했으니 부사장 역시 디지털 실험 정신에 내재한 진정한 잠재력도, 제품과 가장 가까이 있는 사람들이 그러한 실험 정신을 실천에 옮겼을 때의 진정한 가치도 이해하지 못했던 것이다.

조직의 구조를 이해하고 그에 대응할 계획을 짜라

수서 엔지니어링 부서장에게 한 소리 듣기만 했던 면담이 있고 1년 정도가 지난 후 발라지와 데이비드는 분석 및 경쟁사 벤치마킹 부서가 주최한 공개 회의에 참석했다. 회의 주제는 앞 범퍼 레일 디자인이었다.

회의에서 댄이라는 엔지니어가 "5스타 성능을 가능하게 하는 구조적 설계"라는 주제의 연구 결과를 발표했다. 댄이 속한 부서가 하는 일은 경쟁사 차량을 구입해 분해하고 분석해서 경쟁사들이 어떤 디자인 솔루션을 적용하여 문제를 해결하는지 알아내는 것이었다. 댄은 이번 연구 경비로 대략 450만 달러가 소요되었다고 말했다.

댄은 발표를 하면서 정부의 중요 충돌 안전 시험에서 5스타를 받은 차량들의 앞 범퍼 레일 사진을 보여주었다. 회사는 다양했지만 좋은 점수를 받은 차량에서는 일관된 흐름이 나타났는데, 크러시 존*이 긴 직선형의 앞 범퍼 레일이 오래 에너지를 흡수할 수 있도록 설계되었다는 것이었다. 댄은 경쟁사 차량들의 앞 범퍼 사진을 보여준 후 자사의 다양한 차량 사진들을 슬라이드로 보여주었다. "우리의 앞 범퍼 레일들에도 적용한 사진을 제시할 수 있을 것이라는 생각이 들었습니다. 이 생각을 '엔지니어링 수석 부사장'에게 전했고 부사장님도 디자인에서 대대적인 수정을 가하라고 말씀하셨습니다."

프레젠테이션이 끝나고 회의실을 나서면서 발라지가 데이비드에게 말했다. "토할 것 같아." 댄의 부서는 경쟁사 차량을 사서 분해하고 결론을 얻는 데 500만 달러에 가까운 비용을 들였지만, 발라지와 데이비드는 회사의 데이터를 가지고 디지털 실험을 하면서 돈 한 푼 들이지 않고 30시간 만에 똑같은 결론을 내렸다! 게다가 댄은 직선형 앞 범퍼 레일과 5스타 충돌 안전 등급의 상관관계에 의존해서 분석 결과를 내놓은 반면에, 발라지와 데이비드가 데이터를 가지고 했던 실험은 둘 사이의 인과관계를 토대로 결과를 만들어냈다.

디지털 마인드셋을 개발한다고 해도, 조직 구조상 분석과 실험이 중앙에 집중된 탓에 제품과 데이터에 가장 가까운 사람들은 직접 실험할 기회를 얻기 힘들 수도 있다. 안타까운 일이다. 가장

---

* 충돌했을 때 찌그러지면서 에너지를 흡수해 충격을 완화하는 부분.

변두리에 있는 사람들이 오히려 가장 빠르고 적은 비용으로 실험을 하고 가장 큰 수확을 거둘 수 있다. 우리가 만난 실험 정신을 개발하는 데 성공한 기업의 리더들은 보통 두 가지 전술 중 하나를 써서 이 문제를 해결했다. 첫 번째 방법으로 중앙집중화된 사내 실험과 분석을 최대한 분산하고 제품과 가장 가까이에 있는 사람들이 실험을 하게 만들었다. 또 다른 방법으로 실험 전담 부서를 실험 자문 부서로 변경하기도 했다. 실험에 대한 자문을 제공하는 부서들은 직원들에게 엔지니어링이나 제품, 마케팅, 기타 직능을 수행하는 전문 인력을 제공함으로써 실험과 데이터 분석을 도와주었다. 디지털 전환이 피하기 힘든 압박으로 다가오고 더 많은 사람들이 디지털 마인드셋을 가지게 될수록 조직의 리더들도 이에 맞는 조직 변화를 피할 수 없다는 사실을 깨닫게 될 것이다.

심리적 안전감을 구축하라

실험이라는 것은 추측에 추측을 거듭해서 하는 것이기에 많은 실험이, 아마도 대부분의 실험이 실패할 수밖에 없다.[20] 학습 어젠다를 정하면 실패에서 귀중한 교훈을 배울 수 있을지 몰라도, 사람들은 '실패한' 실험이라는 오명이 두려워 선뜻 실험을 진행할 생각을 하지 못한다. 한 하드웨어 기업의 리더는 이런 말을 하기도 했다. "우리에게는 디지털 데이터도 충분하고 새로운 것을 시도할 기회도 아주 많습니다. 하지만 우리는 그런 사실을 어지간하면 입 밖으로는 잘 내지 않습니다. 혹시 실험을 했다가 실패하면 준비가 철저하지 못한 사람으로 비칠 수도 있으니까요." 최고 경영진이 실험 정신을 이렇게 여긴다면 밑의 직원들도 실험을 중요하다고 생각하지 않게 된다. 우리가 10개의 디지털 기업에서 진행한 설문조사에 따르면(총 3000명이 넘는 사람들이 응답했다) 실험이 실패하면 조직에서 그들에 대한 인식이 나빠질지도 모른다는 것이 실험을 시도해볼 생각을 하지 않는 가장 큰 이유였다.

발라지와 데이비드가 팀장에게 실험 아이디어 건의를 주저한 것도 바로 이런 이유에서였다. 그들의 짐작이 맞았다. 두 사람이 개인 시간을 내서 독자적으로 진행한 실험이 결과를 낸 다음에야 팀장은 생각을 바꾸었다. 팀장은 부서에 대한 평가가 나빠지고 더 나아가 본인에 대한 평가에도 영향을 줄 것이라는 생각에 실험이 실패하는 상황을 원하지 않았던 것이다.

직원들이 편안하게 실험 아이디어를 낼 수 있는 분위기가 조성되지 않으면 경영자도 부서도 데이터에 가장 가까이 있는 사람들의 인사이트를 얻지 못할 것이다. 예를 들어, 우리가 컨설팅을 제공했던 항공기 제조사는 더 효과적인 제품 개발 사례를 알아보기 위해 주제별 전문가subject matter expert, SME들로 구성된 부서를 창설했다. 이 SME들은 제품 개발을 연구하는 엔지니어들이 아니었고, 우리는 SME들과 엔지니어들에게 각자 생각한 실험 아이디어를 익명으로 심사 위원회에 제출하라고 요구했다. 엔지니어들이 제안한 실험 아이디어는 심사 위원회에서 유망하다는 평가를 3배 정도 더 많이 받았다. 하지만 SME들은 엔지니어들보다 실험 아이디어를 5배 정도 더 많이 제안했다. 그러다 보니 참신하고 좋은 아이디어는 묻혀서 잘 드러나지 않았다.

회사의 분위기 자체가 제품 가장 가까이 있는 사람들의 실험 정신에 도움이 되지 않았다. 제품개발 수석 부사장은 이런 말까지 했다. "프로세스 개선을 제의하는 것은 SME가 할 일이지 엔지니어의 업무는 아니죠. 엔지니어들은 자기들 일만 열심히 하면 됩니다." 엔지니어들의 귀에 그 메시지가 크고 선명하게 울려 퍼졌다. 한 엔지니어는 이렇게 말했다. "새 실험을 제의해도 괜찮을 것 같다는 생각은 안 들어요. 그건 제 일이 아니거든요. 실험이 실패하면 저만 우스워지죠." 발라지와 데이비드의 경험은 그들만 겪는 일이 아니었다.

인식이 나빠진다거나 자기 일이 아니라는 두려움을 벗어나려면 심리적으로 안전하다고 느끼는 문화가 존재해야 하며, 없으면 만들어야 한다. 하버드비즈니스스쿨의 에이미 에드먼슨Amy Edmondson 교수는 심리적 안전감을 "대인관계와 관련된 위험으로부터 안전하다"고 느끼는 마음이라고 정의한다.[21] 심리적 안전감이 존재하는 조직의 직원들은 솔직하게 아이디어를 제시했을 때 겪을 수도 있는 사람들과의 갈등을 기꺼이 감당할 수 있다고 생각한다. 심리적 안전감을 가진 직원들은 아이디어가 잠재적으로 위협이 되고 틀린 것이 되는 것보다, 움츠러들어서 아이디어를 완전히 제시하지 않는 것을 더 두렵게 느낀다. 다시 말해, (발라지와 데이비드의 아이디어처럼) 잠재적으로 민감하고 위협적이고 틀릴 수도 있는 아이디어도 '얼마든지' 제시해도 되는 문화를 만든 경영자와 조직은 실험 정신의 기풍이 안겨줄 보상에 한 걸음 더 성큼 다가간다.

심리적 안전감이 실험 정신을 기르는 데에 얼마나 많은 도움을 주는지 에드먼슨 교수의 연구를 통해 알아보자. 에드먼슨과 그의 동료들은 새로운 방식의 최소침습 심장수술을 시행 중인 16개 병원을 연구했다.[22] 그 병원들 중 대략 절반 정도가 상대적으로 복잡한 새 수술 절차를 실행하는 데 성공하면서 비용을 크게 줄이고 환자의 완치 가능성도 높였다. 나머지 절반의 병원은 새 수술 방식 실행에 실패하고 원래의 방식으로 돌아갔다. 성공한 병원들은 다양한 실험을 시도했던 것으로 드러났다. 환자를 가장 가까이에서 접촉하는 사람들인 간호팀은 외과 전문의들의 격려와 지원 속에 다양한 분업을 시도하고 새 수술 방식에 가장 효과적일 것 같은 수술 도구를 적극적으로 알아봤다. 간호사들은 효과가 좋은 방식은 계속하고 효과 없는 방식은 재량껏 사용하지 않았다. 이와 다르게, 새로운 수술 방식을 실행하는 데 실패한 병원들은 간호팀에게 심리적 안전감을 주는 근무환경을 제공하지 못했다. 수술실에서 예전부터 하던 대로만 움직이려고 했고, 새로운 절차를 기존의 절차에 끼워 맞추려 했다.

급속도로 움직여야 하는 디지털 기업에서는 직원들의 실험 정신을 함양하려면 심리적 안전감이 더더욱 중요하다. 2012년에 구글은 아리스토텔레스 프로젝트라는 대규모 연구 프로젝트에 착수했다. 연구 목표는 신제품 개발이나 프로세스 개선을 더 잘하는 팀의 비결을 알아내는 것이었다.[23] 2년간 진행한 방대한 데이터 분석은 가장 건강한 팀이 실험도 많이 하고 실패도 많이 하고 재시도도 많이 한다는 것을 보여줬다. 건강한 팀은 심리적 안전감이 높았다. 우리가 만난 디지털 기업들도 마찬가지였다. 서비스형 소프트웨어 기업을 이끄는 한 경영자의 이야기는 많은 것을 보여준다. "나가서 아무거나 시도해보라고 합니다. 뭐가 효과가 있을지 모르니 실험을 하고 데이터의 말에 귀 기울이라고 하죠. 틀릴 때도 많다는 소리이고, 실험도 성공보다는 실패할 때가 더 많다는 소리이기도 해요. 실패해도 아무 탈 없다고 생각하게 만드는 것이 내가 할 일이니까요. 그리고 정말로 별 탈 없기도 하고요. 실험으로 뭔가 배우는 게 있기만 하다면야 반드시 답을 알아내야 하는 건 아니라고 느끼게 해줘야 합니다. 그리고 실패해도 당당하게 실패를 말할 수 있게 해줘야 해요."

그렇다면 디지털 마인드셋을 기르면서 심리적 안전감까지 갖게 하려면 어떻게 해야 하는가? 방법은 여러 가지가 있다. 결국 분위기를 결정짓는 사람은 리더이다. 에드먼슨이 연구한 외과의들도 바로 앞에 나온 서비스형 소프트웨어 기업의 경영자도, 실험이 실패해도 아무 탈 없다고 느끼게 하는 문화를 의도적으로 조성했다. 이와 대조적으로 발라지와 데이비드의 상사는 실험이 실패하면 팀에 대한 평판이 나빠질 것이라고 믿었다. 학습 어젠다는 실패한 실험에서 어떻게 학습해야 하는지 명확한 기준을 세워주므로 팀원들은 실패를 겁내지 않고 실패에서 배우는 것도 한결 쉬워진다. 이렇게만 된다면 실패한 실험은 실패가 아니라 생산적인 학습 사례가 된다. 실험을 한 방에 문제를 해결할 항생제가 아니라 학습 기회로 여길 때, 신뢰와 위험 감수를 바탕으로 실험 정신을 포용하는 디지털 마인드셋을 기를 수 있다.

디지털 기업이 데이터 분석에 의존해서 의사결정을 내리고 프로세스를 개선하는 문화를 구축했다면 심리적 안전감 수준을 측정하는 것도 꽤 도움이 된다. 아리스토텔레스 프로젝트를 완료

한 이후로 구글은 설문조사를 통해 임직원들이 느끼는 심리적 안전감을 주기적으로 평가했으며, 직원들도 팀원들과 이 주제로 토론을 진행한다. 컨설팅 기업의 IT 부서 관리자도 우리에게 이런 말을 했다. "우리는 심리적 안전감을 측정하고 그 결과를 분기마다 팀에게 알려줍니다. 우리가 일을 잘하고 있는지도 파악하게 되죠. 심리적 안전감이 하나의 중요한 평가 기준으로 자리 잡고, 의무적으로 결과가 공유되니 안정적인 분위기가 자연스럽게 유지되더라고요."

우리에게는 실험 정신이 필요하다

변화의 속도도 규모도 무시무시한 디지털 시대에 실험 정신은 선택이 아니라 필수이다. 디지털 마인드셋을 개발한다는 것은 데이터에서 가치 있는 정보를 뽑아내고 끝없는 개선을 이루고 지속 학습을 돕기 위해서라도 크고 작은 모든 실험의 가치를 인정해야 한다는 뜻이다. 몇 가지 기본 지침을 미리 정해둔다면 현명하고 계획적인 실험 설계에 도움이 될 것이다.

- 검증 가능한 가설을 세우고 실험을 하는 이유와 진행 방식에 명확한 근거를 정한다.
- 실험이 묻는 질문(들)과 단계, 결과 평가 방식을 개괄적으로 설명하는 학습 어젠다를 만든다.
- 실험이 실패하면 학습한 교훈이 무엇인지 고민하고 미래의 실험에 이 교훈을 어떻게 활용할지를 생각한다.
- 직원과 고객이 디지털 툴을 사용하면서 만들어진 수억 개의 데이터 포인트를 디지털 발자국으로 바꾼다면 훌륭한 실험의 바탕이 될 수 있다는 사실을 인정한다.
- 팀의 자원과 데이터를 부서 전체가 이용할 수 있도록 하고 실험을 하는 팀에게 보상을 준다.
- 실험을 학습 기회로 인식하게 하고 실패에서 귀중한 인사이트와 교훈을 얻을 수 있다는 사실을 강조함으로써 심리적 안전감을 제공한다.

조직의 어느 부서나 팀이 실험을 진행하든 데이터와 디지털 툴의 사용은 대단히 중요하다. 제품을 개발할 때도 광고를 기획할 때도 고객 서비스를 제공할 때도 어떤 형태로든 신속하게 실험을 진행해야 할 때가 있다. 최선은 디지털 실험 정신이 자리 잡은 문화를 구축하는 것이다. 그러면 매출 증대와 비용 감소와 혁신 함양과 고객 만족 증가에 더 가까워질 것이다.

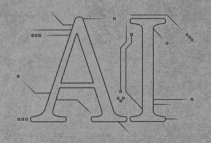

7장

끝없는 변화

디지털 전환을 주도하는 힘

THE
DIGITAL
MINDSET

디지털 충격파에 가속이 붙어 혁명적 파괴의 물결이 연달아 퍼져나갈 때 디지털은 기업과 공공 부문의 경쟁력과 성장을 떠받치는 주춧돌이 될 것이다. 디지털은 기회를 주기도 하지만 위험도 안긴다. 디지털 충격파로 기업과 사회 전반이 영향을 받으면서 모든 산업에서 경쟁이 더 치열해지고, 새로운 수준의 직원 역량, 새로운 형태의 안보와 새로운 사업 모델이 요구될 것이다.

—티에리 브르통Thierry Breton,

아토스 전 CEO, EU 내수시장 집행위원

티에리 브르통은 프랑스 다국적 IT 대기업인 아토스를 디지털 서비스 산업의 리더로 만들겠다는 계획을 세웠다. 생존을 위해 내건 거대한 계획이었다. 그가 계획을 말했을 당시에는 모든 산업 부문에서 디지털 충격파가 거세게 일고 있었다. 그 강한 지진대에서 안전한 산업은 하나도 없었다. 기업들은 출렁대는 땅을 딛고 일어서 회사를 재건해야 했고, 아토스도 청사진을 세워야 했다.

장대한 비전이었지만 브르통에게는 낯선 것이 아니었고, 그가 선견지명을 보인 것도 이때가 처음이 아니었다. 20대 초반, IT 기업가이자 정치 자문으로서 첫발을 내디뎠을 때 그는 이미 사이버 보안을 격전지로 예감하는 소설을 여러 편이나 발표했다. 브르통과 아토스가 직면한 진짜 도전은 전략과 실행이었다. 직원 수가 10만 명이 넘는 IT 대기업이 변신을 한다면 어떤 모습일까? '디지털 전환'은 조직에 어떤 풍랑을 불러일으켰는가? 이 질문을 받은 사람들의 대답은 다 달랐다. 기계 전문가들이 아날로그에서 디지털로 옮겨가 시스템을 향상시키는 모습, 클라우드나 AI와 같은 특정 툴이 도입되어 규모가 비약적으로 커지는 모습, 새로운 차원의 제품과 서비스 등을 상상했다. 그들의 대답이 무엇이든 디지털 전환은 우리와 함께 일한 기업들 대다수의 주된 관심사였다. IT 부문의 기업들도 당연히 예외가 아니었다. 브르통이 디지털 충격파를 설명하고 몇 년이나 지났지만, 이 충격파는 그때보다도 훨씬 빠르고 거세지고 있다.

조직이 데이터와 디지털 기술 사용의 적응력을 높이기 위해 인공지능과 기계학습, 그리고 사물인터넷 등으로 기본 프로세스와 역량을 재설계하는 것, 이것이 우리가 정의하는 디지털 전환이다.[1] IT 기술의 주도로 재설계를 한다는 점이 다른 유형의 조직 변화와 디지털 전환을 가르는 가장 주된 특징이기는 하지만, 우리는 디지털 전환의 바탕이 되는 마인드셋의 변화에 초점을 맞추려 한다. 마인드셋의 변화는 결국 개인 차원에서 일어날 일이지만, 조직 차원에서도 보강해줄 수 있다. 조직이 특유의 정신, 다시 말해 '하이브 마인드hive mind'*를 가지고 있다면 조직 차원의 디지털 마인드셋 개발도 고려해볼 만한 일이다. 디지털로 시스템과 프로세스를 재설계하는 첫 단계는 이른바 '연속 전환' 렌즈로 디지털이 주도하는 지금의 세상을 바라보는 것이다. 디지털 시대의 변화는 뒤꽁무니만 따라가면 되는 그런 뜨문뜨문한 변화가 아니다. 회사의 기술도 조직 구조도 문화도 사람도 어떤 상태에 이르렀는가 싶으면 거기에 고정되지 않고 어느샌가 다른 무언가로 계속해서 변화한다. 다음을 예상하고 따라잡는 것은 아예 불가능하다. 당신이 도달하기 전에 그것은 이미 다른 모습으로 바뀔 것이기 때문이다. 환경도 상황도 쉬지 않고 변한다. 이것이 연속 전환 렌즈를 꼈을 때 보이는 세상이다. 디지털 세상의 리더는 변화가 일어난 후에야 변화를 항해하지 않는다. 디지털 세상의 리더는 동료들이, 직원들이, 고객들이 미래에 올 변화를 준비하고 살아갈 수 있도록 도와준다.

이번 7장은 대대적인 조직 변화의 일환으로서 디지털 전환을 실행하려는 리더와 경영자들에게 특히나 중요한 내용을 담고 있다. 변화를 받아든 독자들은 이번 장에서 전반적인 디지털 전환을 가능하게 하는 여러 도전들을 이해할 수 있다. 조직에 몸담고 있다면 장막 뒤에서 무슨 일이 일어나는지 리더들이 사업을 위한 시스템과 장비를 어떻게 결정하는지 정도는 이해해야 한다. 누구도 예외가 아니다. 그래야만 더 완전한 디지털 마인드셋을 개발할

---

* 다수의 개체를 지배하는 하나의 정신.

수 있을 것이고 업무 성과와 효율을 높일 수 있을 것이다. 끝으로 우리는 이른바 업무 디지타이제이션 프로세스work digitization process의 개념과, 리더와 경영자와 직원들 각각이 새로운 디지털 툴과 프로세스에 어떻게 반응할지 살펴볼 것이다. 또한 조직이 직원들의 지속 학습과 성공적인 능력 함양을 위해 사내 학습 프로그램을 어떻게 활용하는지도 자세히 알아보자.

변화를 포용하면서
적응하는 체질이 되어라

변화 관리의 성패를 가르는 열쇠는 '전환기' 관리이다. 조직이 원래의 구조와 프로세스, 문화적 규범에서 새로운 것들로 넘어가기 위해서는 반드시 전환기를 겪는다.[2] 변화의 중간 국면인 전환기에서 모두는 이도 저도 아닌 것 같다는 느낌을 받는다.[3] 전환기에서 사람들은 감정적으로 격한 반응을 보이는데, 새로운 시각과 행동을 수용해야 하는 단계이니 당연한 반응이다. 가령 회사의 모든 구성원이 다 비영어권 사람들인데 갑자기 모든 대화를 영어로만 진행하라는 사내 규정을 만들었다고 가정해보자. 무척이나 어려운 전환기를 보낼 것이다. 임원들도 본인의 능력에 회의가 들면서 생산성이 떨어지지는 않을까 걱정하는 마음도 들 것이다. 권위와 의사결정에 대한 시각마저도 바뀔지 모른다. 그래도 노력하면 마침내 끝이 올 것이므로 힘든 전환기를 이겨내면 영어를 모국어처럼 유창하게 말할 수 있을 것이라고 기대한다. 일시적이지만 죽도 밥도 아닌 이 시기를 이겨내기 위해서는 모든 직급과 모든 직위의 사람들이 전환기가 끝날 때까지 조직의 과거와 미래 사이에 끼여서 협상을 벌여야 한다.[4]

하지만 이 변화가 디지털 전환이라면 전환기의 터널은 끝나지 않는다. 리더십이란 무수한 변화 속에서도 다른 사람들을 이끌고 나아가는 행동이다. 디지털 기술은—그리고 디지털 기술이 조직 구조와 개인의 업무와 역량, 고객 니즈에 미치는 영향은—끝없이 발전하고 변화한다. 소프트웨어 하나에 익숙해졌다 싶으면 더 업그레이드된 소프트웨어가 나와서 새 기능을 익혀야 한다. 새로운 정보 처리 방식에 맞춰 부서를 개편했더니 그 방식이 어느샌가 구식이 되어서 팀을 또 새로 짜야 한다. 새로운 미디어로 고객 접근이 수월해져서 고객 기반도 확장되는가 싶더니, 인구 구성이 변하면서 고객 니즈도 변해 버린다.

우리의 일에서도 개인 생활에서도 변화는 언제나 상수con-stant였다. 지금의 변화가 과거의 변화와 다른 점은 디지털 기술로 인한 '속도'가 이전과는 비교도 되지 않는다는 것이다. 변화의 사이클이 무섭도록 빨라지면서 디지털 충격파는 우리를 영구적인 전환기 상태에 던져 놓았다. 영구적인 전환기 상태에 놓였음을 인정하지 못하는 리더는 성공할 수 없다.[5]

디지털 변화를 끝없는 변화로 바라보는 시각을 기르려면 지위에 상관없이 모든 리더가 영구적인 불확실성을 포용하는 마인드를 길러야 한다. 적응만 하면 끝이라고 생각해서는 안 된다. '잘 적응하는' 체질로 바꿔야 한다. 경제 전반에서 디지털 전환을 주도하는 AI와 기계학습 솔루션이 그러는 것처럼, 당신과 당신의 동료와 당신의 직원들도 끊임없이 새 데이터를 처리하고 분석하고 결과를 응용해 앞으로 다가올 새로운 데이터 물결을 조망할 수 있는 시각을 길러야 한다.

디지털 전환은 이뤄야 할 목표가 아니라, 당신이 필요에 맞게 정의하고 추구하는 목표를 이루도록 도와주는 수단이다. AI는 당신이 모호한 데이터를 받아들여야 할 때 얼마만큼 도와줘야 하는지 판단하지 못한다. 기계학습은 당신이 팀원이나 고객에게 새 프로토콜을 설명할 방법을 고심해도 그 방법을 가르쳐주지 않는다. 간단히 말해, 적응형 마인드는 단번에 얻어지는 것이 아니다. 디지털 기술에 막대한 돈을 투자하고 '디지털 구루'를 많이 영입해도 소용없다. 적응형 마인드는 한발 한발 길러 나가는 것이다. 모호함이 더 이상 불편하지 않고 디지털 전환에는 끝이 없다는 사실을 인정하게 될 때 적응형 마인드를 기를 수 있다. 이 사실을 인정하는 것이 두려울 수 있다. 그러나 디지털 마인드셋을 길러 나갈수록 배워도 계속 새로운 것이 등장하는 디지털 전환에 전율하게 될 것이다.

전환 프로세스를 마련하라

디지털 전환은 단발성 프로젝트가 아니고, 담당 중역을 선정해 위임하거나 조직에서 독립적인 별도 부서를 창설해 일임한다고 끝도 아니다. 한 글로벌 가전 회사도 뼈저린 경험으로 이 교훈을 배웠다. 그 회사는 디지털 전환의 선봉에 선다는 목표를 내세우며 경험이 많은 경영자를 영입했다. 그는 전체 임직원에게 설문을 한 후 그들이 변화를 받아들이기에는 이미 너무 굳을 대로 굳었다고 판단했다.[6] 이후 디지털 인재들로 구성된 본사와는 독립적인 사업 유닛을 창설했고, 기존 직원들은 하던 일만 계속 잘하면 되었다. 그들처럼 변화를 거부하는 사람이라면 이 리더의 행동을 보며 안도의 한숨을 내쉬었을지도 모른다.

처음엔 효과가 있었다. 새 유닛은 디지털이 장담하는 모든 속도와 혁신을 다 이행했다. 그러나 문제는 그 다음부터였다. 제휴사와 고객들로부터 회사의 온라인 채널이 전통적인 면대면 거래 채널로 링크가 되지 않는다며 불만 접수가 융단 폭격처럼 쏟아졌다. 이 채널들에서 나오는 매출이 급감하면서 부서들 사이의 긴장감도 높아졌다. 사내 소통이 단절되자 새로 창설된 디지털 유닛도 무너졌다. 본사는 총체적 난국에 빠졌다. 회사를 디지털 주역으로 변모시키기 위해 채용된 리더가 불과 여덟 달 만에 이제는 조직 내 혼돈의 불씨를 점화하는 주역이 되었다.

이 회사의 실패는 디지털 기술과는 무관했다. 실제로도 디지털 유닛은 독립 부서로서 곧바로 성과를 냈다. 회사에 부족한 것은 전환 프로세스였다. 회사는 시간이 들더라도 전환기에 따라오는 좌절과 두려움을 극복할 수 있는 디지털 마인드셋을 모든 직원이 기르도록 도와주어야 했다. 하지만 리더들은 외부에서 해결책을 찾으려 하면서 쉬워 보이는 지름길을 원했다.

2차전에서는 달랐다. 회사는 조직을 잘 아는 내부인이자 디지털 마인드셋의 귀감이 될 만한 인물을 선정했다. 그는 모든 부서에서 두루 존경을 받았으며, 특히 그의 인내심과 배우려는 의지, 새로운 상황 적응력은 모두가 인정했다. 그는 첫 시작으로, 디지털 전환 운동이 새 단계로 접어들 때마다 영업직원에서 관리자에 이르기까지 모든 임직원이 디지털 전환이라는 낯선 상황을 두

려워하지 않고 잠재력을 이해하도록 도와주는 훈련 프로그램을 시행했다. 그다음 고객 각각의 구체적인 니즈를 이해하려 노력하고 여기에 맞게 디지털 사업 모델을 적절히 적용했다. 그의 리더십 아래서 임직원 대다수는 디지털 마인드셋을 기르고 전환기에 맞는 올바른 시각을 습득했다.

티에리 브르통 역시 이런 전환기 접근법을 취했기에 조직 내적으로는 급진적 변혁을 추구하고 고객들에게는 그런 변혁 프로세스를 따르게 하는 '이중의dual' 디지털 전환을 성공적으로 수행할 수 있었다. IT 대기업이라는 위상에도 불구하고 디지털 전환을 위해서는 도움이 필요하다는 것은 다소 의외일 수 있지만, 이 사실은 급격한 변화는 언제나 발생하고 디지털 마인드셋이 지속적인 적응력을 요구한다는 우리의 주장을 강조해준다. 하나의 기술에 노련해졌다고 해서 다음의 변화에 자동으로 적응할 수 있을 것이라고 생각하면 오산이다. 이번 7장에 나오는 다른 사례들을 보면 알 수 있겠지만, 전환기 접근법을 취하는 리더는 조직은 물론이고 필요하면 고객들이 디지털 목표를 완전히 달성할 수 있도록 아래의 두 가지 중요 사안에 초점을 맞춰야 한다.

- 시스템과 프로세스를 설계하고 조정하기
- 디지털 조직 문화를 준비하기

물론 이 두 사안은 서로 영향을 받는다. 전환기에는 땅이 깊은 곳에서부터 계속 흔들리기 때문에 전환을 이끄는 리더는 두 사안이 서로 긍정적 영향을 미치도록 중심을 유지해야 한다.

시스템과 프로세스를 설계하고 조정하기

디지털 마인드셋을 기르려면 이를 지지하고 지원해줄 시스템과 프로세스가 필요하다. 리더는 민첩하고 자율적으로 협업하는 팀이 되도록 관리해야 한다. 그런 팀을 만들기 위해 노력한 사례를 살펴보자.

네덜란드에 본사를 둔 다국적 금융 회사인 ING의 CEO 빈센트 판덴 보허르트Vincent van den Boogert는 회사가 근본적으로 바뀌어야 한다고 판단했다. 그가 보기에 사내 프로세스에 쓸모없는 회의와 업무 인계 절차, 관료주의가 너무 많았다. 모든 부서가 그런 프로세스를 따르다 보니 업무 속도를 높여줄 데이터와 디지털 기술도 제대로 활용하지 못하는 판국이었다.[7] 고객을 끝까지 책임지는 전문 부서가 하나도 없다는 것도 잠재적 문제였다. 회사 전체의 운영 모델을 갈아엎기로 결정한 판덴 보허르트는 스포티파이나 넷플릭스, 구글, 자포스 처럼 애자일 프로세스agile process*가 이미 자리를 잡은 실리콘밸리로 눈을 돌렸다. 그는 ING가 금융서비스만을 제공하는 것보다는 고객 경험을 상품화할 필요가 있다고 판단했다. 그들은 "은행을 은행이 아니게unbank the bank" 만들어야 했다. 새로운 고객 경험을 제공하려면 제일 먼저 조직을 재정비해야 했다. ING는 애자일 교차직능 팀 체제로 옮겨갔고 팀을 부족이라고 불렀다. 자율성을 가진 팀은 시급한 고객 니즈를 논의하고 투명성을 촉진하고 성과 목표를 달성하기 위해 날마다 짧은

---

* 절차가 아니라 사람이 중심이 되어 변화에 유연하고 신속하게 적용하는 것을 목표로 하는 프로세스.

회의를 열었다. 팀 크기는 제프 베이조스의 '피자 두 판의 법칙'을 따랐다. 피자 두 판이면 팀원들이 충분히 다 먹을 수 있을 정도로 팀 크기가 작아졌다. 그 결과, 팀원 각자 완전히 새로운 역할을 맡게 되었고 중간관리자를 포함해 필요 없는 사람들은 팀에서 제외되었다. 소규모로 재정비되고 디지털을 원동력 삼은 조직 체계에 부합하는 디지털 마인드셋이 필요했다.

런던에 본사를 둔 90년 역사의 다국적 소비재 기업인 유니레버Unilever도 우후죽순으로 성장한 글로벌 사업을 디지털 시대에 맞게 재편성하는 방법을 심각하게 고민했다. 유니레버는 400종이 넘는 가정용품을 생산해 190개 국가에 판매하는 거대 다국적기업이기에 로컬 시장의 특수성과 방대한 글로벌 기업 운영 사이에서 균형 맞추기가 중요했다. ING처럼 유니레버가 찾은 솔루션도 로컬 시장만의 특수한 요구 사항에 초점을 맞추면서 회사의 글로벌 디지털 역량을 무리 없이 소화할 수 있는 애자일 팀 조직이었다. 유니레버 디지털 전환 담당 경영 부사장이며 30년을 근속한 라훌 웰드Rahul Welde는 팀원들이 세계 각지에 고루 퍼져서 순식간에 변하는 로컬 시장에서 맞춤형 사업을 진행할 수 있도록 전략적 데이터 사용이 가능한 애자일 팀 체제를 설계했다.[8] 웰드의 지휘 아래 유니레버는 대규모 사업 운영이 가능한 10인 체제 애자일 팀 300개를 조직했다.

웰드의 전략은 세 방향으로 진행되었다. 첫 번째는 글로벌과 로컬의 격차를 줄여주는 기술과 도구의 사용이었다. 유니레버의 브랜드는 디지털 플랫폼 덕분에 로컬 시장에서 대규모로 고객과 직접 소통할 수 있었다. 두 번째 방향은 새 기술과 툴에 적응하기 위해 프로세스를 재설계하는 것이었다. 세 번째 추진 방향은 사람이었다. 어쨌거나 월드도 체인지 메이커는 결국 사람이라는 사실을 인정하지 않을 수 없었다. 18개월도 지나지 않아 유니레버는 3000명의 애자일 팀원들을 세계 각지에 효율적으로 배치했다.

부서 사이에 떠도는 데이터를 모으고 통합하라

조직은 따로 놀았던 부서들이 원활히 소통할 수 있도록 전환기 관점을 적절히 활용해야 한다. 2020년, 미국의 바이오테크 기업 모더나는 최초의 코로나19 백신 중 하나를 벼락같은 속도로 선보이면서 언론의 관심을 독점했다. 이때 결정적 역할을 한 것이 부서를 초월한 통합이었다.[9] 공동창업자이자 CEO인 스테판 방셀 Stéphane Bancel은 모더나를 "얼떨결에 생물학을 연구하게 된 테크 기업"이라고 평한다. 모더나는 현시점의 디지털 전환에 필요한 구성요소들 중 세 가지를 성공적으로 이뤄낸 모범적인 사례이다. 가장 기본적인 요소는 방대한 데이터 접속으로, 이것이야말로 백신 및 치료제 개발에 있어서 모더나가 가지는 가치의 원천이다. 두 번째로 모더나는 클라우드에 의존한다는 것이다. 클라우드는 회사의 자체 서버보다 더 저렴하고 더 빠르며 더 민첩하다. 세 번째는 자동화 역량이다. 모더나가 구축한 AI 알고리즘은 수작업에서는 불가능했던 정확성과 속도로 R&D 프로세스를 수행해준다.

역사적으로 대형 제약 회사들은 사업부가 세계 각지에 퍼져 각자 따로 움직이는 조직 체계였다. 그러나 모더나는 다양한 부서들이 실시간 협력하며 자유롭게 데이터를 주고받을 수 있는 완전 통합형 조직 체계이다.[10] 후안 안드레스 Juan Andres 최고기술운영 및 품질책임자는 이렇게 말한다. "정교한 디지털 툴이나 알고리즘을 갖추는 것보다 위아래 모든 차원에서의 통합이 훨씬 중요합니다. 어떤 기술에 있어서 중요한 것은 그 기술 자체가 아니라 여러 부분을 한데 묶는 방식이죠." 조속한 백신 개발의 특명을 떠안게 된 모더나가 개발 속도를 높일 수 있었던 것은 이미 이런 통합이 완료된 상태였기 때문이었다. 방셀은 팬데믹 사태가 오기 5년 전에 마르셀로 다미아니Marcello Damiani를 최고 디지털 및 운영 책임자로 채용했다. 방셀은 조직 운영과 디지털 전환 업무를 구분하지 않았다. "마르셀로에게 운영과 개발의 프로세스 설계를 일임한 것이 비결이었죠. 디지타이제이션이 빛을 발휘하려면 일단 프로세스부터 마련돼 있어야 합니다. 아날로그 프로세스가 허술하다면 디지털 프로세스를 만들어봤자 마찬가지로 허술할 테니까요." 시스템과 프로세스를 완전히 통합한 모더나는 새로 알고리즘을 설계하거나 기존 알고리즘을 살짝 변형해 더 심층적이고 특화된 분석을 수행해서 기존 디지털 데이터에서 백신 개발 솔루션을 찾아내기도 하고 자체적으로 솔루션을 만들기도 했다. 2020년 봄까지 모더나는 약 20개의 알고리즘을 만들었고 또 20개의 알고리즘을 개발 중이었다. 이렇게 많은 알고리즘 개발과 빠르고 성공적인 백신 공개를 가능하게 한 것은 바로 통합이었다.

적합한 디지털 툴을 식별하고 구현하라

적응해나가면서 디지털 마인드셋을 기르는 것은 각자의 책임이지만, 이것도 조직 리더가 디지털 툴의 올바른 활용이 디지털 전환의 핵심임을 깨달을 때나 가능한 일이다. 끝나지 않는 전환기에서 리더는 변화를 지원하는 디지털 툴을 선택하고 구현할 때 깊이 개입해야 한다. 그러려면 오늘날의 IT 부서가 무엇을 할 수 있고 무엇을 할 수 없는지 이해해야 한다. 원래 IT 부서의 역할은 좋은 장비와 팀원을 갖춰서 조직 전체에서 대규모 소프트웨어를 구현하고 잘 작동하게 해서 회사의 디지털 전환에 도움을 주는 것이었다. 이런 IT 부서의 기능은 회사 전체에서 쓸 맞춤형 툴인 ERP 시스템을 구현하는 것에서는 여전히 그대로이다. 그러나 오늘날 기업들이 디지털 전환에 사용하는 기술 대부분이 구현에 큰돈이 들지도 않고 다른 회사에 의해 언제라도 은근슬쩍 업데이트되기도 하는 클라우드 기반 툴이다. 조직에 클라우드 툴을 구현하려 한다면 대개는 라이선스를 사고 소프트웨어를 다운로드한 다음 시작하기만 하면 된다. IT 부서를 왔다 갔다 할 필요가 없다. 물론 디지털 툴을 고를 때 IT 부서를 완전히 배제하라는 소리가 아니다. 비용이나 보안이나 지속가능성 등의 이유 때문에라도 디지털 기술과 관련된 무언가를 구입할 때는 IT 부서의 의견을 참고하는 게 좋기는 하다. 그러나 오늘날 대다수의 서비스형 소프트웨어는 IT 부서의 개입 없이 부서나 프로젝트팀 차원에서 구현되고 있는 것이 엄연한 현실이다. 아무 IT 전문가를 붙잡고 물어봐도, 부서에 기업이 지켜야 할 규제에 어긋나지 않는 정도의 유연성을 주는 것이 지금으로서는 가장 애를 먹는 부분이라고 대답할 것이다.

부서장은 새로운 디지털 기술을 잘 활용하면서 소프트웨어 사용을 관리해야 하지만 이런 신기술을 적용하면 직원들의 업무 방식에 큰 변화가 생긴다. 업무 방식의 변화는 역할과 책임 소재를 바꾸고(유니레버가 10인 단위 애자일 팀 300개로 조직 구조를 개편했을 때처럼), 부서를 초월한 회사 전체의 협업 네트워크를 가능하게 한다(모더나의 통합형 시스템과 프로세스처럼). 이런 새로운 형태의 네트워크는 조직의 성장에 큰 도움이 된다. 소프트웨어 관리에는 IT 부서가 제격이지만, 새로운 역할과 네트워크를 정하고 조직 문화와 목표를 효과적으로 다시 만드는 일의 최적임자는 기업의 리더가 아니면 누구겠는가.

디지털 조직 문화를 준비하기

모든 조직원이 디지털 전환을 계획하면서 디지털 툴을 어떻게 사용할지 고민한다면 변화에 잘 적응하고 성공적인 전환을 만들 수 있다. 또한, 모두가 디지털 툴이 어떤 도움이 되는지를 이해한다면, 최첨단 기술은 최종 목표가 아니라 조직 전반의 변화와 문제 해결에 도움이 되는 수단이 된다는 것도 알게 된다.

다시 말해, 전환기를 불안하지 않게 받아들이려면 조직의 문화, 가치, 규범, 태도, 행동방식까지 필수적으로 바뀌어야 한다.[11] 디지털 전환을 촉진하고 디지털 마인드셋을 기르려는 리더는 어떻게 사람들을 이해시켜야 할까? 첫 단계는 조직원들의 주의를 끌어모으고 새로운 방향이 필요하다는 사실을 이해하게 하는 '극약 처방'이다.[12] 대대적인 조직 개편, 인수 합병, 대규모 자원 투입, CEO 직속의 디지털 전환 전문가 채용, 전통적인 시스템 폐쇄, 모든 직원에게 단기간에 일정 코딩 지식을 습득하게 하는 것도 모두 극약 처방의 예이다. 극약 처방을 한 다음에는, 체계적이고 지속적으로 새로운 루틴과 행동을 몸에 익히는 '강행군'이 이어져야 한다.

좌절 영역에서 의욕 충만 영역으로 옮겨가라

극약 처방은 필요한 조치지만 모두의 마음을 얻기에는 불충분하다. 변화는 두려움을 유발한다. 디지털 전환이라는 변화 앞에서 직원들도 미지의 환경이 지금의 환경을 뒤바꿀지 모른다는 염려에 휩싸일 수 있다. 또한 효과적인 업무 수행에 필요한 기술을 잘 배우고 응용할 만한 능력이 본인에게 있는지도 의심스러울 것이다. 이런 두려움에 휩싸이는 건 기술 전문가든 아니든 마찬가지다. 엔지니어일지라도 앞에서 설명했던 기술적 역량을 가지고 있지 않을 수 있다.

그렇다면 아주 간단한 사분면을 하나 만들어보는 건 어떨까. 믿을 수 없을 정도로 쉬운 방법이지만, 이 방법은 여러 기업의 리더들이 새로운 기술 습득에 필요한 변화 프로그램에 직원들을 열성적으로 동참하게 만드는 데 도움이 되었다.[13]

- 디지털 전환이 개인과 조직에 유익하다는 것을 믿는가?
- 전환기인 조직에 필요한 디지털 콘텐츠를 배울 수 있는가?

이 두 질문에 대한 답을 도식화하면 나오는 네 가지 형태의 반응을 보고 성공적인 디지털 전환을 위해 무엇을 해야 할지를 알 수 있다. (그림 7-1)

그림 7-1

직원들이 디지털 전환에 보이는 네 가지 반응

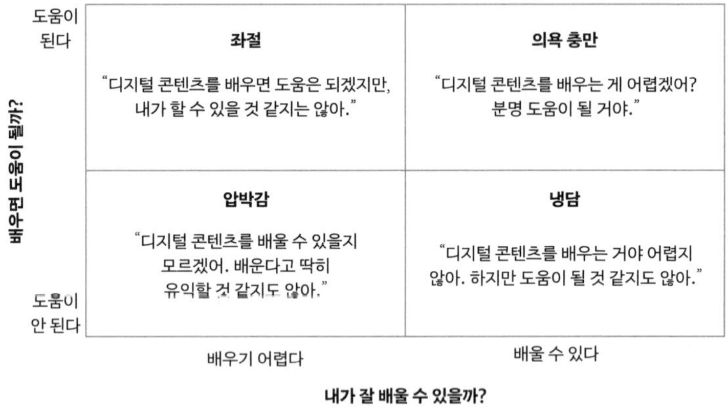

	배우기 어렵다	배울 수 있다
도움이 된다	**좌절** "디지털 콘텐츠를 배우면 도움은 되겠지만, 내가 할 수 있을 것 같지는 않아."	**의욕 충만** "디지털 콘텐츠를 배우는 게 어렵겠어? 분명 도움이 될 거야."
도움이 안 된다	**압박감** "디지털 콘텐츠를 배울 수 있을지 모르겠어. 배운다고 딱히 유익할 것 같지도 않아."	**냉담** "디지털 콘텐츠를 배우는 거야 어렵지 않아. 하지만 도움이 될 것 같지도 않아."

배우면 도움이 될까?

내가 잘 배울 수 있을까?

네 가지 반응을 보면서 팀장은 팀원들이 사분면의 어디에 위치하는지를 파악할 수 있다. 최상의 시나리오는 당연히 사분면의 우상단으로, 직원들이 디지털 콘텐츠를 배울 수 있다고 자신하고 신나게 변화를 받아들이는 것이다. 그러나 현실은 다르다. 팀원들이 사분면의 어디에 해당하는지는 팀마다 다 다를 것이다.

다행인 것은 리더와 팀장의 역량에 따라 팀원들을 나쁜 사분면에서 좋은 사분면으로 옮겨가게 할 수 있다는 것이다. 팀원들을 의욕 충만 사분면으로 옮겨가게 하려면 그들이 마음으로 납득하게 만들어야 하며, 그러기 위해서는 디지털 역량을 배우는 것이 그들에게도 조직에도 좋은 일이라는 것을 믿게 해야 한다. 진심 어린 납득을 얻어내는 데에는 다음의 세 요소가 결정적 역할을 한다.

• 디지털 전환이야말로 회사가 새로운 선구자로서 앞서나가는

데 중요한 역할을 한다는 것을 강조하는 메시지를 늘린다.
- 사내 마케팅 캠페인을 통해 직원들이 회사가 디지털 기술이라는 힘을 갖췄을 때 가지게 될 긍정적 잠재력을 상상하게 한다.
- 개개인의 정체성 변화를 촉구한다. 다시 말해, 직원들이 자신을 디지털 조직에 공헌하는 일원이라고 생각하게 만든다.

직원들이 깨닫는 순간 디지털 학습 능력에 대한 자신감이 올라가면서 그들은 좌절감 사분면에서 의욕 충만 사분면으로 이동하게 된다. 아래 세 가지 요인도 직원들의 학습 능력에 대한 자신감을 높여 준다.

- 과거에 교육이나 직업 훈련, 일을 하면서 디지털 기술을 겪었던 경험은 새로운 디지털 기술을 성공적으로 학습하는 데 필요한 자신감을 부여해 준다.
- 동료나 팀장 등 다른 사람을 보면서 얻은 간접 경험은 본인 능력에 대한 자신감에 영향을 미친다.
- 팀장이나 경영진의 설득과 격려는 직원들의 자신감을 높인다.

업스킬

디지털 훈련을 받은 직원을 채용하는 것은 조직을 디지털 시대로 이끄는 효율적인 방법이기는 하지만, 치열한 인재 전쟁의 현실을 생각하면 전문가 채용에만 의지해서 목표를 이루려는 것은 비현실적인 방법이기도 하다. 기존 인재들을 위한 대규모 업스킬 계획을 세워서 새로운 인재를 보완해주어야 한다.

아토스의 티에리 브르통을 다시 관찰해보자. 그가 CEO로 취임한 후 몇 년 동안은 글로벌 사업을 확장하고 회사 규모를 두 배로 키웠다. 시스템 통합과 클라우드, 빅데이터, 사이버 보안 등 특수 IT 분야에서 근무하는 직원 수가 10만 명을 넘어섰다.[14] 실리콘밸리, 인도, 중국의 태생부터 디지털 기업인 스타트업들 사이에서 살아남기 위한 방어 전략이었다. 당시의 아토스는 AI를 비롯해 여타 데이터 기반 서비스를 프로세스에 통합하지 않고 있었지만, 창업 때부터 디지털 마인드셋과 전문성을 갖춘 직원들을 가진 경쟁사들은 이미 디지털 전략을 내세우며 빠르게 전진하고 있었다.

디지털 스킬을 익히는 것만으로는 경쟁에서 이길 수 없다고 생각한 브르통은 레거시 IT에 익숙해 디지털 환경 경험이 부족한 대규모 조직에 업스킬을 단행했다. 그때 당시의 아토스는 "변화하는 디지털 환경에 맞게 적응하는 꾸준하고 지속적인 프로세스"를 가지고 있음을 의미하는 디지털 성숙도 조사에서 40개 기업 중 39등에 머물기도 했다.[15] 브르통이 야심 차게 세운 3개년 업스킬 계획에 따라, 직원들은 일상 업무를 벗어나 별도의 훈련 프로그램에서 새로운 스킬을 익혀야 했다.

다른 C-스위트급(최고 책임자) 관리자들은 일하면서 배우는 게 최상이라고 믿으면서 브르통의 계획을 반대했다. 또한 어느 정도 규모의 어떤 부서 직원이 디지털 훈련을 받아야 하는지에 대해서도 의견이 분분했다. 치열한 토론이 오가는 와중에 경쟁사들의 점유율이 점점 높아지자 브르통은 일명 '디지털 전환 팩토리 업스킬링' 인증 프로그램을 단행했다. 기술직과 비기술직을 포함해 약 3만 5000명 직원들에게 빅데이터, AI, 하이브리드 클라우드, 비즈니스 액셀러레이터business accelerator, BA*, 사이버 보안 등 여러 가지 디지털 기술 교육을 제공하는 것이 이 프로그램의 목표였다.[16]

아토스의 업스킬 프로그램은 자발적 신청제였다. 직원들의 마인드셋 개발을 촉진하기 위해 대대적인 사내 마케팅 캠페인도 벌였다. 동료와 팀장의 추천 시스템도 제도화했고, 인증 프로그램의 단계마다 기준점을 마련해서 통과하면 보상도 제공했다. 인증 프로그램을 이수하기로 결심한 직원이라면 새로운 스킬을 자기 것으로 삼고 디지털 시대에 맞게 행동도 바꿀 것이라는 타산에서 나온 계획이었다. 아토스의 관리자들은 훈련 이수를 권장하거나, 직원들이 충분히 습득할 수 있는 것이라는 판단하에 필요한 사항을 구체적으로 언급하기도 했다. 예를 들어 한 관리자는 담당 사업부 직원들에게 자신은 사이버 보안 기술을 가진 직원이 필요하다고 말하면서 그 분야에 대한 훈련을 받을 마음이 있는 사람은 없는지 물어보기도 했다. 대략 250명이 신청을 했고, 훈련을 받은 사람의 80%는 사이버 보안 전문가가 되었다.

아토스는 종합 이수 과정인 아토스 유니버시티 아카데미Atos University Academy를 창설했다. 또한 구글과 EMC, 마이크로소프트, SAP 등 디지털 대기업은 물론이고 유수의 대학 및 기업체 학습기관들과 제휴를 맺고 디지털 훈련 프로그램을 설계했다. 강좌는 직원들이 장소에 상관없이 수업을 들을 수 있도록 전부 온라인에서 이루어졌다. 기술 관련 업무가 많지 않은 영업직과 마케팅 전문가들도 어렵지 않게 수업을 들을 수 있도록 강의 내용을 구성했다.

* 초기 단계나 스타트업 단계의 사업을 지원하기 위해 멘토링, 투자, 훈련 등을 제공하는 프로그램.

강좌 하나당 이수 기간은 평균 4~8주, 주당 5~16시간이었다. 영업 부서와 같은 비기술직 직원에게는 디지털에 대한 이해를 돕는 강의가 제공되었는데, '사이버 보안 환경과 아토스의 위치' 같은 강의도 있었고, 디지털 업무 환경 범주에 속하는 'IoT 솔루션' 같은 강의도 제공되었다.

3년도 지나지 않아 발급된 디지털 훈련 인증서는 7만 개가 넘었다. 아토스의 모든 직원은 자신의 업무 역할에 맞는 인증 프로그램을 선택할 수 있었다. 디지털 기술과 무관한 업무가 없었기에 모든 직원이 의욕적으로 인증 프로그램을 이수하는 것이 경영자들의 눈에도 훤히 보였다. 가령, 영업부 직원들은 클라우드 컴퓨팅과 사이버 보안을 능숙하게 설명할 수 있어야 했다. 프로젝트 매니저들은 기술 프로세스 전부를 알지는 못할지라도 그 기술에 어떤 기능과 어떤 소프트웨어가 있는지 정도는 확실하게 파악하고 있어야 했다. 엔지니어나 데이터 과학자와 같은 기술직 전문가들은 레거시 기술에 대한 깊은 전문 지식 못지않게 새로운 디지털 기술도 깊이 이해하고 구동할 수 있어야 했다. 아토스의 모두가 회사에서 중요한 존재가 되고 승진을 하기 위해서는 디지털 마인드셋을 길러야 하고 인증 프로그램이 큰 도움이 될 수 있다는 사실을 깨닫기까지는 오랜 시간이 걸리지 않았다. 중간관리자들에게는 디지털 시대의 리더가 되기 위해 디지털 상품 전반에 대한 이해를 기르는 강좌가 권장되었다.

물론 공격적으로 직원 전체의 업스킬을 단행한 회사는 아토스만이 아니다. 빅테크 기업들 역시 디지털 스킬 교육이 선택이 아니라 필수라는 사실을 깨닫고 있다. 구글은 데스크톱 중심에서 모바일 중심으로, 디지털 마인드셋 중심으로 바뀌가면서 구글의 직원들도 여기에 맞게 스킬을 업그레이드해야 했다. 특히 엔지니어들의 스킬 업그레이드는 필수였다. 구글은 기계학습에 대한 빠른 이해를 돕고자 '런 위드 구글 AI Learn with Google AI' 훈련 프로그램을 시작하고 2년에 걸쳐 세계 각지의 임직원 1만 8000명을 훈련시켰다. 이 수는 구글의 전체 엔지니어 중 3분의 1에 해당하는 숫자다. 전자상거래 기업 아마존은 디지털 기술로 인해 직원들의 업무 방식이 뒤집힐 수도 있다고 판단하면서 디지털 전환에 능숙하게 대응할 수 있도록 7억 달러를 투자해 미국 근무 직원의 3분의 1을 재훈련시켰다.

성공적인 학습 프로그램을 위한 핵심 요소

디지털 시대에 직원들의 업스킬 훈련 프로그램을 성공적으로 실행한 회사들을 보면 아래와 같은 여섯 가지 사항을 실천했다.

1. 전사적 목표를 정한다.
2. 부서의 모든 역할에 학습 기회를 줄 수 있도록 설계한다.
3. 모든 직원이 계획을 세워 접근할 수 있도록 온라인 학습 프로그램의 우선순위를 정한다.
4. 사내 캠페인이나 추천, 보상 제도를 통해 직원들의 학습 프로그램 참여 의욕을 북돋운다.
5. 중간관리자들에게 디지털 훈련을 제공하여 디지털 상품에 대한 이해를 돕고 다른 직원들에게도 동기부여를 준다.
6. 디지털 기술을 선택해 직접 응용해보는 프로젝트를 장려한다.

조직은 프로그램 이수를 신청제로 하는 것과 의무제로 하는 것 중 어느 쪽이 더 적합할지 잘 판단해야 한다. 예를 들어 일본 최대 전자상거래 기업인 라쿠텐의 창업자 겸 CEO인 미키타니 히로시三木谷浩史는 디지털 전환의 목표 중 하나라며 전 직원에게 의무적으로 코딩을 배우게 했다. 그는 10년 전에도 영어를 공용어로 사용하기 위해 일본 본사에 근무하는 모든 직원에게 반강제로 영어를 배우게 했다.[17] 기한을 정해 반강제로 교육을 실행한 것이 라쿠텐에는 효과가 있었다. 조직은 직원들의 디지털 스킬을 개발하기 위한 최상의 방법을 고민할 때 조직 내외의 환경도 같이 고민해서 결정해야 한다.

업무 디지타이제이션 프로세스

디지타이제이션으로의 전환을 이끄는 공식적인 예 한 가지는 6단계로 이루어진 업무 디지타이제이션 프로세스이다.[18] (그림 7-2)

업무 디지타이제이션 프로세스의 6단계를 설명하기 위해 디지털 전환 관리에 이 프로세스를 이용했던 가칭 오토웍스라는—앞의 데이비드와 발라지가 속한 그 회사는 아니다—유럽 자동차 회사를 예로 들려 한다. 자동차 회사는 더할 나위 없이 좋은 사례 연구인데, 복잡한 물리적 제품을 생산하면서도 디지털 전환의 선봉에 서 있기 때문이다.

우리는 자동차 회사들이 현장에서 디지털 전환을 어떻게 경험하고 처리하는지 설명하고 역계획이 어떻게 디지털 전환을 정

그림 7-2

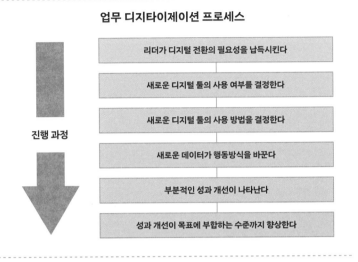

업무 디지타이제이션 프로세스

진행 과정

- 리더가 디지털 전환의 필요성을 납득시킨다
- 새로운 디지털 툴의 사용 여부를 결정한다
- 새로운 디지털 툴의 사용 방법을 결정한다
- 새로운 데이터가 행동방식을 바꾼다
- 부분적인 성과 개선이 나타난다
- 성과 개선이 목표에 부합하는 수준까지 향상한다

착시키는지를 보여줄 것이다.

대부분의 디지털 전환 사례를 보면 그 시작은 대대적인 계획 수립과 발표다. 이런 계획에는 디지털 전환에 자본을 투입하고, 회사가 충분히 민첩하고 명민하게 디지털 툴을 최대한 활용할 수 있도록 구조를 개편하고, 고객 맞춤형 제품을 개발할 수 있도록 데이터 중심 인사이트를 개발하고, 출시 기한 단축 등의 내용이 포함된다.

1단계: 리더가 디지털 전환의 필요성을 납득시킨다

직원 대부분이 납득하지 못하는 대규모 변화는 금세 시들해지고 죽어버린다. 그런 이유에서 디지털 전환을 성공적으로 이끌기 위해서는 첫 단계로 그러한 변화가 직원과 회사에 가져다줄 장점을 설명해야 한다.

오토웍스의 리더들은 이 점을 잘 이해했다. 오토웍스는 2000년 대 중반부터 디지털 전환 운동을 시작했다. 전환의 목표 중 하나는 제품 개발 속도를 높이고 자원 집약 분야에서의 비용을 줄이는 것이었다. 의욕 충만했던 임원들은 회사의 슈퍼컴퓨터 센터를 보강하고 여러 디지털 디자인 앱의 사용 라이선스도 샀다. CEO는 "우리는 디지털 기업이 될 것이다"라고 선언했다.

고위직 리더들은 어떤 변화를 원하는지 크고 분명하게 선언했다. 디지털 성능 테스트는 제품 개발을 더 빠르고 더 싸게 할 수 있다는 뜻이었다. 간부급 회의에서 "더 빨리, 더 싸게" 구호를 외쳤다. 부서장 회의에서도, 컨퍼런스에서도, 전 직원 회의에서도, 일상 업무에서도 "더 빨리 더 싸게" 구호는 수도 없이 들렸다. "더 빨리 더 싸게"는 디지털 전환을 상징하는 주문이자 슬로건이 되었다.

연구에 따르면, 경영자들이 목표를 내걸고 목표 달성을 위한 과감한 운동을 발표하면 직원들은 귀 기울여 듣는다고 한다.[19] 직원들은 이렇게 경영진이 내건 목표와 방법을 기준으로 삼아서 자신들이 실행해야 하는 기술을 이해한다. 오토웍스 직원들에게 새로운 디지털 툴이 조직 변화에 얼마나 도움이 되었는지 어떻게 알 수 있느냐고 물으면 그들은 이렇게 대답할 것이다. "그 툴들이 시뮬레이션 모델을 '더 빨리 더 싸게' 구축하는 데 도움이 되는지로 판단하면 됩니다."

2단계: 새로운 기술을 사용할 것인지 결정한다

메시지 전달과 훈련이 충분히 진행되면 직원들도 새로운 툴을 사용할 것이라고 기대할 수 있다. 하지만 저절로 그렇게 될 것이라는 기대는 금물이다.[20] 오토웍스의 잠재적 사용자 약 40%가 직속 상관들의 강요에도 불구하고 새로운 디지털 툴을 사용하지 '않기로' 결정했다.

무시하기 힘든 수치였다. 더 정확히는 디지털 전환을 무산시키기에 충분할 정도로 큰 숫자였다. 리더는 왜 그렇게나 많은 직원이 그런 선택을 내렸는지 반드시 이해해야 한다. 직원들은 신기술 사용을 고민할 때 그 기술이 '그들' 개개인의 능력치를 높여주어 리더가 발표한 목표 달성에 도움이 될 것인지를 고려하기 마련이다. 오토웍스의 직원들도 같은 고민을 했다. "이 소프트웨어는 '내가' 더 빨리 더 싸게 신차 디자인을 개발하는 데 도움이 될 것인가?"

결국 모두가 같은 생각은 아니라는 것이 드러났다. "더 빨리 더 싸게"는 오토웍스의 리더들이 생각했던 것보다 훨씬 까다롭고 미묘한 구호였다. 이 구호는 은연중에 직원들에게 새 디지털 툴을 이미 꽤 효율적으로 사용 중인 기존 툴과 비교하게 만들었다('더 빨리'와 '더 싸게'라는 말은 문법적으로도 '비교급'에 해당한다). 얼리어댑터 역할을 하는 수석 엔지니어들은 새 툴을 기존 툴과 비교하고는 새 소프트웨어가 오히려 업무 속도를 더디게 한다고 판단했다. 그들은 새 소프트웨어가 '조직' 차원에서는 다른 뚜렷한 장점이 있다는 것을 잘 알았지만, '그들'이 경험한 바로는 더 빨리 더 싸게 일을 하는 데는 도움이 되지 못한다며 거부했다. 그들이 판단하기로는, 현재 사용 중인 툴을 계속 쓰는 것이 회사에도 득이었다. 설상가상으로 이 얼리어댑터들의 실험 결과는 회사 엔지니어 네트워크에도 부정적인 영향을 미쳤고, 다른 엔지니어들도 존경하는 동료가 새 소프트웨어를 거부하는 판국이니 자신들은 시도해 볼 필요조차 없다고 결정했다.

고위급 리더들은 디지털 전환의 개괄적인 목표로 받아들여질 것이라고 생각하면서 "더 빨리 더 싸게" 구호를 내걸었다. 하지만 그들은 직위와 직급마다 이 구호가 어떻게 들릴지, 파편적인 의사결정에 어떤 영향을 끼칠지는 미처 생각하지 못했다. 이런 이유에서라도 고위급 리더들은 아주 신중하고 조심스럽게 메시지 어구를 선택해야 한다. 실제 업무 추진 방식과 구호가 따로 논다면 자신 있게 도입한 신기술은 희망했던 것만큼 제대로 구현되지는 못할 것이다.[21]

3단계: 새 디지털 툴의 사용 방법을 결정한다

신기술에 부정적인 사람들이 있지만 중요한 결정이 남았다. 변화를 실행하기 시작한 사람들은 디지털 툴의 사용 방법을 정해야 한다. 거의 모든 디지털 기술은 의도했건 아니건 다양한 방식으로 채택된다.[22] 디지털 전환에서는 실제로 사용하기로 결정하는 기능이 대단히 중요한데, 그 기능에 따라 기록되고 생성되고 분석될 데이터가 정해지고 데이터의 사용 방법도 달라지기 때문이다.

오토웍스의 리더들은 데이터야말로 디자인 프로세스를 디지털 환경으로 이주시켜줄 일등 공신이 될 것이라고 믿었다. 엔지니어들이 시뮬레이션 툴을 이용해서 충돌이나 소음, 진동을 비롯해 여러 성능 테스트를 무한대로 반복할 수 있을 것이기 때문이다. 그 모든 결과를 취합하고 비교한다면 충돌 테스트용 마네킹으로 고작 수십 번 테스트했을 때와는 비교도 되지 않을 정도로 정밀하게 최적의 차량 디자인을 설계할 수 있을 것이다. 최소한, 이론적으로는 그랬다.

한 해 동안 우리는 같은 디지털 툴로 시뮬레이션 디자인 테스트를 했던 두 부서의 실험 결과를 추적했다. 첫 번째 부서의 엔지니어들은 자기 취향껏 다양하게 툴을 사용했다. 두 번째 부서의 엔지니어들은 같은 기능을 같은 절차로 사용했다. 그 한 해를 결산해보니, 두 번째 부서가 디자인한 차량의 성능이 첫 번째 부서가 디자인한 차량보다 더 뛰어난 실적을 보였다. 같은 순서대로 툴을 사용한 엔지니어들이 만든 데이터는 통일된 기반에서 생성된 것이었기에 효과성을 분석하기에도 용이했다. 자기 취향껏 툴을 사용한 엔지니어들은 더 많은 데이터를 생성하기는 했지만, 테스트의 기반이 되는 가설과 선택도 너무 제각각인 편이었다.[23] 회사 입장에서는 이런 제각각의 정보를 가지고는 새 디지털 툴에 대한 최상의 사용법을 추리기가 어려웠다. 효율성과 학습의 기반이 되는 데이터 생성이 디지털 기술 사용의 목적이라면 일관된 사용 패턴을 정하는 것이 중요하다.

4단계: 새로운 데이터가 행동방식을 바꾼다

디지털 전환 전, 오토웍스의 차량 디자인 테스트 운영 절차는 어땠을까? 엔지니어가 충돌 테스트를 비롯해 여러 다양한 시뮬레이션 테스트를 수행하고, 테스트 결과를 데이터 분석팀에 넘기면, 분석가들이 좋은 차량 디자인의 보편적 원칙이 될 만한 것들을 하나둘씩 추려냈다. 엔지니어들이 하는 일 따로, 분석가들이 하는 일 따로였다. 두 팀의 차이가 분명했다.

일관된 방식으로 새 디지털 시뮬레이션 툴을 사용해서 비교 가능 데이터를 생성한 엔지니어 팀을 다시 떠올려보자. 그들은 데이터 분석을 업무에 천천히 통합하는 식으로 현상태를 바꾸기 시작했다. 물론 각자 실험을 진행해서 그 결과를 종합해서 검토도 했다. 하지만 그런 다음 서로 실험 결과를 의논하고 같이 고민했다. 한 엔지니어는 "디지털로 넘어왔으니 디자인 엔지니어로서 우리의 역할도 변하고 있어"라고 말했다. 각자 따로 실험을 하고 그 결과를 분석부에 넘기는 대신에, 디자인 엔지니어들은 협업 중심의 데이터 분석팀이 되었다.

'규정 준수'를 외치는 일부 경영자들은 분석가와 엔지니어의 일은 엄연히 다르다며 이런 권한 분산을 줄이려 했다. 하지만 더 많고 더 좋은 데이터에 의해 직원들의 업무가 바뀌고 그들의 역할과 서로의 관계까지 바뀌는 일은 디지털 전환의 자연스러운 결과다. 역할이 다른 직원들이 소통할 수밖에 없는 핵심적인 이유는 데이터다. 새로운 데이터와 정보를 가진 사람들이 새 역할을 수행하게 되면 다른 사람들과도 소통을 시작하게 된다. 그리고 초기에는 눈에 보이지 않는 새로운 사회관계망이 형성된다. 이 강력하고 새로운 관계는 디지털 전환을 견인하는 가장 중요한 재료가 될 수 있다.

5단계: 부분적인 성과 개선이 나타난다

많은 기업 리더가 디지털 전환으로 추구하는 목표와 직원들이 경험하는 작은 장점들을 분리하여 생각한다.

새 디지털 툴을 효과적으로 사용하고 새로운 사회관계망을 통해 각자 얻은 실험 결과를 비교하면서 오토웍스 엔지니어들은 새 툴의 구체적이고 확실한 장점을 파악하게 되었다. 예를 들어, 엔지니어들이 보기에도 충돌 안전성과 연료 효율 등 핵심 기능을 높이기 위한 최적의 디자인 설계가 더 쉬워졌다.

테스트에서 최종 디자인 솔루션으로 가는 과정도 당연히 크게 개선되었다. 실제로도 우리가 분석한 결과에 따르면, 데이터 분석 통합으로 역할을 바꾸고 사회관계망을 통해 다른 엔지니어들과 교류한 엔지니어들은 역할을 바꾸지 않은 엔지니어들보다 23% 빠르게 디자인했고 연구실 테스트도 31% 적게 했다. 바꿔 말하면 이 엔지니어들은 "더 빨리 더 싸게" 일하고 있었다.

오토웍스의 리더들이 기대했던 성과를 엔지니어들이 달성한 것이다. 하지만 그전에 주목할 점 두 가지를 기억하자. 첫째는 "더 빨리 더 싸게"가 체감되지 않은 탓에 엔지니어들의 40%가 처음에는 새 툴의 사용을 거부했다는 것이다. 둘째로, "더 빨리 더 싸게"의 성과를 이룬 엔지니어들은 여기는 디자인 품질이나 성능 향상 등 할 일을 얼마나 잘했는지 측정할 수 있는 기준이 있었다. 고위 경영진이 애초에 엔지니어들이 각자 경험한 업무 성격에 어울리는 구호를 외쳤다면 엔지니어들이 더 빨리 새 디지털 툴을 받아들이고 훨씬 높은 성과 향상을 거둘 수 있었을 것이다.

6단계: 부분적 성과가 목표에 부합하는 수준까지 향상된다

디지털 기술이 국지적으로 프로세스와 결과를 개선하면서 기업 전체의 핵심 목표를 충족하는 순간 디지털 전환도 본격적인 궤도에 오른다.

오토웍스가 차량 디자인에 의도적으로 초점을 맞춘 이유는

20년간 쌓아 올린 통계 분석을 보면—공급망, 규제 준수, 생산 효율성과 함께—디자인 프로세스가 자동차 콘셉트를 만들고 딜러에게 이르기까지의 시간을 단축하는 데 결정적인 역할을 한다는 것이 드러났기 때문이었다. 콘셉트 설정에서 출시까지의 시간 단축은 매출 성장 속도를 빨라지게 한다.

오토웍스가 새 디지털 기술로 "더 빨리 더 싸게" 디자인을 개발하게 된 것에 기뻐했음은 두말할 나위 없었다. 그러나 오토웍스는 안주하지 않고 그런 효과를 거둘 수 있었던 이유를 심층 분석했다. 알아보니 새 디자인 소프트웨어 도입으로 날개를 달게 된 사회관계망이 믿기 힘들 정도로 큰 도움이 되고 있었다. 엔지니어들이 시뮬레이션 모델을 구동하는 시간의 세 배에 해당하는 시간을 들여 다른 엔지니어들과 차량 디자인에 대해 활발하게 논의하면서, 개발 후기 단계에 소요되는 재작업 시간이 크게 줄어들었던 것이다. 새 소프트웨어가 디자인을 더 빨리 결정할 수 있게 해준 것은 맞지만, 소프트웨어로 사회관계망에 날개가 달린 것도 개발 속도에 불을 붙였다.

오토웍스의 모범 사례

이번 성공을 깊이 분석하면서 오토웍스는 추후에도 프로세스 개선에 도움이 될 두 가지 중요한 교훈을 배웠다. 하나는 계획 프로세스를 수립할 때 초점을 잘 맞춰야 한다는 것이고, 다른 하나는 프로세스에 참여하는 사람들을 잘 겨냥해야 한다는 것이다.

역계획 짜기

지금까지 설명한 여섯 단계는 디지털 전환이 일어나는 동안 사내에서 변화가 어떻게 전개되는지를 보여준다. 변화의 전개 과정을 이해했다면 디지털 전환 계획 수립을 어떻게 달라지게 만드는지를 살펴봐야 한다. 디지털 전환으로 넘어가는 흐름은 어느 순간 탈선할 수 있기에, 언제나 모든 조직원의 경험을 최우선에 두고 계획을 짜야 한다.(그림 7-3)

여기서 핵심은 최종 목표를 출발점으로 삼아 역으로 계획을 짜는 것이다. 한 가지 접근법은 어떤 활동이 전환 잠재력이 가장 큰지를 알아내는 것이다. 그러면 디지털 툴 선택과 디지털 전환 방향 설정에 도움이 되는 정보를 알아낼 수 있기 때문이다. 이를 위해 조직은 사내 데이터를 수집하고 분석해서 회사 전체의 목표

그림 7-3

- -

디지털 전환을 위한 역계획

변화의 자연스러운 전개 양상을 이해했다면 역계획을 짜야 한다. 새로운 디지털 툴을 통해 달성하고 싶은 최종 목표를 출발점으로 설정하고 직원들이 받아들일 수 있는 수준의 목표를 다시 설정한다.

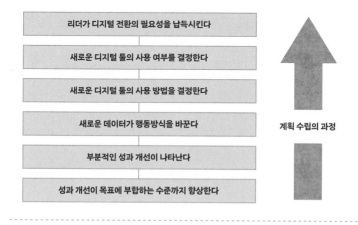

리더가 디지털 전환의 필요성을 납득시킨다

새로운 디지털 툴의 사용 여부를 결정한다

새로운 디지털 툴의 사용 방법을 결정한다

새로운 데이터가 행동방식을 바꾼다

부분적인 성과 개선이 나타난다

성과 개선이 목표에 부합하는 수준까지 향상한다

계획 수립의 과정

를 추진하는 데 가장 도움이 될 만한 부분적 성과는 무엇인지 파악해야 한다. 그러면 디지털 툴을 적용했을 때 개선될 수 있는 부분이 확연하게 드러날 것이다. 동시에 조직은 데이터를 수시로 수집하면서 디지털 전환 노력이 착실히 진행되고 있는지, 디지털 전환에 도움이 되는지 방해가 되는지도 계속 확인해야 한다.

또한 디지털 전환으로 인해 업무와 역할이 바뀌는 중에도 목표를 달성하게 해주는 환경을 조성하는 것이 특히나 중요하다. 리더가 조직 안에서 정보가 어떻게 흘러 다니는지 이해하고 직원들의 적응을 방해하는 제도적 장애물을 제거하는 것도 그런 환경을 조성하는 데 도움이 된다. 조직 내 네트워크 분석과 같은 진단 프로세스를 가동하는 것도 매우 효과적인 방법이다.[25] 진단 프로세스는 직원 중 어떤 집단이 유의미한 소통을 하는지, 그들이 어떻게 교류하는지, 그리고 전환 프로세스가 진행되면서 어떤 유형의 집단이 새로 등장했는지를 드러낸다. 더 나아가 이런 분석으로 리더는 적절하고 공식적인 역할 전환을 이끄는 핵심 인물도 어렵지 않게 찾아낼 수 있을 것이다.

디지털 마인드셋 핵심 인물을 찾아내고 채용하라

디지털 마인드셋을 많이 기른 직원으로 하여금 아직은 내켜 하지 않는 사람들에게 모범이나 선봉대가 되기를 장려하라. 또한, 타인의 신뢰가 돈독한 인물과 함께 원하는 형태의 전환에 대해서도 논의하라. 그런 논의를 통해 전반적인 우려 사항과 개선 아이디어가 드러나기도 하기 때문이다. 최종적으로는 그들에게 도움을 요청해 디지털 전환으로 나아질 업무 환경에 대한 메시지를 만들고 전달해야 한다. 신뢰하는 동료가 직접 추천을 하면 변화와 신기술을 받아들이려는 마음도 크게 올라간다. 훈련 강좌를 계속 열고, 새로운 타깃을 확실하게 정하고, 바람직한 디지털 스킬을 가진 직원을 신규 채용하는 것도 디지털 전환의 일부이다.

기술이 바람직한 변화를 불러올 것이 확실해도 실제 사용할 직원들에게 변화의 유의미한 장점을 제대로 설명하지 못하면 절대적으로 필요한 직원들의 초기 납득도 얻지 못할뿐더러 실무 차원의 디지털 전환 방식에 오해가 불거질 수 있다. 또한 직원들이 납득은 하더라도, 기존 기술을 사용하는 편이 원하는 목표 달성에 더 도움이 된다는 인식이 깔려 있다면 신기술을 사용하지 않으려 할지도 모른다. 인간은 할 수만 있다면 변화를 거부하는 이유를 찾아내려는 천성이 있다. 가령, 회사가 전환으로 이루려는 목표가 프로세스의 더 빠르고 더 싼 진행이라고 천명한다면, 일부 직원들은 지금 툴도 충분히 효율적이며 효과적으로 잘 쓰고 있으므로 '본인에게는' 기존 툴을 계속 사용하는 것이 가장 좋은 선택이라고 생각할 수 있다. 더욱이 새 디지털 툴을 기꺼이 채택한 집단일지라도 팀이나 부서가 일관된 사용 패턴을 채택하지 않는다면 새 툴의 효과는—그리고 새 툴을 도입해서 만들어지는 분석 가능한 데이터의 효과도—반감될 수 있다.

지속 학습으로 전환하라

급변하는 디지털 경제를 마주해야 하는 사람과 조직에 있어서 지속 학습은 선택이 아니라 경제적 의무이다.[26] 직원의 자율성이 보장되고, 맞춤형 훈련 커리큘럼이 제공되고, 심리적 안전감이 존재할 때 지속 학습 환경도 최상의 효과를 낸다. 더 확실하게 말하자면 여기에 디지털 기술과 (특히 AI와 클라우드 기반 플랫폼) 목표 달성 능력이 있는 리더십까지 전략적으로 겸비되어야 한다.

지속 학습이 성공하려면 학습자들이 자신만의 학습 프로세스를 가지도록 자율성을 보장해야 한다. 즉, 학습을 탈중앙화해서 학습을 개개이이 책임져야 한다. 스포티파이의 경우 '실행 가능'에 역점을 두고 그린하우스GreenHouse라는 탄탄한 학습 및 개발 그룹을 지원하지만 학습에 대한 책임은 직원 개개인에게 있다. 온실에서 식물이 자라듯, 그린하우스는 성장에 물을 주고 비료를 주는 아이디어를 장려한다. 직원들의 자주성을 촉진하기 위해서는 어떤 직원이든 모듈식 콘텐츠modular content*를 쉽게 찾을 수 있어야 한다는 사실을 이해한 결과다. 스포티파이의 사내 학습 플랫폼이 제공하는 교육은 소셜미디어와 똑같은 기능성을 가지고 있다. 필립스 같은 회사도 직원들이 개인 취향에 따라 취합하고 공유하는 강좌 플랫폼을 채택했다. 결국, 조직의 지속 학습과 변화 적응력은 전환 프로세스에 참여하는 직원들의 동기 부여와 적극성에 의존한다. 지속 학습이 장기적으로 유지되려면 학습자들의 내적 동기 부여가 필수다.

지속 학습의 또 다른 핵심은 개인 맞춤형 커리큘럼이다. 직원들 모두에게 대동소이한 훈련 프로그램을 제공하는 것이 아니

---

* 사용 승인이 미리 돼 있는 콘텐츠.

라, 각자가 필요로 하는 스킬과 자격 요건에 기반해 구체적 역할과 직무에 맞는 학습 계획을 설계하는 것이다. 소프트웨어 엔지니어는 새 코딩 언어를 배우게 하고, 영업부 직원은 클라우드나 사이버 보안과 같은 기술의 사업 개발 전략을 배우게 하는 것이다. 더 고도의 맞춤형 강좌를 위해 AI 학습 경험 플랫폼LXP으로 개개인의 속도와 니즈에 맞게 콘텐츠를 변경할 수도 있다. 어떤 학습자는 속성 강좌에서도 흐름을 놓치지 않고 잘 따라간다. 반면에 어떤 학습자는 느린 속도로 반복 학습을 해주는 강의를 필요로 한다. 학습자는 강좌를 이수하면 '마이크로 자격증microcredential'을 받는다. 이것은 특정 디지털 스킬을(예: 파이썬 웹 스크래핑) 이수했음을 인증하는 자격증이나 배지 같은 것으로, 대학교 강의보다 짧은 기간 안에 이수할 수 있다. 개인이 각자 학습을 하다가 느낄지도 모르는 고립감을 없애기 위해 오스트레일리아 은행 웨스트팩에서는 비슷한 관심사를 공유하는 직원들끼리 커뮤니티를 만들기도 했다.

지속 학습은 교육과 경력 개발의 새로운 패러다임 등장을 알리는 신호이다. 이 책에 부록에 지속 학습의 더 많은 사례를 담았다. 이 패러다임은 태생부터 역동적이다. 경력 내내 역할과 스킬을 안정적으로 고정시켜 주었던 과거의 학습 패러다임과는 근본부터가 다르다. 효과적인 지속 학습 프로그램의 공통분모는 직원의 자율성과 유연성에 방점을 두고 개개인의 기호에 맞게 혼합할 수 있다는 것이다. 금융지주 회사인 캐피털 원의 소프트웨어 엔지니어링 팀은 온라인 강좌, 대면 워크숍, 외부 전문가 초청 훈련 강좌 등 다양한 학습 프로그램 중 본인이 원하는 강좌를 직접 선택할 수 있다. 또한 캐피털 원은 사내 대학으로 제공하는 기술 강좌 외에도 외부의 대규모 학습 조직과도 제휴를 맺고 있다.

직원들이 잘하던 영역을 벗어나 지속 학습을 하며 새 스킬을 배우는 것에도 거부감을 느끼지 않게 하려면 리더는 탐험을 장려하고 실패를 겁내지 않도록 심리적 안전감이 있는 문화를 조성해야 한다. 가장 이상적인 태도는 스포티파이처럼 리더가 본인의 실패를 귀감으로 삼는 것이다. 온라인 여행과 호텔 예약 사이트인 부킹닷컴Booking.com의 지속 학습 환경은 직원들에게 조직 내에서 이전과는 전혀 다른 역할을 해보는 것을 허락한다. 그러면서 직원들이 완전히 초보자로서 새 역할을 시작하는 것이기에 그전의 역할을 잘했던 것처럼 능숙해지기까지는 시간이 걸릴 수 있다는 사실을 이해한다. 인사 부서 소속 직원 한 명은 디자인 업무에 관심이 생겨서 회사가 제공하는 UX 디자인 강의를 수강하게 되었다고 말한다.[27] 그는 부킹닷컴에 입사하기 전에는 UX 관련 지식이 전혀 없었지만 회사 강좌를 꾸준히 수강하고 이수한 덕분에 결국에는 UX 디자이너로 직무를 바꿀 수 있었다.

조직의 성과와 안정에 리더십과 직원 계발이 필요하지 않은 때가 없었지만, 디지털 경제에서는 기술 변화의 속도가 특히나 더 빠른 탓에 이 두 마리 토끼를 다 잡으려면 지속 학습이 필수 불가결하다. 경험이 적은 직원들에게 멘토가 되어줄 리더 개발을 지원해야 하고, 성장의 통로와 사내 역할 이동을 모두 중요하게 여겨야 한다. 예를 들어, AT&T의 리더들은 정서적 지원, 전략적 조언, 정직한 피드백, 장려 정책을 제공한다. 크라우드소싱 업체 리뷰 플랫폼으로서 일찌감치 지속 학습을 채택한 옐프 역시 '가르치는 리더'라는 원칙하에 중간관리자들에게 멘토로서의 역할을 권장한다. 엘프에서는 전사적 차원에서의 수평적 학습과 새로운 아이디어 및 정보 교류를 다양한 방법으로 실행하고 있다. 엔지니어링 팀은 협업을 추진하고 성장을 촉진하기 위해 점심시간을 빌려 주기적으로 게스트 강연자를—대개는 다른 팀의 직원이다—초청한다. 자발적 프로그램에 참여한 직원들은 일면식이 없던 동료들을 소개받아서 서로 지식을 나누거나 친분을 쌓기도 한다. 이틀 일정으로 진행되는 해커톤hackathon* 대회에 참여한 엔지니어 팀은 성공적인 협업을 하면서 혁신적인 결과물을 만들어낸다. 그들은 서로 많은 것을 배우고 새로운 사람을 만나는 기회도 얻는다.

지속 학습을 장려하는 문화가 육성되려면 직원들의 학습과 새로운 시도에 대한 중앙 차원의 지원이 반드시 필요하다. 새로운 지식과 새로운 디지털 스킬도 중요하지만, 학습 환경과 직원들의 학습 니즈에 세심하게 관심을 기울이는 것도 못지않게 중요하다.

개인 맞춤형 자율적 온라인 학습이 기반이 되는 디지타이제이션은 이런 세심한 관심을 가능하게 만든다.

---

* 소프트웨어 개발 관련자들이 팀을 이루어 협업하며 제한 시간 내에 주제에 맞는 결과물을 만들어내는 이벤트로, 해킹과 마라톤의 합성어이다.

끝없는 변화

조직의 디지털 전환은 인공지능이나 기계학습, 사물인터넷과 같은 데이터와 디지털 기술에 발맞춰 기존 시스템과 프로세스를 재설계할 때 시작된다. 디지털 전환은 일회성으로 끝나는 사건이 아니라 전환이 영구적으로 이어지는 상태이다. 한 번 적응하고 끝이 아니라 '적응하는 체질'로 바뀌어야 한다. 리더는 구체적인 마인드셋과 전략을 강조하는 것이 좋다.

- 팀은 민첩성과 자율성, 협업 능력을 키워야 한다. 디지털 전환과 속도를 맞추려면 빠르고 효과적인 소통이 이루어져야 한다.
- 모든 팀원은 어떻게, 왜, 언제, 그리고 어떤 디지털 툴이 전략 목표 달성에 도움이 되는지 식별해야 한다. IT 지식은 더는 IT 팀의 전유물이 아니다.
- 역순으로 계획하라. 전략적 목표부터 파악한 다음에 적절한 디지털 솔루션을 찾아내라. 팀원들에게 그 솔루션이 목표 달성에 어떻게 도움이 되는지를 보여주고 그들의 납득을 얻어내라. 이것을 업무 디지타이제이션 프로세스라고 한다.
- 새로운 스킬 학습에 방해가 되는 장애물을 제거하고 장려책을 마련하라. 훈련 강좌를 열고, 새 대상을 정하고, 변화를 이끌어줄 디지털 마인드셋 핵심 인물을 채용하라.
- 직원들의 디지털 전환에 대한 좌절감을 영감으로 바꾸어라. 직원들이 디지털 전환에 대해 고민하면서 스스로에게 묻는 두 가지 질문으로 사분면을 만들어보자. "나는 납득을 했는가?

나는 학습할 수 있는가?" 직원들의 대답을 '아니오'에서 '그렇다'로 바꾸고 싶다면, 디지털 전환이 회사에는 대단히 중요한 일이며, 전환 프로세스에는 모든 직원이 다 중요하고, 그들의 학습 능력을 믿는다는 사실을 누차 강조해야 한다.

• 지속 학습이 끊이지 않으려면 학습자는 내적으로 동기 부여가 되어야 하고 자율성을 보장받아야 한다.

• 직원들이 평생 학습 개념으로서 새 스킬을 배우는 것에 대해 거부감을 느끼지 않아야 한다. 탐구심과 실패를 겁내지 않는 용기를 장려하는 심리적 안전감이 존재하는 문화가 필요하다.

팀을 업스킬하라! 디지털 인재 전쟁은 치열하다. 외부에서 새 인재를 영입하기보다는 팀원들의 재능을 업스킬하는 데 더 주력하라. 어려운 스킬이야 학습하면 되지만, 조직 차원으로 지식이 누적되려면 시간이 걸린다. 이 새로운 교육 패러다임은 직원이건 조직이건 경쟁력을 유지하려면 계속해서 업스킬을 해야 한다는 것을 의미한다.

때가 되었다!

진보는 변화 없이 불가능하고, 자기 마음을 바꾸지 않는 사람은
아무것도 바꾸지 못한다.

—조지 버나드 쇼

오늘날 디지털 전환의 영향에서 자유로운 산업은 하나도 없다. 디
지털 툴에 따른 변화가 없을 것이라 장담할 수 있는 일 역시 하나
도 없다.[1] 왜 그런지는 책 전체에서 자세히 설명했다. 디지털 신기
술에 대해 몇 가지를 가볍게 배우거나 관심을 가지는 것만으로는
디지털 경제에서 성공할 수 없는 이유도 보았다. 누군가가 따로
등장해 우리가 원하는 디지털 전환을 대신 달성해주기를 기다리
기만 해서는 왜 안 되는지도 확인했다.

디지털 마인드셋 없이는 데이터와 알고리즘, AI 시대에 성공
가능성도 그만큼 희박해진다는 사실을 이제 잘 이해했을 것이다.

디지털 마인드셋으로 전환하라

이 책에서는 새로운 방식으로 생각하고 행동하는 데 도움이 될 30%의 필수적인 디지털 지식을 각 장마다 설명했다. AI와 기계학습 알고리즘의 작동 방식, AI 팀원과 상호 행동하는 방법, 디지털 존재감을 다지는 방법, 데이터를 분류해서 데이터 셋을 생성하는 방법, 통계 기법으로 데이터에 대해 무엇을 알 수 있는지, 보안이 어떻게 실패하는지, 블록체인이 어떻게 새 거래 기회를 만드는지, 실험 정신의 숨통을 조이는 관료주의와 싸우고 신속하게 실험하는 방법, 그리고 디지털 변화를 포용하고 지속 학습을 촉진하는 문화를 구축하는 방법을.

새로운 스킬을 많이 배웠을 것이다. 하지만 처음에 말했듯이 디지털 기술을 가지고 일하는 스킬을 안다고 해서 디지털 마인드셋이 저절로 생기는 것은 아니다. 새로운 마인드셋을 건설하려면 새로운 방식으로 세상을 보고 새로운 스킬로 행동을 바꾸는 바닥 공사부터 필요함을 기억해야 한다. 협업과 연산, 변화에 대한 접근법을 바꿀 때 디지털 마인드셋도 비로소 생겨난다.

'협업에 관한 접근법'을 재형성하면서 이제 AI 기반 기술이 어떤 방식으로 텍스트와 이미지를 인식하고 분류하는 훈련을 받아 결국에는 알아서 데이터를 인식, 분류, 예측할 수 있게 되는지를 알게 됐을 것이다. AI 기계와 무사히 협업할 수 있을지 AI가 왜 그런 결론을 내렸는지 블랙박스 안을 속속들이 들여다보지는 못하지만 어떤 방식으로 그런 결론에 도달하게 되었는지는 이해했을 것이다. 이런 기본 지식을 잘 알고 있으면 AI가 어떤 훈련을 거첫는지, AI에 존재할 법한 특정 편향을 가늠하려면 어떤 데이터를 이용해야 하는지에 대해서도 적절한 질문을 던질 수 있다. 기본 지식은 AI의 추천을 어느 정도 신뢰할 수 있는지를 판단하는 데에도 도움이 될 것이다.

AI 기술을 사람처럼 대하는 것은 흔히들 빠지는 함정이다. 그러나 인공지능 챗봇인 에이미를 사용하면서 벌어졌던 사태의 교훈처럼, 기술을 기술로 대해야 한다는 사실을 잊으면 크게 곤란해질 수도 있다.

당신은 디지털 존재감을 효과적으로 유지하는 방법도 배웠다. 디지털 시대의 협업에서 가장 큰 변화는 어떤 유형의 인간관계건(사적이건 공적이건 연애이건) 디지털을 통한 소통이 압도적으로 많아졌다는 것이다.[2] 그런데 시간과 공간을 초월해 서로 협력할 수 있게 해주는 디지털 툴이 심리적으로 분리감을 느끼게 만드는 문제를 야기할 수 있다. 우리는 심리적인 거리감을 좁히기 위해 과도하게 소통을 한다. 소셜미디어에 더 많은 사진을 올리거나 동료들과 지나치게 많은 메시지를 주고받는다. 하지만 이런 행동은 의도와는 정반대의 결과를 낳는다. 노벨경제학상 수상자 허버트 사이먼Herbert Simon의 설명에 따르면, 인간은 감당할 수 있는 수준 이상의 정보를 접할 때 자신에게 중요해 보이는 특정 종류의 정보에만 선별적으로 관심을 기울이고 나머지는 무시한다고 한다.[3] 관심을 받으려고 과도한 소통을 하면 할수록 다른 사람들의 관심에서 멀어지는 것은 디지털 시대의 우리가 처한 악순환이다.

당신에게는 지금의 디지털 시대에 인간 및 기계와 더 효과적으로 협업할 수 있는 툴이 있다. AI를 사람이 아니라 기계로 대해야 한다는 사실, 다른 사람들에게 존재감을 높이는 데 방해가 되는 정보 더미를 헤치고 자신의 디지털 존재감을 기르는 방법도 알게 되었다.

대부분의 독자들은 이 책을 읽기 전에 자기만의 체계적인 '연산 접근법'이 없었을 것이다. 그러나 이제 자기만의 접근법을 가지는 그 어려운 일을 해내고, 행동이나 텍스트, 사진 같은 데이터가 어떤 연산 과정을 거쳐 '아는 것'으로 바뀌며 다양한 데이터 분석 기법들이 '아는 것'을 '알아야 할 것'으로 바꾸는지도 이해하게 되었다. 통계적 추론에 대한 탄탄한 기본 지식을 갖추는 것이 디지털 시대에 똑똑한 통계 분석 소비자가 되는 비결이라는 사실도 깨달았을 것이다.

분석과 통계는 아는 만큼 후하게 보상해준다. 지금도 당신은 실시간으로 수집되고 있는 방대한 데이터를 효과적으로 이해하고 추적하고 활용할 수 있다. 이메일을 보낼 때마다, 친구나 동료에게 문자메시지를 보낼 때마다, 웹페이지를 방문할 때마다, 검색어를 입력할 때마다, 누군가의 포스트에 좋아요를 누를 때마다, 사진에 댓글을 달 때마다, 이모티콘을 붙일 때마다, 추천을 할 때마다, 온라인 달력으로 회의를 잡을 때마다, 화상회의 앱으로 대화를 할 때마다, 숙박업소에 체크인을 할 때마다(목록은 끝이 없다) 디지털 잔해가 남는다. 디지털 잔해는 디지털 툴에서 이루어지는 모든 활동의 부산물이다. 디지털 잔해는 판매자에게, 기업에, 당신이 일하는 조직에, 법 집행기관에, 디지털 툴에 접속하는 그 모든 곳에 당신이 누구와 소통했고 무슨 말을 했고 무슨 행동을 했는지를 알려준다. 분석가들은 고도의 통계 모델로 이 디지털 잔해 데이터를 분석해서 당신이 어떤 로션을 사고 싶어 하고 어떤 색깔의 차를 몰고 싶어 하는지 같은 사소한 일에서부터 당신이 퇴사를 할 것인지, 범죄를 저지르려 하는지 같은 중차대한 사안에 이르기까지 많은 것을 예측할 수 있다.

이렇게 나온 예측 결과는 신뢰할 수 있는 것인가? 통계적 예측을 의사결정에 어떻게 반영해야 하는가? 예측 반영을 꼭 해야 하는가? 이런 질문을 던지고 답을 구하려면 새로운 방식으로 연산에 접근해야 한다. 통계적 추론 스킬을 갖추면 다양한 출처에서 확보한 디지털 잔해 데이터가 대표성이 있는지, 분석가들이 유출한 결론이 타당한지를 판단하는 데 도움이 된다. 이 책에서는 도심개발 계획 알고리즘인 어반심 사례를 보면서 청중에게 더 설득적으로 데이터를 제시하려면 어떻게 고민해야 하는지도 살펴보았다. 그전까지는 자신만의 구체적인 연산 접근법이 없었을지라도, 이제 이 새로운 접근법은 더 명석한 데이터 기반 인사이트를 가질 수 있도록 도와줄 것이다.

여러 산업이나 기업의 사례로 알았겠지만 디지털 기술은 같은 식의 행동을 재탕하지 않는다. 디지털 기술은 새로운 방식을 학습하면서 데이터를 연산하며 자체적으로 계속해서 변화한다. 디지털 기술이 끊임없이 바뀌는 데 따라 용도 역시 바뀐다. 조직도, 조직에 속한 사람도 변화가 상수인 상태에 놓여 있다는 뜻이다.

한편 이 책에서는 보안을 진화의 과정으로 보면서 변화에 접근하는 것이 디지털 시대의 성공에 꼭 필요하다는 사실을 살펴보았다. 급속한 변화는 디지털 경제의 본질적 특성인 탓에 가장 좋은 것 같은 조직 형태나 가장 성공적일 것 같은 제품 디자인을 예측기도 대단히 힘들다. 하지만 디지털 마인드셋을 기르면 변화를 준비하고 그에 대응하는 가장 좋은 방법을 파악할 수 있다.

디지털 마인드셋을 기르면 우리의 노동을 정의하는 공식적 또는 비공식적 조직 구조가 영구적인 전환기 상태에 놓여 있다는 것도 깨닫게 된다. 물밀 듯 쇄도하는 데이터에 대응하는 속도가 성공적 디지털 조직이 되기 위한 결정적 추진 요소다. 금방 결성한 뒤 목표를 달성하면 해산도 쉬운 애자일 팀이 어떤 조직에는 가장 적합한 구조일 수 있다.

디지털 마인드셋에 따라, 때로는 시간이 들더라도 디지털 툴의 적절한 구현 방법을 알아내야 한다. 대규모 직원 훈련을 진행하는 최상의 방법은 어떻게 알아내야 할까? 분명한 건 디지털 훈련은 지속되어야 한다는 사실이다. 사원, 임원, 경영자 모두 디지털 시대에 걸맞은 스킬을 계속해서 계발해야 한다. 이 네버엔딩 학습 과정은 일년에 한 차례 새로운 업무 스킬을 학습하는 것과는 질적으로 다르다. 업무의 내용 자체가 계속해서 바뀌고 있는 데다, 직원들 역시 생산적인 피고용인 자리를 유지하기 위해서는 변화의 흐름을 따라잡아야 하기 때문이다. 디지털 마인드셋은 한 번 달성하면 잊어도 되는 무언가가 아니라 계획하고 개입하고 무수히 신경을 써야 하는 지속적인 과정이다.

당신의 슈퍼 파워

자신에게 있는지도 몰랐던 능력을 발견하고 강화한 지금, 협업과 연산과 변화에 대한 새로운 접근법과 스킬을 획득해낸 당신은 이 급변하는 시대에 더 세심하고 더 민첩하게 관찰하고 생각하고 행동할 수 있다.

디지털 마인드셋은 일종의 초능력이다. 상상도 못 했던 기회의 문을 자기 능력으로 여는 이 힘은 단순히 코딩 방법을 배우거나 데이터 분석 방법을 아는 것과는 차원이 다르다. 대화 자리에서 기술과 관련된 주제가 나와도 더는 어색해하며 뒤로 빼지 않아도 되고, 자신만의 기술적 지식을 발휘하며 새로운 가능성을 열 수도 있다.

디지털 마인드셋을 가진 사람의 진짜 힘은 디지털 미래에 설 자리가 없을 것이라고 두려워할 필요가 없다는 것이다. 오히려 디지털 미래로 향하는 환한 길을 산책하며 스스로와 주위 사람들의 가치를 비출 수 있다. 직접 감자 농사를 알아보러 케냐로 떠나진 않더라도, 디지털 마인드셋은 성공적인 사람들에게 무대를 마련해주고 새로운 기회의 장소를 제시한다. 몇 번이고 거듭 그럴 것이다.

이제 당신의 때가 되었다!

부록
지속 학습의 성공적 사례

7장에서 살펴본 기업들의 성공적인 학습 원칙을 덧붙여 설명하겠다. 다음의 일곱 가지 학습 프로그램은 기업이 업스킬링과 디지털 역량 증진을 지원하고 장려하면서 지속 학습 모델에 중점 투자한 성공적 결과다. 사내 학습 커리큘럼과 센터를 마련한 회사도 있었고, 외부 조직과 제휴를 맺은 기업도 있었다. 두 가지를 병행해서 직원 성장을 최대한 지원해준 회사도 있었다. 이 회사들의 접근법은 최우수 상을 받아 마땅하다.

캐피털 원

미국의 금융지주 회사 캐피털 원은 자체 소프드웨어를 개발하고, 소프트웨어 엔지니어링 인재들로 구성된 혁신 팀을 꾸리고, 전통적 IT 운영 모델을 재구상하는 등 기술을 사업 전략의 최중심에 두고 있다. 캐피털 원의 사내 대학인 테크 컬리지Tech College는 전 직원이 등록하고 수강할 수 있는 종합적인 기술 강좌를 제공한다. 테크 컬리지의 핵심 특징은 다음과 같다.

- **엔지니어의, 엔지니어를 위한 대학**. 업무에 유용하고 관련성이 높은 강의가 되도록 캐피털 원 엔지니어들이 커리큘럼을 설계한다.
- **넓이와 깊이**. 커리큘럼에서는 소프트웨어 엔지니어링, 모바일, 기계학습·AI, 클라우드 컴퓨팅, 사이버 보안, 데이터를 비롯해 12개의 핵심 학제를 제공한다.
- **학습 방식의 혼합**. 온라인 강좌, 대면 워크숍, 부트 캠프, 원격 학습 등에서 인지도가 있는 제휴기관(유다시티Udacity, 제너럴 어셈블리General Assembly, 코세라Coursera 등)이 제공하는 훈련 강좌는 직원에게 혼합 학습 방식을 경험하게 해준다.
- **리더의 가르침**. 테크 전문가들이 최신 기술 발전을 배우고 탐구할 수 있도록 가르치고 독려하며, 고객 경험 향상에 발전된 기술을 응용하는 방법을 가르친다.
- **모두를 위한 학습**. 열린 소통 채널을 만들고 민첩성을 증진해 교차 직능간 기술 역량을 장려하는 커리큘럼에 모든 직원이 과거의 경험이나 직무에 상관없이 등록할 수 있다.

스포티파이

스웨덴의 음원 스트리밍 회사인 스포티파이는 스트리밍 플랫폼이라는 새로운 산업 분야를 창조해 음악 산업의 양상을 바꾸었다. 회사는 이 새로운 사업 모델에서 성공할 수 있었던 가장 큰 비결로 지속 학습 문화를 꼽는다. 스포티파이가 취한 접근법은 직원이 적합한 학습 방식을 직접 고르게 하는 '혼합 학습법'이다. 대면 또는 스트리밍 형태의 집단 강좌, 온라인 학습, 공유 커뮤니티, 평가 등 여러 형태로 강좌가 진행된다. 직원들은 업무 중에 잠깐만 짬을 내 짧은 강의를 들을 수 있고 더 오래 진행되는 강의를 들을 수도 있다. 이 혼합 학습법의 핵심 개념은 여섯 가지이다.[1]

- **비전과 목적**. 스포티파이의 리더들이 회사의 비전을 명확하게 설명하면 직원들은 자율결정이론self-determination theory에 따라 개개인의 목표를 비전에 맞게 조정할 수 있다.
- **자율적 책임**. P2P의 탈중앙화된 학습 문화 속에서 스포티파이 직원들은 동료들과의 상호 학습을 기대하고 학습에 대한 책임은 자신이 진다.
- **목표 추진의 자율성**. 스포티파이는 직원들에게 구체적 목표를 정하게 하며 마이크로매니징은 하지 않는다. 중앙이 지원하는 탄탄한 학습 강좌와 개발 집단(그린하우스 팀)은 직원들이 목표 추진 방법을 스스로 결정하도록 도와준다.
- **실패**. 실패를 받아들이고 실패로부터 배우는 것이 위대한 발전과 혁신에 결정적 역할을 한다고 생각하는 것이 스포티파이의 문화다. 그러나 실패를 인정하는 것은 누구에게든 쉽지 않은 일이다. 그래서 스포티파이 리더들은 스스로 실패했던 경험을 보여주면서 직원들이 심리적 안전감을 느끼게 한다.
- **혼란을 두려워하지 않는 학습**. 스포티파이는 안정적이지만

경직된 톱다운 학습을 과감히 버렸다. 직원들이 학습 방법의 자기 결정권을 가질 때 예기치 않은 관계를 맺고 새 아이디어를 발견하기 때문이다. 이런 직원의 결정론이 디지털 시대에 꼭 필요한 경쟁력의 밑거름이라는 것이다.

- **상호 행동**. 직원은 직접 학습 방식을 선택하고 관심사나 궁금한 것, 아이디어를 공유하면서 서로에게서 배울 수 있다. 이런 유기적 교류를 가능케 해 협업과 혁신을 장려한다.

옐프

크라우드소싱 기반의 식당 리뷰 플랫폼 분야에서 선두를 달리는 옐프는 지속 학습이 보편적인 트렌드로 자리 잡은 지금보다도 몇 년 전부터 일찌감치 지속 학습을 회사 고유의 문화적 특성으로 만들었다. 2017년 옐프의 프로필을 보자. "학습 내부 들여다보기: 옐프는 어떻게 성공적 학습 문화를 만들었는가?" 옐프가 어떤 정책들을 실행해 지속 학습 환경을 만들고 있는가 잘 드러난다.

- **직원 자율성**. 옐프의 직원들은 회사가 정한 학습 프로그램을 강제적으로 이수하는 게 아니라 자율적으로 학습 커리큘럼을 정한다. 예를 들어 엔지니어링팀은 팀에 필요하다고 판단하면 금요일 점심시간마다 게스트 강사를 초빙할 수 있다. 게스트 강사는 보통은 사내 다른 팀이나 부서의 직원이므로 이런 초빙 강의는 부서 간 유기적이고 효과적인 지식 교류에도 큰 도움이 된다. 옐프에서 인력이 가장 많은 영업팀의 경우, 신입 영업사원들의 능력 개발을 위한 종합적인 자격 이수 프

로그램을 제공한다. 영업부서의 필요에 맞게 개발된 이 학습 프로그램은 신입 사원들에게 동기를 부여하고 승진 사다리를 오르기 위한 현실적인 방법을 알려준다.

- **수평적 학습**. 옐프는 학습 방법 선택 시 부서에 재량권을 주지만 한편으로는 전사적 차원의 학습 프로그램에 대한 투자도 소홀히 하지 않는다. 역시 자발적 신청제인 옐프 빈스Yelp Beans 프로그램에 등록하면 잘 알지 못했던 다른 동료들을 만나서 배울 기회가 생긴다. 낯선 동료들과 교류하면서 직원들은 자신의 업무를 새 시각에서 바라보게 되기도 하고, 회사에서 인맥이 넓어졌다는 느낌에 기분이 좋아지기도 한다.

- **서번트 리더십**. 옐프의 기본적인 리더십 원칙은 '가르치는 리더'다. 리더는 경영자에만 머무는 것이 아니라 팀원들이 한 직원이자 개인으로서도 성장하도록 도모하는 멘토가 되어야 한다는 것이다. 또한 옐프는 외부 리더를 초청해(익스텐디드 페이컬티Yelp Extended Faculty) 강연회를 열기도 한다. 대학 교수, 외부 산업의 리더 등 다양한 강연자가 초청된다.

- **게임화**. 옐프에서 해커톤 대회는 굳건한 전통이다. 이틀 동안 진행되는 해커톤 대회에 참가한 엔지니어들은 그룹으로 나뉘어 문제 해결을 위한 아이디어를 같이 구상한다. 그들은 언제나 새롭고 혁신적인 솔루션을 생각해낸다. 못지않게 중요한 효과가 또 있는데, 팀원들이 새로운 사람을 만나 유기적으로 지식을 교류하고 학습하는 기회도 얻게 된다는 것이다.

- **역할 확장**. 옐프에서는 직원들이 학습을 통해 한 번에 여러 역할을 맡을 수 있도록 직원들의 직무 역할에 제한을 두지 않

는다. 처음에는 직원들도 적응이 되지 않아 힘들어하지만, 시간이 지날수록 직원들도 능력이 더 빠르게 성장하면서 회사 목표 달성에 더 깊이 매진할 수 있게 된다.

AT&T

AT&T는 해마다 사내 훈련 프로그램에 거의 2억 2000만 달러를 투자하며, 연간 거의 2000만 시간에 달하는 훈련 강좌를 제공하고, 수강 지원금은 매년 3000만 달러 넘게 지급한다. 이렇게 대규모로 투자한 결과, 적어도 14만 명의 직원들이 적극적으로 새로운 역할에 필요한 지식과 기술을 습득했다. AT&T의 지속 학습 문화가 가진 세 가지 주요 특징은 다음과 같다.

- **수평 이동**. 직원은 새 지식과 기술을 배우면서 사내 다른 역할에 필요한 업무 스킬을 알아볼 기회를 얻게 된다.
- **서번트 리더십**. 리더는 멘토가 되어 직원에게 정서적 지원과 전략적 조언, 필요한 피드백을 제공하고, 새로운 성장과 학습 기회도 경험하도록 장려한다.
- **승진의 기회**. 직원은 미래에 성장 기회가 가장 높거나 가장 리스크가 클 만한 업무나 범주, 역량에 대해 상담을 받은 후 새로운 학습 방법을 선택할 수 있다.

웨스트팩

오스트레일리아 은행 웨스트팩은 전 사원을 대상으로 플랫폼 기반의 훈련 프로그램 방식을 실행한다. 이 학습 플랫폼은 큐

레이티드 콘텐츠curated content*를 배분하고 직원들이 학습 내용을 같이 만들고 공유하는 일종의 소셜 학습 환경이다. 직원은 공통의 관심 분야를 논하는 커뮤니티를 구축할 수 있고 미래에 가치가 높을 것 같은 작업에도 초점을 맞출 수 있다. 또한 웨스트팩은 직원에게 특화된 지속 학습 플랫폼을 제공하기 위해 오스트레일리아의 교육 전문 테크 스타트업 고원Go1과도 제휴를 맺었다.[3] 고원은 웨스트팩이 그동안 쌓은 업계 지식과 기술로는 얻을 수 없었던 새로운 차원의 전문 지식을 제공한다. 웨스트팩의 학습 플랫폼인 브로커 아카데미Broker Academy의 주요 특징은 두 가지다.

- **자율성**. 플랫폼에 PC나 모바일로 접속할 수 있고, 커리큘럼은 규제 준수에서 사업 전략, 리더십, 웰빙에 이르기까지 모든 주제를 망라한다. 직원들은 본인의 학습 경험을 스스로 주도하며 쌓을 수 있고, 배우기를 희망하는 내용과 시간을 알아서 결정할 수 있다.
- **큐레이티드 콘텐츠**. 유의미하고 현실에 적용 가능한 정보를 제공하기 위해 주제별 포커스 그룹이 추린 데이터로 강좌 내용을 다듬는다.

부킹닷컴

여행 및 호텔 예약 사이트인 부킹닷컴은 다음 원칙을 지키며 지속 학습 환경을 운영한다.

---

* 다른 소스에서 취사 선택해 채널에 맞게 공유하고 변경한 콘텐츠.

- **수평 이동**. 직원에게는 회사가 정한 훈련 코스를 밟은 후에는 다른 부서로 사내이동해서 완전히 다른 일을 할 수 있는 기회가 주어진다.
- **심리적 안전감**. 직원에게 실패를 편하게 인정할 수 있는 분위기를 조성한다. 따라서 직원들은 새롭지만 결과가 불확실한 시도를 해도 안전하다는 느낌을 받는다.
- **수직 이동**. 직원 이탈을 막기 위해 직원이 리더로 성장하도록 도와준다. 리더가 되기를 원하는 직원이 리더 자리를 찾아 이직하도록 방치하는 것이 아니라 부킹닷컴에서 리더로 올라서도록 기회를 제공하려 노력한다.

필립스

필립스는 소비자 건강, 홈케어, 진단영상 촬영, 영상유도치료, 환자 모니터링, 정보의학 분야의 리더다. 직원 자율성, 탐구심, 비공식적인 직무 중on-the-job 훈련 등에 가치를 두고 있는데, 이런 가치는 필립스 학습 프로그램에도 충실히 반영돼 있다.[4]

- **AI 솔루션**. 필립스의 디지털 전환 운동에서 중추적 역할을 하는 건 지속 학습 프로그램이다. 필립스가 건강제품 제조사에서 디지털 건강서비스 제공사로 정체성을 전환할 때 이 방대한 조직의 업스킬링을 도와준 것은 AI였다.[5] 필립스는 전환 속도를 높일 방법을 궁리했다. 웨스트팩처럼 필립스도 외부 전문 업체에 손을 뻗었다. 클라우드 기반 학습 소프트웨어 회사 코너스톤Cornerstone이 필립스의 지속 학습 인프라 설치를 맡았다.

- **개인화**. AI 구동 기술은 학습자의 특정 니즈와 속도에 적응하므로 직원 개개인은 본인에게 가장 효과적이고 적합할 것 같은 조건을 구체적으로 설정해서 학습할 수 있다. 집중해서 단번에 끝내는 속성 훈련이 맞는 학습자도 있는 반면에, 내용을 하나하나 곱씹으면서 느린 속도로 훈련을 받는 게 더 맞는 학습자도 있기 마련이다.

- **사회화**. 스포티파이와 같은 음원 스트리밍 서비스에서 사용자가 '플레이리스트'를 공유하듯이 필립스 직원들은 학습 플랫폼에서 자신이 고른 '강의 플레이리스트'를 다른 직원들과 공유할 수 있다. 예를 들어 영업부 직원은 동영상이나 간단한 온라인 학습 과정, 질문과 답변, 실제 사건 등으로 이루어진 플레이리스트를 만들어 훈련 프로그램에 기여할 수 있다. 이 플랫폼의 소셜미디어 기능은 신입 멘티 직원과 노련한 멘토 직원이 관계를 맺는 데에도 도움이 된다. 이렇게 해서 필립스의 학습 플랫폼은 공식적인 멘토 연결 프로그램이라기보다는 스스로 동료와 멘토를 찾게 해주는 유기적인 바텀업 접근법에 더 가깝다.

- **멘토십**. 기술적 플랫폼과 함께 스승으로서의 리더의 역할을 가장 강조하는 계획적인 문화적 변신도 꾀한다. 필립스에서 리더의 역할은 단지 팀원 업무 관리가 아니라 팀원의 미래를 개발해주는 것이다. 또한 리더는 자신의 전문 능력과 지식, 열정을 해당 분야 주제 강좌에서 공유해야 한다.

- **학습 진척도 추적**. 직원들의 학습 플랫폼 사용 데이터를 수집해 지속 학습과 조직 성과의 상관관계를 측정할 수 있다. 데

이터가 충분히 쌓이면 회사는 영업사원이 높은 성과를 내는 것이 훈련량과 상관이 있는지, 플레이리스트 작성이나 미니 학습이 정해진 방식으로든 의외의 방식으로든 학습으로서 기능하고 있는지를 추적할 수 있다.

용어 설명

가설검정

데이터 셋에서 나온 두 개의 요약 통계를 비교하는 과정. 가설 검정은 먼저 현재의 상태에서 새로울 게 전혀 없는 가장 보수적인 가정인 '귀무가설'을 세우고(예: "비교되는 두 모수에는 차이가 없다"), 다음으로 대립가설을 세운다(예: "두 모수에는 실제로 차이가 있다"). 대립가설을 입증하는 통계적 증거가 충분히 나오면 귀무가설을 기각하고 대립가설을 채택한다. 반대로 통계적 증거가 충분하지 않으면 귀무가설을 유지한다.

강화학습

알고리즘의 데이터 처리량이 늘어날수록 범주화 규칙을 자동으로 수정하는 발전된 기계학습 형태.

개인 정보 보호 중심 설계(PbD)

앤 카부키안 박사가 개발한 제품 설계의 한 개념. PbD를 구성하는 일곱 가지 원칙에 따르면 기업은 개인 정보 보호를 규제 준수에 필요한 사후 대응의 개념으로 다루는 것이 아니라 개발 초기 단계에서부터 개인 정보 보호를 중심에 넣고 제품을 설계해야 한다.

기계학습
컴퓨터 알고리즘이 데이터를 분석해서 자동으로 패턴을 식별하고 사람 프로그래머에게 단계마다 지시를 받지 않아도 새로운 예측과 추론 규칙을 생성해서 통계 기법을 수정하는 능력.

기술 부채
조직이 디지털 생태계에서 기술과 프로세스, 성능의 변화 속도를 따라잡으려면 별도의 시간과 자원을 편성해 기존의 노후화된 인프라를 주기적으로 업데이트해야 한다는 개념.

기술 스택
하나의 앱을 개발하고 구동하는 데 필요한 모든 하드웨어와 소프트웨어 시스템.

기술 통계학
데이터 셋의 전반적 특성을 대표해서 보여주는 대푯값을 구해서 데이터를 분석하는 통계적 과정.

대화형 UI
글을 쓰거나 말을 하는 등 인간의 방식으로 AI와 상호 행동하는 수단. 대표적으로 시리 siri가 있다.

데이터 정제
데이터를 알고리즘이 이해할 수 있는 포맷으로 바꾸는 과정.

디지털

데이터와 기술의 상호작용. 데이터는 참조하고 분석하고 연산할 수 있는 정보를 의미한다. 숫자나 이미지, 텍스트 등으로 이뤄진 데이터는 숫자로 바뀌어 연산 기술을 통해 처리되고 저장되고 전환된다.

디지털 마인드셋

사람과 조직이 새로운 가능성을 보고 미래에 맞는 데이터와 알고리즘, AI, 기계학습 사용법을 구상하게 해주는 일련의 태도와 행동.

디지털 발자국

개인의 행동방식과 습성을 표현해주는 데이터의(예를 들면 디지털 잔해 같은) 모음. 행동의 가시성이 클수록 수집 가능한 디지털 잔해가 늘어나고 디지털 발자국도 더 명확하게 분석할 수 있다.

디지털 잔해

개인이 온라인 활동을 하면서 만들어진 메타데이터 조각. 디지털 발자국의 재료가 되며, 디지털 잔해를 합치면 개인의 행동방식과 습성을 전체적으로 이해할 수 있다.

디지털 전환

조직이 인공지능에서 기계학습, 사물인터넷에 이르기까지 데이터와 디지털 기술을 잘 활용하면서 변화에 적응하는 체질로 바뀌기 위해 기반 프로세스와 역량을 뿌리부터 재설계하는 것.

디지털 존재감

기술로 소통을 하는 원격근무 환경에서 개인의 적극성과 존재감을 보여주는 수준. 디지털 존재감이 높은 사람은 디지털 도구로 적극적이며 명확하게 소통하므로 팀원들에게도 더 많은 이해와 인정을 받는다.

메타지식

'누가 무엇을 알고' '누가 누구를 아는지'에 대한 지식.

미들웨어

프런트엔드 시스템과 백엔드 시스템을 연결해서 데이터베이스와 데이터가 소통을 하도록 도와주는 소프트웨어.

백엔드 시스템

서버나 메인프레임 등 데이터 서비스를 제공하는 구조적 체계. 백엔드 시스템은 뒤에서 앱을 지원하므로 사용자에게는 드러나지 않는다.

범위

데이터 셋의 최곳값과 최젓값이 벌어진 정도.

벡터

컴퓨터가 읽을 수 있는 숫자로 이뤄진 문자열.

분산

각 데이터값이 평균에서 얼마나 떨어진 곳에 분포하는지를 측정한 수치.

블록체인

언젠가는 인터넷과 같은 기반기술이 될 것이라고 약속하는 일련의 분산형 원장 기술. 블록체인 기술은 제3자의 중재나 개입 없이 안전하고 신속하고 개인 정보도 보호되는 P2P 거래를 가능하게 한다.

비지도 학습

알고리즘이 프로그래머의 훈련을 받지 않아도 자동으로 데이터를 분류해 이진수로 바꾸는 더 발전된 기계학습 단계.

사실성

데이터 같은 무언가가 절대적으로 사실이고 정확하다고 믿을 수 있는 정도.

산포도

기술 통계학에서 데이터가 흩어진 정도를 분석하는 통계치.

상호 파악의 장애

물리적으로 떨어진 거리에서 근무할 때 서로에 대한 이해가 부족해지는 상황.

서비스형 소프트웨어(SaaS)

구독 기반으로 소프트웨어 라이선스를 공급하고 라이선스 회사가 중앙에서 앱 서비스를 호스팅하는 사업 모델.

스마트 콘트랙트

거래 쌍방이 자동으로 곧바로 계약을 맺을 수 있으며 제3자의 중개가 필요 없는 블록체인 형태의 계약 앱. 스마트 콘트랙트는 로열티 지급과 임대차 계약, 유언장, 소유권 이전 증서 등 여러 형태의 계약 방식을 바꾸고 있다.

스크립트

알고리즘 구축을 목적으로 여러 줄의 코드로 이루어진 문서.

신경망

인간의 신경망 작동 방식을 흉내 내고 무수한 데이터로 학습해서 자동으로 데이터를 분류할 수 있는 기계학습 모델.

신뢰구간

표본 데이터 셋을 가지고 도출한 모집단에 대한 요약 통계가 (예를 들면 평균값이) 가지는 타당성의 수준. 신뢰구간 95%가 가장 많이 사용되는데, 이는 정밀성과 신뢰성이 교묘하게 균형을 이루는 숫자이기 때문이다.

알고리즘

정해진 목표를 달성하도록 정해진 단계를 따르게 지시하는 일련의 명령 체계. 이 명령 체계는 들어오는 정보를 받고(인풋) 그것을 완전히 다른 무언가(아웃풋)으로 바꾼다. 연산 알고리즘들이 서로 협력하면 복잡한 작업을 무수히 수행할 수 있다. 알고리즘에는 다섯 가지 핵심 특징이 있다.

• **알고리즘은 모호한 설명은 이해하지 못하므로** 실행해야 하는 대상을 명확히 지시해야 한다. 컴퓨터 연산에서 "큰 수를 선택하라"는 명령은 모호한 명령이다. 큰 수란 얼마나 큰 수인가? 100만인가, 1조인가, 아니면 100인가? 큰 수는 매번 달라져야 하는가, 언제나 똑같아야 하는가? 그렇기에 "10보다 크고 20보다 작은 수를 선택하라"는 식으로 명령을 기술해야 한다.

• **알고리즘은 범위가 한정된 인풋을 기대한다.** 예를 들어 알고리즘은 두 숫자 모두 0보다 커야 한다고 요구할 수 있다. 아니면 단어를 요구하거나 0이나 그것보다 큰 숫자들의 목록을 요구할 수 있다.

• **알고리즘은 범위가 한정된 아웃풋을 생성한다.** 두 숫자 중 더

큰 수나, 대문자로 쓴 단어나, 푸른색으로 이루어진 사진을 아웃풋으로 만드는 식이다.

- **알고리즘은 종료와 결과 생성을 보증하며 일정 시간이 지나면 항상 멈춘다.** 만약 알고리즘이 무한정으로 작동하면 답을 만들지도 않으므로 아무 쓸모가 없어진다.
- **대부분의 알고리즘은 정확한 결과 생성을 보증한다.** 어떤 알고리즘이 99%의 확률로 가장 큰 수를 반환하지만 1%의 확률로 알고리즘이 실패해서 가장 작은 수를 반환한다면 이 알고리즘은 쓸모가 거의 없다.

암호화폐

비트코인이 대표적이다. 모든 디지털 화폐의 구동 기반은 블록체인이다. 은행이나 국가가 발행한 통화와 연동되지 않는 암호화폐는 제3자 개입 없이 당사자들의 직접적인 P2P 거래가 가능하므로 전통적 금융 시스템에는 위협이 된다.

예측 통계학

통계 모델을 활용해 결과를 예측하는 통계학.

유의수준

임의적으로 정한 최대한의 p-값 허용치. p-값이 높으므로 귀무가설을 유지하고 대립가설을 채택하지 않는다고 말할 때는 유의수준부터 봐야 한다. 일반적으로 사용되는 유의수준은 0.05로, 이 기준에서는 p-값이 0.05보다 낮으면 귀무가설을 기각하고 대립가설을 채택한다. 반대로 p-값이 0.05보다 높으면 대립가설을 기각하고 귀무가설을 유지한다.

인공지능(AI)

사람의 지능을 연상시키는 특성이 있는 모든 기계.

자연어 처리

인간의 언어를 컴퓨터가 읽을 수 있는 이진수로 벡터화하는
처리 과정.

전환기

조직이 익숙한 구조, 프로세스, 문화적 규범에서 새로운 구조
와 프로세스, 문화로 옮겨가면서 겪는 중간 시기.

중심경향치

데이터값이 가장 많이 모인 자리.

중앙값

모든 데이터 중 정가운데 위치한 데이터값.

지도 학습

프로그래머가 알고리즘에 데이터를 분류해 이진수로 변환하
는 방법을 가르치는 1차적인 기계학습 단계.

최빈값

전체 데이터 중 가장 흔하게 나타나는 데이터값.

추론 통계학

표본 데이터로 가설을 시험하고 그 결괏값으로 모집단 전체의
특성을 추론하는 과정. 다시 말해서, 데이터 셋에서 나온 요약
통계를 이용해 모집단 전체의 특성을 설명하는 것이다.

컴퓨터 비전

디지털 이미지와 동영상을 컴퓨터가 읽을 수 있는 이진수 데이터
로 바꾸는 것. 컴퓨터가 분석하는 것은 이런 이진수 데이터이다.

코드

알고리즘을 구성해서 컴퓨터에 작업 수행 방식을 지시하는 실질적 인풋. 소스코드라고도 한다.

코딩

컴퓨터가 알고리즘의 명령을 따르도록 일련의 명령어를 입력하는 행위. 작업의 종류마다 최적화된 프로그래밍 언어를 사용해 명령어 스크립트를 조합함으로써 컴퓨터가 작업을 수행하게 할 수 있다. 코딩은 전문 기술을 요하는 데이터 중심의 프로그래밍 영역에 종사하는 데이터 과학자나 엔지니어 같은 사람들이 반드시 익혀야 하는 능력이며, 웹사이트나 디자인 아트웍 등을 만들 때도 코딩 실력은 도움이 된다.

평균

모든 데이터 값을 더하고 그것을 데이터의 수로 나눈 중심경향치.

표준편차

데이터값이 평균으로부터 얼마나 흩어져 있는가를 나타내는 정도.

프로그래밍 언어

알고리즘의 명령어와 지시어를 만들 때 사용하는 특정한 언어 집합.

프런트엔드 시스템

기술 스택 중 당신-직원-고객 간의 상호 행동이 이루어지는 모든 기술과 모든 데이터 소스. 앱의 사용자 인터페이스가 예다.

행동의 가시성

당신이 온라인 활동으로 만들어지는 데이터에 기반해 타인이 당신의 행동과 습성을 파악하게 되는 양.

회귀 모델

두 개 이상의 변수나 요인의 관계를 분석하는 통계적 방법.

p-값(유의확률)

귀무가설이 참이라는 가정 아래 표본 데이터의 통계치가 관측될 확률. p-값이 작을수록 대립가설이 옳다는 강력한 증거가 된다.

1종 오류

가설검정에서 귀무가설이 참인데도 기각하게 될 오류.

2종 오류

가설검정에서 대립가설이 참인데도 귀무가설을 유지하게될 오류.

30% 규칙

이 책의 기본적인 원칙 중 하나. 외국어를 유창하게 말하는데는 1만 2000단어가 필요하다고 하지만 그 단어를 다 익히지 않아도 의사 전달에는 문제가 없는 것과 비슷하다. 디지털 스킬의 모든 영역을 다 정복하는 대신 기술적 지식의 30%만 익혀도 디지털 마인드셋을 기르는 데는 문제가 없다. 그 30%의 지식을 습득하자는 것이 이 책의 핵심이다.

▪ 감사의 말 ▪

우리 두 사람이 디지털 마인드셋을 향한 여정을 시작한 것은 2000년대 초반 스탠퍼드대학교 경영과학 엔지니어링 박사과정에 등록하면서였다. 우리 둘 다 하이테크 기업에서 직원으로 또 외부 협력자로서도 같이 일했다. 엔지니어들과 같이 일하고 새로운 방법론과 사고방식을 배우면서 쌓은 경험은 이후 몇십 년 동안 우리의 연구가 나아갈 방향을 그려주었으며, 우리가 디지털 마인드셋에 대한 개념을 만들고 정리하는 데에도 도움이 되었다. 우리가 이 길을 걷기 시작하도록 도와주고 항상 격려와 식견을 아끼지 않았던 스탠퍼드 근로기술조직 연구소의 스티브 발리, 밥 서튼, 다이앤 베일리, 팸 하인즈에게 영원토록 감사할 것이다.

영감이 넘치는 동료들이 주위에 많다는 것은 큰 행운이다. 그들의 도움이 없었다면 이 책의 콘셉트를 정하는 고민은 해결되지 않았을 것이다. 세달은 훌륭한 지식을 갖춘 파트너들과 무수한 대화를 나누며 디지털 업무에 대해 정말로 많은 것을 배울 수 있었다. 제임스 바넷과 이아브 보지노프, 비토리오 콜라오, 마르코 이안시티, 마릴리 니카, 마이클 노리스, 진 백, 한스피터 파이스터, 제프 폴저, 세바스천 라이히에게 고마움을 표한다. 우리가 책을 쓰기 시작했을 때부터 귀중한 지원과 통찰을 더해준 에이미 번스타인, 에마누엘 멘지스탭, 카림 라카니에게도 특별한 감사 인사를 전한다.

폴의 연구에 노스웨스턴대학교의 동료들이 큰 도움을 주었다. 노시르 콘트랙터, 바버라 오키프, 파블로 보츠코브스키, 이스터 하지타이, 대런 거글, 브라이언 우지, 윌리 오카시오, 클라우스 웨버, 짐 스필레인, 지네트 콜리바스, 엘리자베스 거버에게 감사드린다. 캘리포니아 대학교 산타바버라 캠퍼스의 카일 루이스, 매트 빈, 제시카 산타나, 데이브 시볼드, 게리 핸슨, 신시아 스톨, 마이클 스톨, 론 라이스, 린다 퍼트넘, 제니퍼 깁스가 제공한 귀중한 인사이트가 없었다면 이 책의 개념들과 사례들은 무척 찾기 힘들었을 것이다. 마지막으로 함께 박사과정을 밟았거나 밟고 있는 학생들에게도 무한한 감사 인사를 전한다. 제프 트림, 윌 발리, 케이시 피어스, 서맨사 케플러, 린제이 영, DJ 우, 카밀 엔다코트, 버지니아 리벨 등에게 감사한다. 그들 자신의 디지털 마인드셋을 기르기 위한 연구는 폴에게 무한한 영감의 원천이 되었다.

마지막으로 개인적인 감사의 말을 전하고 싶다. 사랑하는 가족이 우리에게 흔들리지 않는 지지를 보내준 것에 대단히 감사한다. 세달에게 하고 싶은 연구를 하도록 언제나 격려를 아끼지 않는 부모님이 있다는 것은 큰 축복이다. 그가 탐구심을 잃지 않도록 격려를 하고 의욕을 불어넣어 준 로렌스, 가비, 대니얼에게 특별한 감사 인사를 전한다. 폴의 부모님은 언제나 폴에게 새로운 영역의 탐구와 새로운 것을 시도하기를 포기하지 말라고 격려해 주셨다. 로다, 어밀리아, 노라, 엘리자가 있기에 폴에게는 영감과 희망이 마를 날이 없다. 그들의 웃음과 사랑과 선행이 있기에 그의 삶은 기쁨으로 가득하다.

또한 우리를 지지하는 훌륭한 사설을 써준 카렌 프로프에게 무한한 감사를 전한다. 자료 조사와 내용 전개에 아낌없이 도움을 준 JT 켈러, 패트릭 상귀네티, 페드 샤베즈에게도 감사한다. 수도 없는 원고 수정에도 한결같은 태도를 보여준 하버드비즈니스리뷰 출판사의 담당 편집자 스콧 베리나토에게 큰 감사를 전한다. 그의 귀중한 조언이 없었다면 우리는 내용을 쉽게 전달하는 방법을 몰라 애를 먹었을 것이다.

마지막으로, 우리가 연구를 했거나 컨설팅을 했거나 자문을 제공했거나 강의를 했던 조직에 속한 수천 명의 직장인들에게도 감사를 전한다. 기술 혁신의 길을 걷고 있는 기업에게도 아직은 디지털 시대로 완전히 이주하지 못해 애를 먹고 있는 기업에게도 감사한다. 또한 지혜를 나눠주고 친절함을 보여주었던 많은 분들에게도 감사한다. 실명으로 가명으로 이 책에 등장했던 사람들과 기업이 베풀어준 모든 것에 감사하고 있다는 것만은 알아주기를 바란다. 우리는 이 책이 딩신과 다른 모든 사람들이 디지털 미래로 향하는 여행에서 새로운 시각과 새로운 사고와 새로운 행동방식을 기르는 데 조금이나마 도움이 되기를 희망한다.

지은이

세달 닐리TSEDAL NEELEY는 하버드비즈니스스쿨의 경영학과 교수이자 수석 부학장이다. 기업이 디지털 전략을 개발해 성장할 수 있는 방법을 연구한다. 경영관리 분야에서의 지속적인 공헌을 인정받아 '싱커스50'이 선정한 50인의 경영사상가에 이름을 올렸으며 《비즈니스 인사이더》의 비즈니스를 변화시킨 100명 중 한 명으로 선정되었다. 글로벌 확장과 디지털 전환, 애자일 능력 강화에 필요한 온라인 업무 환경을 갖추고 조직 차원의 변화를 꾀하려는 리더들에게 자문을 제공하고 있다.

폴 레오나르디PAUL LEONARDI는 캘리포니아대학교 산타바버라 캠퍼스의 기술경영학과 교수다. 기업과 그 직원들이 데이터 집약적 업무로 빠르게 전환할 수 있도록 20년 동안 컨설팅을 제공해왔다. 그간의 연구와 강의 활동으로 미국경영학회, 세계전략경영학회, 전미커뮤니케이션협회 등의 기관에서 30개가 넘는 상을 수상했으며 《뉴욕 타임스》, 《월스트리트저널》, 《파이낸셜 타임스》, 《포천》 등의 언론 매체에 그의 연구가 실렸다.

옮긴이

조성숙

세상의 흐름과 사람들의 움직임을 탐구하고 예측하는 책들에 매력을 느껴, 10년 넘게 경제경영 및 심리학 분야 서적을 전문으로 번역하고 있다. 옮긴 책으로는 『혼돈 속의 혼돈』 『스테이 더 코스』 『필립 피셔의 최고의 투자』 『초격차 투자법』 『부를 설계하다』 『내러티브 앤 넘버스』 『구루들의 투자법』 『피싱의 경제학』 등이 있다.

AI 나를 위해 일하게 하라

펴낸날 초판 1쇄 2024년 8월 9일
         초판 3쇄 2024년 9월 16일
지은이 세달 닐리, 폴 레오나르디
옮긴이 조성숙
펴낸이 이주애, 홍영완
편집장 최혜리
편집3팀 이소연, 강민우
편집 양혜영, 박효주, 한수정, 김하영, 홍은비, 김혜원
디자인 박정원, 김주연, 기조숙, 윤소정, 박소현
마케팅 정혜인, 김태윤, 김민준
홍보 김준영, 백지혜
해외기획 정미현
경영지원 박소현
펴낸곳 (주)윌북 출판등록 제2006-000017호
주소 10881 경기도 파주시 광인사길 217
전화 031-955-3777 팩스 031-955-3778 홈페이지 willbookspub.com
블로그 blog.naver.com/willbooks 포스트 post.naver.com/willbooks
트위터 @onwillbooks 인스타그램 @willbooks_pub
ISBN 979-11-5581-755-1 (03320)